인간과 언어의 정신활동

Spiritual Activity of Man and Language

빌헬름 폰 훔볼트

인간과 언어의 정신활동

■ 이성준

■ 책머리에

　언어는 인간의 사회생활과 정신생활에서 매우 중요한 역할을 담당해 왔으며, 인간은 공동의 삶 속에서 언어를 사용하여 인간 특유의 문화를 형성하는 한편, 이것을 다음 세대로 계승, 발전시키면서 고도의 문명을 창출하였다. 따라서 언어 속에는 인간의 삶에 있어서의 본질적인 양상, 즉 인간의 사유활동을 비롯한 인간성 전체가 함유되어 있다고 보는 것은 지극히 일반적인 견해일 것이다. 인간은 말을 할 수 있기에 동물과 구별된다. 또한 인간은 사유활동을 말로써 구체적으로 표현하는데, 이것 자체가 동물에는 없는 인간 고유의 능력이라는 점에 대해서는 이론의 여지가 없다. 이런 관점에서 볼 때 언어가 단순히 "인간과 인간 사이의 의사소통을 위한 도구"라는 측면만이 강조되어 인간의 사유활동(정신활동)이라는 본질적 특성을 소홀히 하는 언어연구는 언어의 본질을 비켜가고 있는 셈이다. 진정한 의미에서 인간을 인간답게 해주는 결정적인 자질인 인간의 사유능력과 언어능력은 종이의 앞면과 뒷면에 해당한다. 이들의 관계는 불가분적이고, 상호 의존적임이 분명하다.
　19세기의 위대한 언어사상가이자 언어철학자로 일컬어지는 빌헬름 폰 훔볼트(W. v. Humboldt, 1767-1835)의 견해에 따르면 언어란, 인간과 대면하는 모는 대상영역들이 인간의 정신적 소유물로 재

창조되는 과정에서 핵심적 역할을 수행하는 도구로 인식된다. 또한 그의 언어관에 의하면 언어란, 이미 형성되어 있는 정적인 체계라기보다는, 내면적으로 정신적 활동을 통해 세계를 사상의 표현으로 바꾸어 놓는 동적인 활동 자체로 간주된다. 이에 따라서 언어를 에르곤(작품)이 아니라 에네르게이아(활동)라고 보는 그의 시각은 그 자신의 언어적 고찰방식의 출발점이 된다.

이 책의 제1장에서는 언어의 본질규정과 밀접하게 결합되어 있는 훔볼트의 언어기원론에 대해 개괄적으로 다루어지며, 제2장부터 제7장에 이르기까지는 훔볼트의 핵심적 언어개념들에 관한 심도 있는 고찰이 시도된다. 또한 제8장에서는 인간, 언어, 교육의 상관성이 인간도야의 입장에서 파악되고, 제9장에서는 훔볼트에 의해 인간의 선험적 상상력의 두 가지 가능성으로 인식되는 언어개념과 예술개념이 비교되는데, 언어와 예술이 본질상으로는 인간의 정신적인 힘에 바탕을 둔 정신적 현상을 야기시키기 때문에 양자는 동일한 기능을 수행하는 부문들로 규정된다. 제10장에서는 훔볼트의 초기와 후기 작품들에서 나타나는 동적 언어관의 발전과정에 대해 서술된다. 끝으로 제11장에서는 일반 언어학의 선각자로서의 훔볼트와 드 소쉬르(F. de Saussure)의 언어관이 비교되면서 현대 언어학에 끼친 훔볼트의 영향이 고찰된다.

　훔볼트의 언어이념을 해명하는 작업은 그의 저술들이 보여주는 엄청난 난해성으로 인해 접근하기가 결코 용이하지 않다. 필자는 훔볼트의 연구논문들을 심도 있게 접근할 때마다 필자 자신의 천학비재한 능력 탓으로 어려움을 겪은 일이 한두 번이 아니었다. 그의 시각에서 보면, 언어를 언어 자체로 고찰해서는 바람직한 성과를 얻어낼 수 없다. 언어는 필연적으로 인간이라는 정신활동의 주체와 함께 탐구되어야 하는 것은 두말할 필요가 없을 것이다. 물론 이 책은 훔볼트의 심오한 언어사상을 부분적으로만 다루고 있다. 그렇기 때문에 이 책에 나오는 인간과 언어에 대한 부분적인 고찰만으로 훔볼트의 언어관의 전체적인 윤곽 이상의 것을 기대하는 것은 만용에 가까울 것이다.

　끝으로, 이 책을 저술하는 동안 기회 있을 때마다 학술적인 조언을 아끼지 않았던 필자의 은사이신 허발 교수님께 감사드리며, 출판을 흔쾌히 허락해주신 한봉숙 사장님께도 고마운 마음을 전한다.

2007년 1월
저자 이성순

• 차례

□ 책머리에

■ 1. 언어기원론 ·· 13
   1.1. 도 입 ·· 13
   1.2. 언어기원론에 대한 개념 정의 ······················· 15
   1.3. 계통발생적 언어고찰 ································· 28
   1.4. 개체발생적 언어고찰 ································· 41

■ 2. 언어와 사고 ·· 49
   2.1. 도입 ·· 49
   2.2. 선험적 언어개념 ······································· 50
   2.3. 언어와 사고의 단일성 ······························· 56
   2.4. 「말하기」와 「이해」 ··································· 62

■ 3. 언어유기체 사상 ·· 77
   3.1. 도입 ·· 77
   3.2. 언어유기체 개념의 발전과정 ······················· 78
   3.3. 언어유기체 개념의 본질 ···························· 89

인간과 언어의 정신활동

■ 4. 언어의 형식과 소재 ··· 105
   4.1. 도입 ··· 105
   4.2. 형식과 소재의 상관성 ································ 106

■ 5. 대화 개념의 본질 ·· 131
   5.1. 도입 ··· 131
   5.2. 근원적인 접근방향 ····································· 132
   5.3. 대화의 이원론 ·· 147

■ 6. 보편적 일치 속에서의 언어의 개별화 ·············· 160
   6.1. 도입 ··· 160
   6.2. 인류학적 관점에 따른 해석 ······················ 161
   6.3. 언어의 개별성과 보편성 ··························· 173
      6.3.1. 언어적 민족의 고유성 ······················ 173
      6.3.2. '개별적인 말'의 본질 규정 ················ 177
      6.3.3. 언어의 개별성과 보편성의 관계 ········· 184

• 차례

■ 7. 언어의 세계관에 대한 본질 규정 ·············· 195
   7.1. 도입 ·· 195
   7.2. 세계관 개념의 이해 ··························· 196
   7.3. 모국어적 세계관 해명의 방법론 ············ 214

■ 8. 언어와 교육 ·· 224
   8.1. 도입 ·· 224
   8.2. 작용하는 인간의 힘 ·························· 226
   8.3. 인간 교육의 척도이자 수단으로서의 언어 ······ 234

■ 9. 언어와 예술 ·· 261
   9.1. 도입 ·· 261
   9.2. 언어의 객관화 기능 ·························· 263
   9.3. 예술개념의 이해 ······························ 266
   9.4. 언어와 예술의 비교 ·························· 277

■ 10. 동적 언어고찰의 연대기적 발전과정 ········ 289
   10.1. 도입 ·· 289

인간과 언어의 정신활동

  10.2. 『베를린-학술원』 강연까지의 언어관 ·················· 289
  10.3. 후기 작품에서 강조되는 동적 언어관 ·················· 303

■ 11. 언어학 발전과정에서의 훔볼트의 위치 ···················· 318
  11.1. 도입 ·· 318
  11.2. 언어학의 역사주의와 비교 언어연구 ·················· 319
  11.3. 드 소쉬르의 언어개념과의 비교 ························ 333

□ **훔볼트의 연대표** • 341
□ **참고문헌** • 345
□ **찾아보기** • 357

1. 언어기원론

1.1. 도 입

　인간은 언어를 통하여 사회생활을 영위해 나아간다. 또한 인간은 생리적, 심리적 원인으로 발성기관의 기능에 결함이 있는 경우를 제외하고는 누구나가 다섯 살 정도에 이르면 자신의 언어공동체가 사용하는 일상적인 모국어를 나름대로 구사할 수 있게 된다. 물론 이러한 언어능력은 부모의 교육을 통해 인위적으로 습득되는 것이 아니라, 어린아이가 성장하는 동안에 자연스럽게 갖추어진다. 또한 동물들도 다양한 형태의 교신 방법을 통해(동작이든, 외침이든) 매우 제한된 양의 의사소통을 하고 있지만, 이것은 인간의 경우와는 확연하게 구별된다. 동물들의 의사소통은 생득적이고 극히 제한된 정보전달에 그치며, 인간의 언어처럼 무한한 지적 능력과 사고체계를 지니지 못하는 것은 물론이고, 창조성을 전혀 지니고 있지도 않다. 따라서 인간만이 이른바 분절된 '음성

언어'(Lautsprache)를 사용하는 유일한 존재인 것은 자명한 사실이다. 그런데 이와 같은 인간의 언어는 도대체 어떻게 생성된 것인가?

고대 이래로 20세기에 이르기까지 수많은 언어사상가들에 의해 언어기원(Sprachursprung)에 대한 다양한 견해들이 제기되었다. 이들을 정리해 보면, 대략 언어신수설과 언어발명설 및 언어진화설 등으로 나누어진다. 언어를 신이 인간에게 하사한 선물이라고 보는 언어신수설 쪽에 있는 학자들은 로크(J. Lock), 쥐스밀히(J. P. Süßmilch), 하만(J. G. Hamann) 등이다. 언어발명설을 주장한 학자들은 언어가 고통, 공포, 쾌락, 분노 등과 같은 감정에서 발설되는 자연스런 부르짖음에서, 말하자면 감탄사에서 시작되었다고 보는 루쏘(J. J. Rousseau)를 비롯하여, 언어는 자연의 대상을 모방하는 데서 시작되었다고 보는 라이프니츠(G. W. Leibniz), 그리고 의사소통의 첫 단계를 감정이 표출되는 과정, 즉 분절되어 있지 않은 자연스러운 음성표현으로부터 전개되었다고 보는 콩디악(E. B. de Condillac) 등이 언급될 수 있다.[1] 또한 언어진화설에 의하면, 최초의 언어는 매우 단순하면서도 투박한 표현양식이었는데, 오랜 세월을 거치는 동안 점점 더 발달하여 정교하면서도 복잡한 체계로 진화되어 왔다는 것이며, 다윈(Ch. R. Darwin), 분트(W. Wundt), 에스페르손(O. Jesperson) 등이 이 부류에 속한다.[2]

한편 18세기 말의 언어사상가 헤르더(J. G. Herder)는 앞에서 언급한 견해들과는 다른 언어기원론을 제기한다. 그에 있어서 언어는 동물적인 감정에서 기원하는 것처럼 보일 수 있지만, 다른 생물체들

---

1) Franzen(1996 : 186) 참조.
2) 이건수(2000 : 74) 참조.

은 결코 지닐 수 없는 인간 특유의 '자의식'(Besonnenheit)으로부터 연원한다. 이것은 인간의 언어란, 동물의 외침과는 달리 생득적인 능력에서 유래하는 것이 아니라는 관점이며, 인간은 그 기본 조직 속에 언어 자체를 부여받고 있는 것이 아니라, 언어를 만들 수 있는 가능성만을 부여받고 있음을 뜻한다.3) 달리 말하면 인간은 인간에 게만 존재하는 '자의식' 상태에 놓여 있는데, 인간은 이 '자의식'(성찰)을 최초로 자유롭게 작동시키면서 언어를 고안했다는 것이다.4) 헤르더의 언어사상은 현대의 언어철학에서 이미 19세기 초의 독창적인 언어사상가로 널리 알려져 있는 빌헬름 폰 훔볼트(W. v. Humboldt, 1767-1835)에게 적지 않은 영향을 미쳤다.

바야흐로 이 단원에서는 훔볼트 특유의 언어사상에서 비롯되고 있는 언어기원에 관한 문제를 계통발생(Phylogenese)과 개체발생(Ontogenese)의 관점5)에서 조명해 보고자 한다.

1.2. 언어기원론에 대한 개념 정의

훔볼트는 언어사상가로서 1820년에 『베를린-학술원』에서 강연을 행한 적이 있었다. 이때에 그는 미래의 언어연구가 지향해야 할 프

---

3) Schneider(1995 : 52) 참조.
4) Herder(1772 : 31) 참조.
5) 한 사람이 출생하여 죽음에 이르기까지의 기간에서 언어관습의 과정을 연구하는 것을 의미하는데, 언어 전체의 역사적인 연구를 의미하는 계통발생과 대조된다. 양자는 다 같이 언어에 대한 통시적 연구의 일부분이다(이정민/배영남, 1993 : 625 참조).

로그램을 제시했을 뿐만 아니라, 단편적이긴 하지만 언어기원의 문제에 대해서도 언급한 바 있다. 그 당시는 18세기 말엽에 언어기원에 대한 논쟁이 고조된 후 이미 50여년이 지나간 시기였지만, 언어기원의 문제는 여전히 명확하게 인식되지 않은 채 적절한 해답을 찾지 못하고 있었다. 사실 훔볼트는 그의 어떠한 저술에서도 언어기원이라는 테마를 구체적으로 다룬 적은 없었다. 그럼에도 상당수의 후세의 언어사상가들은 훔볼트의 언어기원론이 이미 19세기의 전통적 흐름과는 구별되는 훔볼트 자신의 고유한 언어관 속에 자리 잡고 있다는 데에 견해를 같이 한다.[6]

이러한 상황을 염두에 두고 훔볼트의 언어기원론에 대해 일련의 접근을 시도할 때에는 이 연구분야가 일반적으로 특이한 인상을 불러일으킨다는 점이 우선 고려되어야 한다. 일단의 훔볼트-주석가들은 도대체 '언어기원'이라는 연구분야가 훔볼트에게는 존재하지 않은 것 같기 때문에, 그의 언어기원론을 다루려면 먼저 '언어기원'이라는 연구대상 자체의 존재부터 입증해야 한다는 견해를 표명한 바 있었다. 명백히 훔볼트의 저술들에는 계통발생적 언어기원에 대해 언급한 몇몇 부분들이 발견되고 있긴 하지만, 적어도 18세기의 언어기원 논쟁이라는 시각에서는 훔볼트의 언어기원론이 존재하지 않았다고 보는 것도 결코 무리는 아닐 것이다. 말하자면 훔볼트가 비록 계통발생에 대해 산발적으로 몇 차례 언급한 적은 있을지라도, 전통적 의미에서 보면 역사적 사건의 해명으로서의 훔볼트의 언어기원론은 존재하지 않는다는 것이다.[7]

---

6) Schneider(1995 : 12) 참조.
7) Schneider(1995 : 20) 참조.

다른 한편으로 전통적 의미에서가 아닌 훔볼트 고유의 관점에서 보면, 훔볼트의 언어기원론은 분명히 존재한다. 그러나 훔볼트에 있어서의 언어기원의 문제는 그보다 앞선 시대의 사람들과는 다른 방식으로 전개된다. 훔볼트의 접근방식은 언어가 언제, 어디서, 누구로부터 발생했느냐를 해명하는 것이라기보다는 오히려 언어기원에 관한 이야기의 전제조건을, 언어의 본질 전반에 대한 이야기의 개념성에 근거하여 이해시키는 데에 초점을 맞추고 있다.[8] 바야흐로 훔볼트를 명백히 다른 언어사상가들과 구별시켜 주는 것은 언어의 본질에 관한 훔볼트 특유의 관점이라고 보아야 한다. 왜냐하면 그는 언어를 본질상 완성된 생산물이 아니라, 정신적 활동과정으로 해석하기 때문이다.[9] 훔볼트에 있어서 언어는 심층부에 자리 잡고 있는 인간의 본질로부터 발생한다. 말하자면 언어는 육체적, 심리적, 정신적 힘에서 생겨나는데, 이러한 창조과정은 인간이 존재하는 한 영원히 반복된다.[10]

1977년에 하르퉁(W. Hartung)은 『베를린-학술원』이 언어기원을 테마로 다루었던 것에 대해 조망한 적이 있는데, 그의 견해에 따르면, 훔볼트의 저술에서 언어기원이라는 테마는 '암묵적'으로 제기되어 있는 것으로 보아야 한다. 더욱이 언어기원에 대한 훔볼트의 입장을 서술하는 것은 본질적으로는 언어이론에 대한 훔볼트의 견해와 일치되는 것으로 간주할 수 있다.[11] 훔볼트의 저술에서 언어기원의 문제를 체계적으로 정리하기 위해서는 이 점은 결

---

8) Droescher(1980 : 103) 참조.
9) Schneider(1995 : 13) 참조.
10) Moser(1955 : 27) 참조.
11) Trabant(1990 : 96) 참조.

정적이다. 왜냐하면 훔볼트가 언어의 본질적 요소를 언어형성의 조작(Verfahren)이라는 측면에서 인식했다고 본다면, 그의 언어이론은 언어기원론과 더 이상 분리될 수 없기 때문이다. 바야흐로 훔볼트에 의한 언어기원의 문제는 오히려 자연스럽게 언어의 과정적 특성(Prozeßcharakter)에 기초하는 훔볼트의 언어이론에 초점이 맞추어져야 한다. 물론 이 경우 역사적 언어기원의 조건과 상황을 탐구하는 것이 아니라, 언어형성에 끊임없이 영향을 미치는 불변적 요소(Konstante)와 규칙들을 탐구한다. 그런 의미에서 언어기원의 문제는 훔볼트에 의한 작품의 주변영역에 자리를 잡고 있는 것이 아니라, 실제로 언어를 창조적 정신활동으로 해석하는 언어사상의 중심영역에 곧장 편입된다. 이와 같이 단편적으로 시사된 배경만으로도 훔볼트에 있어서의 언어기원의 문제는 훔볼트 고유의 언어개념을 토대로 조망하는 것이 바람직한 접근방법이며, 효과적인 방도라는 것이 간파될 수 있다.12) 의심할 여지없이 훔볼트에 있어서 '언어의 기원'의 문제는 '언어의 본질'이라는 개념과 동일시될 수밖에 없다. 따라서 언어의 기원은 언어가 어디로부터 왔느냐를 묻는 것이 아니라, 언어가 본질적으로 무엇이냐를 묻는 것이다.13)

도이칠란트의 언어학자인 쉬나이더(F. Schneider)에 따르면, 훔볼트의 언어개념과 언어기원의 문제 사이의 연관성에 관해서는 언어기원에 대한 훔볼트의 입장이 단순히 18세기의 언어기원 논쟁에 대한 비판적 언급이라고 인식하는 것만으로는 부족하다. 쉬나이더는 훔볼트의 언어사상이 동시에 18세기의 언어이론가들이 몰두했던 또

---

12) Schneider(1995 : 14) 참조.
13) Steinthal(1851 : 10) 참조.

다른 논쟁과 관련되어 있다고 보았다. 그 당시에는 일반 문법의 문제도 언어기원의 문제처럼 중요한 위치를 차지하고 있었는데, 말하자면 이것은 개별 언어들의 모든 문법에서 발견되는 보편적 문법구조에 대한 문제였던 것이다. 그러나 이에 대한 훔볼트의 관점은 고대 이래로 그의 시대에 이르기까지 발전되어 온 일반 문법의 방식과는 뚜렷하게 구별된다. 훔볼트는 동시대인들과는 달리 언어의 보편성을, 언어의 문법적 구조에 대한 서술을 통해서 보다는 '언어과정'(Sprachprozeß)이라는 순수한 형식을 통해서 묘사하려고 했던 것이다. 훔볼트는 1820년에 『베를린-학술원』에서 발표한 자신의 논문 "Über das vergleichende Sprachstudium in Beziehung auf die verschiedenen Epochen der Sprachentwicklung" <언어발전의 상이한 시기들과 관련된 비교 언어연구에 대하여>에서 이미 특유의 언어개념을 명확하게 공표하고 있을 뿐만 아니라, 언어철학적인 전통들과의 단절을 의도적으로 시사한 바 있었다. 이 논문에서 훔볼트는 이미 이전에 '언어유형'(Sprachtypus)이라고 표기한 적이 있는 언어현상을 밝히는 데 전념했다.14)

또한 훔볼트는 1835년에 작성했던 미완성의 마지막 작품인 "Über die Verschiedenheit des menschlichen Sprachbaues und ihren Einfluß auf die geistige Entwicklung des Menschengeschlechts"<인간 언어구조의 상이성과 인간 종족의 정신적 발달에 미치는 그 영향에 대하여>15)에서 '생성의 법칙'

---

14) Schneider(1995 : 16) 참조.
15) 이 독창적인 작품은 원래 인도네시아의 자바섬에서 사용된 카비어(Kawie-Sprache)에 대한 연구의 서문으로 구상된 훔볼트의 미완성 작품이었으나, 그 자체로 빛나는 언어철학적 저작으로 인정되어 사후에 그의 동생이며 지

(Gesetz der Erzeugung)이라는 표현을 사용한 바 있는데, 이는 '언어유형'에 대해 서술한 초창기의 시도보다도 더욱 진전되었으며, 구체적인 접근으로 인식된다 :

> "언어는 전체 면에서 개관할 수 있다든가, 또는 점차로 전달될 수 있는 상태로 놓여 있는 물질로 간주될 수 없으며, 영원히 생산되는 활동으로 간주되지 않으면 안 된다. 또한 이 경우 생성의 법칙은 규정되어 있지만, 생산물의 범위와 종류조차도 전혀 규정되어 있지 않다."16)

인간은 언어적 존재로서 이 '생성의 법칙'에 따른다. 의심할 여지 없이 언어의 유형이 인간의 사유능력 속에 존재하고 있어야만 언어가 생성될 수 있다고 보는 훔볼트의 견해는 언어기원의 문제와 직접 관련된다. 비록 1820년에 발표된 논문과 1824년에 발표된 논문의 '기본유형'(Typus) 개념 사이의 관계가 우선은 모호하다고 할지라도, 확실히 훔볼트의 작품들에서 등장하는 언어기원의 문제와 언어적 보편개념의 문제 사이에는 연관성이 있다고 보아야 한다. 훔볼트의 '기본유형' 개념은 한편으로는 이미 언어기원론의 중심개념으로 부각되었다고 볼 수 있다. '언어유형'의 개념은 훔볼트의 후기 작품들에서 제시된 언어관과 1820년에 규정된 언어기원의 문제 사이에 존재하는 연결고리로 인식된다. 이러한 관점 하에서 훔볼트에 의

리학자인 알렉산더(A. v. Humboldt)에 의해 출간되었다.
16) Die Sprache kann ja nicht als ein da liegender, in seinem Ganzen übersehbarer oder nach und nach mitteilbarer Stoff, sondern muß als ein sich ewig erzeugender angesehen werden, wo die Gesetze der Erzeugung bestimmt sind, aber der Umgang und gewissermaßen auch die Art des Erzeugnisses gänzlich unbestimmt bleiben(Humboldt, 1830-1835 : 57 이하).

한 언어기원론과 언어 속에서의 일반적 요소라는 개념들이 어떠한 방식으로 조화를 이루고 있는지가 탐구될 수 있다.

훔볼트가 언어기원의 문제를 어떤 방식으로 이해하고 있으며, 그의 관점에서 언어유형의 개념이 어떠한 의미를 지니고 있는가의 문제가 일단 고려된다면, 이를 토대로 훔볼트가 계통발생적 층위, 개체발생적 층위 및 실제의 발생적 층위(그때그때 말을 하는 층위)라는 세 가지 언어기원의 범주에서 언어의 생성을 어떻게 파악하고 있는가의 문제도 다루어질 수 있다.17) 바야흐로 훔볼트가 1820년에 새롭게 표명한 언어기원의 문제를 나중에 다시금 어떻게 끌어내어 사유하고 있는가의 문제는 무엇보다도 언어의 '기본유형'과 '언어기원'의 문제 사이의 연관성을 토대로 확증이 가능하다.

앞에서 언급한 것처럼, 언어기원에 관한 훔볼트의 견해표명은 18세기 말의 언어기원 논쟁에서는 존재 자체의 불투명성으로 인해 결코 주목받지 못했다. 그러나 20세기 말에 와서 언어기원에 관한 그의 진술은 언어의 본질과 관련되어 훔볼트-주석가들에게서 크게 부각되었다. 특히 베를린-대학의 언어학자 트라반트(J. Trabant)는 훔볼트의 언어기원론이 어떠한 관점에서 언급될 수 있는가를 이해하기 쉽게 설명한 연구가로 인정받는 동시에, 훔볼트의 언어기원론을 심도 있게 다루어야 할 정당성까지 제공했다. 또한 훔볼트의 언어기원론에 대한 탐구에서는 쉬타인탈(H. Steinthal)이라는 탁월한 언어사상가의 이름을 결코 빠뜨릴 수 없다. 그는 비록 비판적인 확대를 통해 수정된 형식을 제시했다고 해도, 19세기 말에 훔볼트의 언어관을 계승하려고 노력했던 유일한 사람이었다. 그렇기 때문에 훔볼

---

17) Schneider(1995 : 17) 참조.

트와 나중의 언어학 사이의 중개자 역할이 쉬타인탈에게 주어졌다고 보는 부만(W. Bumann)과 같은 학자들도 등장했다.18)

쉬타인탈은 이미 1851년에 최초로 출간한 *Der Ursprung der Sprache im Zusammenhange mit den letzten Fragen alles Wissens* ≪모든 지식의 궁극적인 문제들과 연관된 언어의 기원≫라는 저술에서 훔볼트의 언어이론이 18세기의 언어기원 논쟁의 척도가 될 수 있음을 시사한 바 있다. 그러나 훔볼트의 언어기원론에 대한 연구에서 쉬타인탈과 트라반트 사이에는 의심할 여지없이 현격한 차이가 존재한다. 물론 훔볼트의 언어기원론에 대한 해명에서는 훔볼트의 사상을 연구하는 여러 명의 주석가들이 있는데, 이를테면 멘체(C. Menze), 샹크바일러(E. Schankweiler), 리켄(U. Ricken), 제바스(G. Seebaß) 등이 언급된다. 이 경우 언어기원론은 대부분 단지 부수적으로만 다루어졌거나, 아니면 다른 이론들과 비교하는 방법으로 제시되었다. 물론 에반스(Ch. B. Evans)처럼 자신의 박사학위 논문 *Wilhelm von Humboldts Auffassung vom Ursprung der Sprache* ≪언어기원론에 관한 훔볼트의 이해≫ (1967)에서 언어기원론에 관한 사려 깊은 연구를 시도한 사람도 있었다. 그렇지만 이 경우에도 양적으로는 보다 많은 지면이 할애되었음에도 언어기원 논쟁에 대한 훔볼트의 기여가 보여주는 특수한 면은 단지 불충분하게 고려되었다고 볼 수 있다.19)

쉬타인탈은 훔볼트가 언어의 기원을 언어의 본질과 동일시한다고 생각했다. 그러나 쉬타인탈은 훔볼트가 그렇게 함으로써 언어의 기

---

18) Barba(1986 : 293) 참조.
19) Schneider(1995 : 21) 참조.

원에 대한 문제의 범주를 더욱 확대시켰으며, 이에 대한 해답도 어렵게 만들었다고 생각했다. 그와 동시에 쉬타인탈은 훔볼트의 언어관이 언어기원의 문제에서 일반적으로 18세기와는 다른 관점을 보여주고 있다는 것을 확신하고 있었다. 훔볼트에 있어서 언어는 더이상 그 자리에 존재하고 있는 질료적인 실체가 아니라, 영원히 되풀이되는 정신적인 생산활동 자체인데, 바야흐로 쉬타인탈은 전체적인 정신활동과 언어의 연관성이 언어의 기원이라는 것을 수용했다. 그러나 쉬타인탈에게는 언어기원의 문제에 대한 이와 같은 새로운 이해를 구체적으로 다룰 만한 준비는 다소 부족했던 것 같다. 오히려 쉬타인탈에 있어서 언어기원론은 처음의 언어창조 때에 한 낱말이 최초로 인간의 입으로부터 어떻게 울려 나왔는지를 설명하는 문제와 관련되었다. 당연히 쉬타인탈은 이 문제를 또한 훔볼트의 작품을 통해 해명하려고 시도했다. 그렇지만 그는 만족할 만한 해답을 얻지 못했다.

  쉬타인탈에 있어서도 다른 언어연구가들처럼 언어창조가 '신적인'(göttlich) 기원을 가지고 있었느냐, 그렇지 않으면 '인간적인'(menschlich) 기원을 가지고 있었느냐의 문제는 중요했다. 그러나 훔볼트는 이와 같은 논쟁과 직접 연관될 수 없다. 그럼에도 쉬타인탈은 훔볼트의 의미에서 이 문제를 수미일관 추구해 나간다면, 언어의 기원이 인간적 및 신적 정신의 통합체 속에서만 존재할 수 있음을 확증할 수 있다고 보았던 것 같다. 이는 쉬타인탈이 18세기의 언어기원 논쟁이라는 맥락으로부터 완전히 벗어날 수 없었음을 말해 준다. 아무튼 최초의 훔볼트-주석가들은 앞선 시대의 연구가들에게서 중요시되었던 이와 같은 언어기원 논쟁의 범주에 여전히 안주하고 있었다고 볼 수 있다.20) 훔볼트의 언어이론에 대한 대부분의 연구들이 그렇듯이 초기의 전도유망한 출발과는 달리 훔볼트의 언어기원론에 대한 진술들은 나중에는 거의 등장하지 않는다.

앞에서 언급한 에반스는 훔볼트가 고전주의에 편입되어야 한다고 보는 낭만주의자 피젤(E. Fiesel)의 평가를 반박하고, 낭만파적인 사상적 원류와 헤르더의 연관성을 제시하는 일에 몰두했다. 언어는 보다 순수하며 변조되어 있지 않은 인간의 본성에 더욱 가깝기 때문에, 과거에는 보다 더 완벽할 수밖에 없었을 것이라는 낭만파의 추론은 감각과 언어의 연관성을 강조한 헤르더의 견해에서 기인한다.21) 헤르더는 계몽주의의 연구가들과는 달리 언어의 발전을 쇠퇴과정으로 보고, 언어의 단계는 보다 오래된 초기의 단계일수록 원래의 것에 더 가깝다고 보았다.22) 물론 훔볼트도 동시대의 사람들처럼 모든 언어들이 하나의 원시언어(Ursprache)로부터 파생되어 나왔는지의 문제를 다루어야 했다. 그렇지만 낭만파 정신의 상상력을 최고도로 자극했던 이러한 사상에 대해 훔볼트는 비교적 냉담했다.23) 오히려 에반스는 훔볼트의 초기 논문에 의존하여 모든 언어가 원시언어로부터 발전되어 나온 것이 아니라, 동일한 종류의 자질로부터 동일한 법칙에 따라 발전된 것이라고 주장했다.24)

그런 반면 쉬나이더는 에반스가 거듭해서 언어기원론을 거듭 초기에 작성된 훔볼트의 논문들에만 의존하여 해명하려고 시도했기

---

20) Schneider(1995 : 22) 참조.
21) Evans(1967 : 16) 참조.
22) Moser(1955 : 26) 참조.
23) Evans((1967 : 189) 참조.
24) Evans(1967 : 190) 참조.

때문에, 그것이 오히려 훔볼트의 이해를 가로막는 단초가 될 수 있다고 보았다. 물론 에반스는 여러 번에 걸쳐 훔볼트의 최초의 언어이론에 관한 논문, 즉 1795-1796년에 발표된 "Über Denken und Sprechen"〈사고와 말하기에 대하여〉라는 짤막한 논문을 근거로 삼은 바 있는데, 이 글에서 훔볼트는 공공연히 헤르더를 언급하고 있다. 따라서 에반스가 거의 '헤르더의 언어기원론'과 동일한 '훔볼트의 언어기원론'이라고 인식한 것은 놀랄 만한 일이 아니다. 우리가 만약 초기의 훔볼트의 논문에서 언어기원을 추구한다면, 이러한 견해는 가능할 것이다. 그러나 이 경우 물론 훔볼트가 자신의 특유한 언어사상을 세기가 바뀐 뒤에야 비로소, 특히 1820년 이후부터 전개했다는 점이 거의 염두에 두어지지 않았다는 게 문제이다.[25] 쉬나이더의 견해에 따르면, 차라리 초기의 논문은 헤르더의 언어관으로부터 훔볼트 자신의 사상으로 넘어가는 통로로 간주될 수 있다.

에반스의 뚜렷한 업적은 언어기원론에 관한 시대사적인 연관성을 비교적 명확하게 서술했다는 점에서, 그리고 훔볼트의 사고와 동시대의 작가들의 저서들 사이에 존재하는 몇몇의 흥미 있는 유사점들에 대해 주의를 환기시켰다는 데서 간파될 수 있다. 그렇지만 오히려 본디의 언어기원론은 뒷전에 머물러 있었다. 물론 에반스는 훔볼트가 언어의 본질을 제시함으로써 언어의 기원을 해명하고 있다고 본 것 같다. 그렇지만 이미 쉬타인탈에 의해서도 언급된 바 있는 언어이론과 언어기원론 사이의 이러한 연관성이 어떻게 명확하게 이해될 수 있느냐의 문제는 모호한 채로 남겨졌다.

언어연구가 제바스 역시 훔볼트가 언어기원의 문제에 대해 어떤

---

25) Schneider(1995 : 23) 참조.

입장을 취하고 있었는가는 완전히 모호한 상태로 남을 수밖에 없다고 생각했다. 말하자면 제바스는, 훔볼트에 있어서 관찰될 수 있는 방법론적인 불확실성들이 언어기원의 문제에 대한 훔볼트의 입장에서도 어김없이 표출되었다고 본 것이다. 그러나 제바스는 훔볼트의 사고 전반에 나타나는 근본적인 의도, 즉 (선험)철학적 연구와 역사적·경험적(인류학적) 연구의 결합을 구체적으로 이해하지 못한 것 같다.26)

훔볼트의 견해표명에 따르면, 언어구성적 원리의 규명에 있어서 한 편으로는 역사적으로 이해되는 언어기원의 문제는 중요하지 않은 것으로 간주되고, 다른 편으로는 이 문제를 경험적 관찰에 의거하여 추구해 볼 수 있다고 하는 모순점이 드러난다. 그러나 훔볼트가 이 두 가지 방향의 사상적 흐름을 상호 구분하고 있다는 점이 고려되면 이러한 모순이 해소된다.27) 말하자면 훔볼트는 대부분 언어구성의 방식을 언급하는 경우와, 이 언어구성으로부터 역사적 언어기원이라는 가설적 관점에서 어떠한 추론이 얻어질 수 있을 것인가에 대해 사변만을 행하는 경우를 명확하게 구분해 놓았다. 물론 훔볼트의 관점에서 보면, 언어발생이라는 본디의 문제에는 역사적인 사변이 필요치 않기 때문에, 언어의 역사적 기원에 대한 문제는 중요치 않은 것으로 인식될 수 있다. 그러나 다른 한 편으로 언어의 생성에 대한 고찰이 역사적 언어기원에서는 어떠한 의미를 지닐 것인가도 추론될 수 있다. 훔볼트 스스로가 그의 서술들의 여러 부분에서 설정했던 제한을 염두에 둔다면, 제바스의 비판은 이미 훔볼트

---

26) Trabant(1990 : 98) 참조.
27) Schneider(1995 : 24) 참조.

의 논문들 속에서 반증되어 있는 셈이다. 제바스의 고찰은 훔볼트의 서술에서 모순되는 부분을 인식하는 작업에 너무 치우친 것 같다. 그렇기 때문에 트라반트는 제바스에게 훔볼트가 모순점들을 어떻게 해결하고 있는가를 긍정적으로 헤아려 보는 노력이 필요하다고 조언한 적이 있다.

아무튼 제바스의 논문은 1980년대에 새롭게 등장하는 언어기원론에 대해 보여준 관심의 첫 번째 징후였다. 1982년에는 쉴러라트(B. Schlerath)의 논문이, 1985년에는 트라반트의 논문이, 그리고 1986년에는 리켄(U. Ricken)의 논문이 발표되었다.[28] 쉴러라트가 여전히 훔볼트의 초기 논문들을 강조함으로써 훔볼트의 견해가 지니는 본래의 핵심점을 비켜가고 있는 반면, 리켄은 1820년에 학술원-강연에서 훔볼트에 의해 제시된 언어기원론의 중요한 부분들을 언급했다. 그러나 전통적 논쟁과는 다른 훔볼트의 명제는 무엇보다도 1985년에 발표된 트라반트의 논문에서 적나라하게 드러난다. 이 논문에서는 언어기원의 문제를 논함에 있어서 시간적-생성적 문제제기로부터 선험적 문제제기 혹은 기능적-생성적 문제제기로의 방향전환이 모색되는데, 이것은 훔볼트 고유의 언어관과 맥을 같이 한다.[29]

훔볼트는 의심할 여지없이 1820년에 행한 『베를린-학술원』에서 언어기원의 문제에 대한 새로운 해석을 시도했다. 그러나 그는 이 문제에 대한 단서만을 제공했다고 보아야 한다. 오히려 1830년부터 1835년 사이에 작성된 〈카비어-서문〉이야말로 훔볼트의 언어사상

---

[28] Schlerath(1982 : 88-110), Trabant(1985 : 576-589), Ricken(1986 : 50-65).
[29] Schneider(1995 : 25) 참조.

의 총괄적 개념일 뿐만 아니라 언어기원의 문제에 대해서도 본질적 해석을 시도하고 있다는 트라반트의 견해표명에 공감이 간다.30)

1.3. 계통발생적 언어고찰

언어의 계통발생에 대한 훔볼트의 언급은 이미 1795-1796년에 발표된 논문 〈사고와 말하기에 대하여〉(1795-96)에서 나타나고 있다. 그러나 무엇보다도 후기의 논문, 특히 〈카비어-서문〉에서 훔볼트는 자신에 의해 전개된 언어이론을 토대로 이 문제를 다시금 새롭게 조명한다. 여기서 그는 언어의 과정적 특성을 묘사하고 있는 동시에, 언어에는 그때그때 말을 하는 개인과는 무관한 어떤 실질적인 존재(Existenz)가 부여되어 있음을 시사한 바 있다. 이러한 견해표명은 의심할 여지없이 주목할 만한 것이었다. 이제 이 새로운 종류의 언어개념을 배경으로 언어의 계통발생에 관한 문제가 더욱 중요한 위치로 부각되는데, 이는 매번 말을 할 때마다 새롭게 소생되는 소재(질료)가 어떠한 원칙에 따라 생겨나는지가 규명된다는 점에서 그러하다. 그러므로 훔볼트에 있어서 실제의 언어발생에 대한 주요 논쟁은 새롭게 거듭 발생하는 언어구성의 불변적 요소들을 묻고 있는 반면, 계통발생에 대한 논쟁은 낱말과 언어규칙이 생성될 때에는 어떠한 상황과 동인이 작용하게 되는지에 대한 구체적인 해명을 추구한다.

훔볼트에 있어서 이 문제는 결코 역사적 관점의 대상만은 아니

---

30) Schneider(1995 : 26) 참조.

다. 왜냐하면 개인이 가지고 있는 낱말형성의 능력이 기존하는 낱말들에서 연원함에 따라 바야흐로 개인은 언어의 원초적인 생산행위를 일정한 방식으로 되풀이하기 때문이다. 따라서 실제의 발생과 계통발생은 상호간에 제한을 받고 있는 것이다. 훔볼트는 각각의 낱말들은 그 자체로 조어(낱말형성)를 위한 이중적인 구성요소를 지니고 있다고 주장했다. 말하자면 인간 정신의 본성에서 발원하는 생리학적 요소와, 낱말의 생성방식 속에 존재하는 역사적 요소는 공존한다는 것이다.[31] 언어의 이러한 속성을 훔볼트는 다음과 같이 표명한 바 있다 :

"언어는 이미 형성되어 있는 요소들 이외에도 무엇보다도 정신활동을 계속 이어가기 위한 방법들로 구성되어 있는데, 언어는 이 정신활동이 나아가야 할 궤도와 형식을 지시한다. 물론 일단 확고하게 형성된 요소들은 거의 죽어 있는 덩어리를 이루고 있지만, 이 덩어리는 무한한 규정가능성을 지닌 살아 있는 배아를 지니고 있다. 그렇기 때문에 언어는 인간에 의해 이미 알려져 있고 사유되어 있는 모든 것과는 다르게 그 어떤 시대, 그 어떤 장소에서도 바야흐로 자연 그 자체처럼 무진장의 보고로서 나타나는데, 정신은 이 속에서 항상 미지의 것을 찾아내고, 감각은 이 방법으로는 아직 느껴 보지 못한 것을 인지할 수 있다."[32]

---

31) Schneider(1995 : 261) 참조.
32) Die Sprache besteht daher, neben den schon geformten Elementen, ganz vorzüglich auch aus Methoden, die Arbeit des Geistes, welcher sie die Bahn und die Form vorzeichnet, weiter fortzusetzen. die einmal fest geformten Elementen bilden zwar eine gewissermaßen tote Masse, diese Masse trägt aber den lebendigen Keim nie endender Bestimmbarkeit in sich. Auf jedem einzelnen Punkt und in jeder einzelnen Epoche erscheint daher die Sprache, gerade wie die Natur selbst, dem Menschen, im Gegensatze mit allem ihm schon Bekannten und von ihm Gedachten, als eine unerschöpfliche Fundgrube, in welcher der Geist immer noch Unbekanntes entdecken und die Empfindung noch nicht auf diese Weise

훔볼트는 언어의 '통합적인 생성'(synthetische Erzeugung)[33])에 대해 기술함으로써 인간의 정신적 본성 속에 내재하는 언어형성의 동인을 묘사한다. 그에 반해서 계통발생에 대한 훔볼트의 진술은 역사 속에서 등장하는 낱말의 생성방식을 다룬다. 물론 역사적 언어기원 자체에서는 이 두 가지 측면이 동시에 나타난다. 그렇기 때문에 훔볼트가 '언어의 고안자'라는 말을 사용했을 때에는 이미 언어형성의 예술적, 창조적 특성이 가장 뚜렷하게 드러나는 상황을 염두에 두고 있었을 것이다.[34])

훔볼트는 언어의 역사적 생성을 다루고 있는 그 어떤 곳에서도 그와 같은 최초의 언어형성이 보유하고 있는 신비스럽고도 수수께끼 같은 특성에 대한 언급을 빠뜨리지 않는다. 훔볼트에 의하면, 인간은 엄청난 시간적인 간격으로 인해서 언어의 기원으로부터 분리되어 있으며, 언어의 기원은 인간의 모든 경험을 능가하고 있는 것이다. 그에 따르면, 언어요소들의 최초의 응집은 아마도 우리에게서 무심코 새어나올 정도로 감지되지 않은 채 발생한다. 그러나 비록 최초의 언어고안(Spracherfindung)에 대한 아무런 역사적 사실이 남아 있지 않다고 하더라도, 언어를 다룰 때에는 최초의 언어고안이 명백히 필연적인 가설로서 전제되어야 한다.

언어의 기원에 대한 훔볼트의 서술에서 나타나는 근본적인 관심

Gefühltes wahrnehmen kann(Humboldt, 1830-1835 : 62 참조).
33) 훔볼트에 따르면, 이것은 음성(외적 언어형식)과 개념(내적 언어형식)의 동시적인 형성을 의미하는데, 최초의 언어창조에서만 발생하는 것이 아니라, 실제로 낱말을 말로 표현할 때마다 매번 정신 속에서 일어난다(Humboldt, 1830-1835 : 213 참조).
34) Schneider(1995 : 261) 참조.

사는 물론 처음에는 언어기원의 난해성과 함께 경이로움을 강조하는 듯한 인상을 준다. 그렇지만 부분적으로 표명된 훔볼트의 견해에 따라 쥐스밀리히를 비롯한 전통적인 견해의 학자들이 주장한 것처럼 언어를 신의 하사품으로 보는 기독교적 언어관의 부활을 언급한다면, 그것은 오해일 것이다.35)

헤르더는 『베를린-학술원』에서 발표한 *Abhandlung über den Ursprung der Sprache*≪언어의 기원에 대한 논고≫(1772)의 서두를 "인간은 이미 동물로서 언어를 소유하고 있다"36)라는 말로 시작한다. 이 표현에는 감각기관의 외침, 즉 인간뿐만 아니라 동물도 지니고 있는 고통, 즐거움과 같은 감정들과 무의식적으로 연결되어 있는 소리의 표출이 언어로 발전했다는 견해가 함축되어 있다. 그렇지만 헤르더는 다른 한편으로 인간이 동물과는 달리 인간 특유의 자의식(Besonnenheit) 상태 속에 놓여 있다고 보고, 바야흐로 이 인간의 자의식이 언어로 발전했다고 추정했다.37) 그런 반면 훔볼트의 관점에서 보면 언어의 기원에서 언어의 자의식이 전제될 수는 없다. 훔볼트에 따르면, 자의식은 음성형성을 위한 아무런 창조적인 힘을 갖고 있지 않기 때문에,38) 언어발생을 설명하기에는 충분치 않다고 볼 수 있다. 달리 말하면, 자의식 상태 속에서는 의미를 내포하는 기호발생의 문제가 너무 모호하다는 것이다.

훔볼트의 언어기원론에 따르면, 동물과는 달리 인간에게는 이른바, '신성한 불꽃'(göttlicher Funke),39) 즉 언어불꽃이 선천적으로 부여되

---

35) Schneider(199 : 262) 참조.
36) Herder(1772 : 5).
37) 1.1. 참조.
38) Humboldt(1830-1835 : 157) 참조.

어 있는데, 바야흐로 이것은 인간의 언어성(Sprachlichkeit)40)으로부터 비롯된 것으로 추정된다. 달리 말하면, 훔볼트는 인간이 처음부터 언어를 배아적 상태로, 즉 인간의 언어로 발전할 수 있는 '기본유형'의 상태로 이미 보유하고 있다고 본 것이다.41) 훔볼트는 『베를린-학술원』의 강연에서도 이 문제를 다음과 같이 분명하게 밝힌 바가 있다 :

> "나의 가장 완벽한 신념에 따르면, 언어는 물론 직접적으로 인간에게 내재되어 있는 것으로 간주되지 않으면 안 된다. 왜냐하면 언어는 명확한 의식 속에 있는 인간 오성의 작품으로서는 전혀 설명될 수 없기 때문이다. […] 언어의 유형이 이미 인간의 오성 속에 존재하지 않으면 언어는 고안될 수 없을 것이다."42)

헤르더의 견해는, 언어 자체가 인간에게 내재하고 있으면서 단지 환기되기만 하면 표출되는 자질로 묘사된 훔볼트의 견해와 비교된다. 말하자면 헤르더에 있어서 '동물로서의 인간'은 단지 감각의 언어만을 소유하며, 성찰된 언어를 통해 비로소 인간으로 격상되는 것임에 반해, 훔볼트에 있어서 언어는 암석 속에 깊이 잠복하고 있는

---

39) 훔볼트는 이미 그의 예술론에서 드러나는 예술가의 창조성이라는 현상을 설명하기 위해 *Funke*(불꽃)라는 은유를 사용한 바 있다(Humboldt, 1796-1797 : 32 참조).
40) 인간의 언어 구사능력을 의미한다.
41) Schneider(1995 : 290) 참조.
42) Die Sprache muß zwar, meiner vollesten Überzeugung nach, als unmittelbar in den Menschen gelegt angesehen werden; denn als Werk seines Verstandes in der Klarheit des Bewußtseins ist sie durchaus unerklärbar. […] Die Sprache ließe sich nicht erfinden, wenn nicht ihr Typus schon in dem menschlichen Verstandes vorhanden wäre (Humboldt, 1820 : 14).

불꽃과 비유된다. 훔볼트에 있어서 최초의 언어는 인간으로 격상되는 '동물과 같은 인간'에 의해 창조되는 것이 아니라, 인간의 본질 속에 내재하는 언어의 불꽃이 인간을 처음부터 동물보다 우위에 설정하고 있으며, 인간 존재의 핵심을 형성하고 있는 것이다. 그렇기 때문에 언어고안에 있어서는 말을 하는 사람들의 개별적인 상황보다도 모든 인간들에게 동일한 양태로 존재하는 그 무엇이 중요시된다. 바야흐로 이것은 모든 인간들에게 동일한 상태로 존재하며, 언어로 발전될 수 있는 불꽃이며, 훔볼트의 후기 논문에서는 언어의 '기본유형'으로 표기된다.[43)]

훔볼트는 "Fragmente der Monographie über die Basken" <바스크족에 관한 전공논문의 단편들>(1801-1802)에서 무엇보다도 언어발생의 특수성을 강조했다. 그 후에 나오는 저술들에서도 훔볼트는 계통발생의 문제에서 중요시되는 특별한 면에 대해 관심을 표명했다. 이 과정에서 계통발생에 대한 그의 견해가 어떻게 그의 언어이론에 편입되었는지가 인지될 수 있다. 무엇보다도 훔볼트는 구체적으로 인류학적 문제제기와 언어이론적 문제제기에 관심을 가졌다. 말하자면 그에 있어서는 인간이 어떠한 동기에서 말을 할 수 있는 자질을 드러내며, 음성의 선택을 위해서는 어떠한 동인이 작용했는지의 문제는 간과될 수 없는 문제였다. 그는 몇 차례 언어발전의 동기부여를 주제로 삼은 적이 있었다. 이 경우 그는 인간이 오로지 다른 개인들과의 교제를 토대로 언어를 만들었다는 견해를 주장했다. 물론 음성창조의 필요성, 의도 및 소망도 인간 언어의 발생에 대한 동기였을 것이고, 이것도 마찬가지로 동물적인 소리형성의 원인이

---

43) Schneider(1995 : 263) 참조.

되었을 것이다. 그렇지만 훔볼트에 있어서는 인간 특유의 음성형성에는 사교적 전달욕구라는 또 하나의 결정적인 이유가 첨가된다.44)

훔볼트는 언어의 역사적 기원에 대한 가설과 함께 인간의 개인주의(Individualismus)를 유포시킨 것이 아니라, 인간을 언제나 언어적 공동체의 한 구성원으로 파악한다는 것을 새롭게 인식시켜 주었다. 바야흐로 훔볼트에 있어서는 하나의 민족 내에서만이 가능한 개별성(Individualität)의 차이야말로 언어발생에서는 필연적인 요소로 간주된다. 인간의 상이성에 대한 이러한 가치평가는 훔볼트가 사교적 전달의 욕구에서 단순히 의사소통을 향한 바램만을 인식한 것은 아니라고 보았다는 데서 기인한다. 이 부분에서 간파될 수 있는 것은, 인간이 그의 사고를 다른 사람들과의 공통적 사고를 근거로 자신의 사고를 확실하게 규정하려는 성향을 가진다는 것이다. 따라서 훔볼트에 있어서, 언어적 상호작용에 대한 욕구는 공동체적 교류의 유지에 대한 욕구일 뿐만 아니라, 정신적 힘의 발달과 세계관 획득을 위해 인류 자체 속에 존재하고 있는 욕구로 간주된다.45)

쉬나이더의 견해에 따르면, 훔볼트가 이미 <바스크족에 관한 전공논문의 단편들>에서 인간 사고에 있어서의 언어의 필연성을 언어발전의 동인으로 삼았다고 본다면, 이러한 동인은 그의 후기 작품들을 근거로 하면 세계관 획득에 대한 욕구보다 더 명확하게 기술될 수 있는 것으로 평가된다. 말하자면 언어가 하나의 세계관46)이고, 반대로 하나의 세계관은 오로지 한 언어의 주관적인 방도를 거쳐서

---

44) 말하자면 훔볼트는 인간의 언어적 자질이 사교적 자질과 불가분적으로 연관을 맺고 있다고 본 것이다(Humboldt, 1801-1802 : 596 참조).
45) Schneider(1995 : 264) 및 Humboldt(1827-1829 : 156) 참조.
46) 7.2. 참조.

만이 가능하다고 한다면, 최초의 언어형성에서는 필연적으로 현실을 조망하기 위한 정신적 통로로 접근하려는 노력이 함께 나타난다는 것이다.47) 그러므로 최초의 언어형성은 세계에 대한 개념적 구조화가 이루어지는 첫 번째 형성이라고 볼 수 있다.

또한 훔볼트의 견해대로 인간이 세계로 가는 정신적 통로를 얻기 위해 언어를 발전시켰다고 한다면, 모든 인간들이 처음에 하나의 유일한 언어만을 소유했다고 보기는 어렵다. 언어는 인간이 살아온 어느 곳에서나, 즉 언어발전을 위해 상호 접촉하면서 자극을 주었던 도처에서 발생했다고 가정할 수 있다. 그렇게 때문에 훔볼트는 유일무이한 원시언어의 가정을 불합리하지는 않지만 무익한 잘못된 방도라고 본 반면, 처음에 지구상의 곳곳에서는 각 민족들의 언어능력으로부터 발생된 여러 개의 언어들이 존재했을 가능성을 추정했다.48) 훔볼트의 언어관이 낭만파의 언어관으로부터 강하게 영향을 받은 것은 사실이지만, 원시 시대에는 단지 하나의 언어, 즉 하나의 원시언어가 존재했다고 보는 후기 낭만파의 견해와는 다르다.49)

원시언어의 명제에 대한 비판적 태도를 야기시켰던 언어형성의 동기에 대한 논의가 계통발생적 문제제기의 토론에서 훔볼트의 유일한 관심사는 아니다. 훔볼트는 특정한 개념에 대해 특정한 발음이 선택되기 위해서 언어의 고안자들에게 어떠한 동기가 주어졌느냐를 규명하려고 했다. 그는 최초의 언어고안은 베일에 가려 있으며, 불명료한 과거 시대의 깊은 곳 속에 은폐되어 있다고 보고, 기존의 언

---

47) 인간은 자신의 인식방법과 지각방식에 따라, 즉 주관적인 방법으로 순수 객관적인 영역에 접근할 수밖에 없다(Humboldt, 1820 : 27 참조).
48) Schneider(1995 : 265) 및 Humboldt(1824-1826 : 392) 참조.
49) Moser(1955 : 26) 참조.

어들에서 발견되는 실상에 근거하여 낱말고안의 방식에 대한 해명을 얻을 수 있을 것으로 기대했다. 말하자면 훔볼트는 음성과 의미에서는 비록 가끔은 예견만 될 뿐이며, 추론될 수 없는 경우가 훨씬 많다고 해도 어떤 연관성이 존재한다는 것을 확신했다. 바야흐로 훔볼트는 음성과 의미의 연관성이야말로 최초의 표기방식에 대한 암시를 제공할 수 있을 것으로 보았던 것이다.

훔볼트는 개념들에 대한 명칭부여를 세 가지로, 즉 '직접 모방을 하는 표기', '상징적 표기' 및 '유추적 표기'로 구분한다. '직접 모방을 하는 표기'는 오로지 소리가 울려 퍼지는 대상들에 대해서만 고려된다. 이 경우 분절되어 있지 않은 음성을 분절된 음성으로 바꾸는 것은 스스로의 몫으로 남는다. 훔볼트는 상징적 표기를, 대상과 공유하는 특성을 지니는 음성을 통한 표기로 해석한다. 그에 의하면, 이를테면 음성이 유사한 도이치어의 낱말 *stehen, stätig, starr*는 고정적인 인상을 주며, *wehen, Wind, Wolke* 등의 낱말에서 볼 수 있는 철자 *W*는 '흔들리는', '불안한' 등을 상징한다. 물론 이 두 가지 표기방식에 대한 기술은 훔볼트의 독창적인 성과는 아니다.50) 그가 이 경우 제시한 두 개의 표기방식은 라이프니츠로부터 직접 차용한 것이다.51)

훔볼트가 언급하고 있는 세 번째 명명방식인 유추적 표기는 훔볼트 자신의 특유한 언어관과 매우 밀접하게 연관되어 있다. 이러한 방식의 표기는 표시 가능한 개념들 사이에서 나타나는 동계관계(Verwandtschaft)에 따라 음성 유사성을 매개로 실행되는데, 이는

---

50) Schneider(1995 : 266) 및 Humboldt(1830-1835 : 76 이하) 참조.
51) Schneider(1995 : 278) 참조.

전체 어휘의 기초가 되는 적정한 수의 어근음(Wurzellaut)들이 존재한다는 것을 암묵적으로 시사하고 있다. 이 어근음들은 보완되기도 하고, 나름대로 변화도 겪음으로써 점점 더 확고해지고, 보다 합성적인 개념들에도 응용된다. 만약 최초의 언어가 발견된다면, 이 언어는 실제로 입증 가능한 이와 같은 어휘 전체의 연관성을 필연적으로 내포하고 있을 것이다. 그러나 유추적인 표기방식은 외래어의 개입과, 계속적인 언어발전으로 인해 현존하는 언어들에서는 단지 제한적으로만 입증될 수 있다. 이러한 방식의 유추개념에 대해 훔볼트는 다음과 같이 언급한 바 있다 :

"우리는 언어 속에 있는 모든 것이 유추에 기인하고 있으며, 언어의 구조는 가장 섬세한 부분들에 이르기까지 유기적인 구조라는 것을 확고한 기본 명제로 가정할 수 있다."[52]

훔볼트의 견해에 따른 유추적 개념의 표기는 의식적인 과정이 아니다. 말하자면 이 행위는 매번 새로운 낱말이 편입될 수 있는 유추적 언어구조 전반이 현존하고 있다는 것을 의식하는 과정이 아니다. 오히려 낱말형성은 그때그때 언어의 유추작용에 무의식적으로 따르게 된다. 그렇기 때문에 훔볼트에 있어서 첫 번째 낱말의 발설은 이미 체계 전체에 대한 본능적인 예감을 필요로 한다. 훔볼트는 개념들의 유추적 표기를 무의식적 행위로 간주할 뿐만 아니라, 최초의 언어표기는 결코 음성들을 대상들에 의도적으로 배분하는 행위로

---

[52] Man kann es als einen festen Grundsatz annehmen, da Alles in einer Sprache auf Analogie beruht, und ihr Bau, bis in seine feinsten Teile hinein, ein organischer Bau ist(Humboldt, 1812 : 295 참조).

설명될 수 없음을 밝히고 있다. 따라서 훔볼트에 있어서는 매번 말을 할 때마다 행해지는 언어창조뿐만 아니라 최초의 언어체계의 발생도 유추의 작용을 통한 무의식적 과정으로 해석될 수 있다.[53] 훔볼트의 언어이론에서 이 유추(Analogie)의 작용은 언어의 기본적인 기능에 속한다. 말하자면 '유추작용'은 언어라는 이념이 유기적인 전체로 구성될 수 있는 이론적 바탕이라고 말할 수 있다.[54]

쉬나이더에 따르면, 언어의 역사적 기원에 대한 훔볼트의 견해표명은 세 가지 영역으로 구분될 수 있다. 먼저, 훔볼트는 신과 관련된 동인을 인지하는 첫 번째 언어발생의 특성을 강조하려고 한다. 그 다음으로, 훔볼트는 무엇보다도 세계로 접근하는 인간 특유의 통로를 확보하는 것을 언어의 발전으로 인식하고, 이에 대한 동기에 관해 논하고 있다. 마지막으로 그는 특정한 개념을 표기하기 위해 특정한 음성을 선택하는 것에 대한 근거를 논증한다. 훔볼트는 바야흐로 이 마지막 항목에 세심한 주의를 기울인다. 쉬나이더는 계통발생적 언어생성의 문제로 향하는 훔볼트 특유의 언어이론적 관심은 바로 이 부분에 있었을 것으로 추정한다. 언어 생성의 논쟁 이외에 훔볼트의 저술에서는 언어의 발전에 대한 서술도 발견된다. 한 언어의 성장에 관한 훔볼트의 관점에서 근간이 되고 있는 것은 이미 학술원-강연에서 표명된 바 있는데, 이에 따르면 생성하고 있는 언어는 존재하는 매 순간마다 이 언어를 전체로 만들어 주는 요소를 지니고 있다는 것이다. 말하자면 언어의 점진적 형성에 대한 가정은 당연할지라도 언어의 고안은 전체로서 단번에 이루어진다는 것이

---

[53] Schneider(1995 : 267) 참조.
[54] Cesare(1989 : 68) 참조.

다.55)

이것은 바로 언어가 유기체(Organismus)로 구성되어 있음을 뜻하는데, "언어는 감성적, 정신적 가치를 지니는 유기적인 성향이 직접 발산하는 것이며, 언어 속에서의 각각의 요소는 오로지 다른 요소를 통해, 그리고 모든 것은 오로지 전체를 관통하는 힘을 통해서만 존재한다는 점에서 언어는 모든 유기적인 것의 본질을 배분하고 있다."56) 바야흐로 훔볼트에 있어서 언어의 이념이 유기적인 전체로서 구성될 수 있는 이론적 기반은 앞에서 언급한 유추개념과 맥락이 같다고 할 수 있다.57)

훔볼트의 견해에 따르면, 언어발전에는 '언어고안'과 '언어확대'라는 두 개의 단계가 구분될 수 있다. 전자에서는 언어의 구조, 즉 문법의 기초 부분과 굴절 부분이 생겨나고, 후자에서는 낱말의 의미와 통사 관계가 변화를 겪는다. <카비어-서문>에서 훔볼트는 처음에 언어가 생겨날 때의 상황을 언어의 '결정'(Kristallisation)으로 규정하며, 인간의 정신은 일차적 언어발생 이후에 언어를 도구로 사용할 수 있는 동시에, 스스로 이 언어라는 도구 속으로 자아져 들어갈 수 있다고 보았다. 따라서 첫 번째 단계에서는 질료 상태로 현존하는 언어의 발생이 자리 잡는 반면, 두 번째 단계에서는 말을 할 때의 변화된 사용으로 인해 언어의 변화가 뒤따르게 된다.58) 그러므

---

55) Schneider(1995 : 268) 및 Humboldt(1820 : 15) 참조.
56) Unmittelbarer Aushauch eines organischen Wesens in dessen sinnlicher und geistiger Geltung, teilt sie darin die Natur alles Organischen, dass Jedes in ihr nur durch das Andere, und Alles nur durch die eine, das Ganze durchdringende Kraft besteht(Humboldt, 1820 : 3).
57) Cesare(1989 : 68) 참조.
58) Schneider(1995 : 268 이하) 참조.

로 훔볼트의 관점에서 언어의 발전은 한 편으로는, 원천적으로 방향을 규정하는 원리이고, 다른 한편으로는, 이미 생산되어 있는 질료의 영향으로 인식된다.59)

또한 계통발생에 관한 문제에서 중요시되는 언어적 요소와 규칙의 생성은 오로지 현존하는 언어공동체에 의해 수행될 수 있다. 의심할 여지없이 음성으로 발화되는 질료(소재)의 형성은 민족의 활동이다. 그러나 항상 새로운 언어발생으로 해석될 수 있는 동시에 변화의 가능성이 잠재하는 언어사용은 자연스럽게 개개인이 지니는 개별적 성과로 간주된다.60)

훔볼트에 있어서 민족의 특이성은 뚜렷하게 언어에 영향을 끼친다. 그 뿐만 아니라 시간을 통해 야기되는 내적인 방향의 모든 변화 및 민족의 영혼과 정신적 도약을 고양시키거나 억압하는 모든 외적인 사건, 특히 탁월한 인물들의 자극도 언어에 영향을 끼친다.61) 의심할 여지없이 언어가 가장 생동적인 정신활동으로부터 가장 큰 변형을 겪는다는 것은 두말할 필요가 없다. 그런 의미에서 동적·창조적(dynamisch·kreativ) 언어개념은 계통발생에 대한 훔볼트의 해명에서도 명백히 이론적 근거가 되고 있다. 그러나 훔볼트는 계통발생에 관한 주안점을 개개인에 의한 언어생산에 두는 것이 아니라, 소재 상으로 개개인을 통한 언어창조의 근간을 이루는 민족 내부에서의 언어생성 쪽에 두고 있다.62)

훔볼트에 있어서 언어는 결코 개개인의 산물(Erzeugnis)이 아니

---

59) Humboldt(1830-1835 : 160) 참조.
60) Schneider(1995 : 269) 및 Humboldt(1830-1835 : 167) 참조.
61) Humboldt(1830-1835 : 174) 참조.
62) Schneider(1995 : 270) 참조.

라 민족의 산물이다. 언어는 공통성을 지향하는 상이한 사유방식들과 지각방식들이라는 다양성에서 생겨날 수 있는 것이다.63) 그리하여 언어는 오로지 개개인들의 상호관계 속에서 발생할 수 있는 동시에, 감각적으로 지각할 수 있는 공통적 행위의 결과로 남겨지면서 공통적 소유물로 보존될 것이다.64)

1.4. 개체발생적 언어고찰

훔볼트의 논문들에서 계통발생적 언어생성에 관한 서술은 빈번하게 등장하고 있는 반면, 개체발생에 관한 언급은 매우 드물게 나타난다. 그러나 이 동질적인 두 분야에 대한 견해표명은 등장하는 빈도수뿐만 아니라 기능적 측면에서도 구별된다. 즉 훔볼트는 사변적 특성이 있음에도 불구하고 근본적으로 인류학적인 문제로 제기되기 때문에 계통발생의 문제를 학문적 고찰의 대상으로 삼는다. 그에 반해서 훔볼트는 개체발생에 대한 고찰을 자신의 언어이론적인 명제들에 대한 증거자료와 해명으로 이용한다. 따라서 어린아이의 언어발전은 훔볼트에 의해 무엇보다도 독자적인 관심사에서 논구되는 것이 아니라, 훔볼트 자신의 언어개념으로부터 생겨나는 개체발생적 결과가 어린아이의 언어발전에서 실제로 입증가능한지를 검증해 보기 위해 다루어진다.65)

---

63) Humboldt(1827-1829 : 127) 참조.
64) Kledzik(1992 : 373) 참조.
65) Schneider(1995 : 270) 참조.

훔볼트는 어린아이의 언어습득에 대해 두 가지 명제가 확인된다고 주장하였다. 우선 첫 번째 명제를 살펴보면 언어는 세계경험(Welterfahrung)의 매개체라는 것인데, 언어란, 가령 자동차 운전이나 수영처럼 습득될 수 있는 대상은 아니라는 입장이다. 훔볼트는 오히려 언어란, 세계중개적 사유능력으로서 습득될 때마다 미리 존재하고 있음에 틀림없다는 것이다. 또한 훔볼트에 있어서 언어의 세계중개적 기능은 칸트적 의미에서의 유한한 세계(경험세계)와 선험적인 무한한 세계(지적 세계)가 중개되지 않은 채 대비되는 것이 아니라, 언어를 통해 중개된다는 것을 의미한다.66)

앞에서 언급한 바와 같이, 이러한 인식은 훔볼트로 하여금 인간에게 주어져 있는 '언어유형'을 연구의 단서로 삼는 계기를 주었는데, '언어유형'이란, 인간의 언어적 자질로서 현실에 대한 모든 경험보다 선행하고 있다고 볼 수 있다. 개체 생성에 있어서의 어린아이의 언어습득은 언어가 매개적 특성을 지니고 있다는 점에서 보면 오로지 어린아이에 의해 행해진 최초의 '말' 이전에 존재하고 있는 언어적 자질의 발전으로 이해될 수 있다. 만약 어떤 어린아이가 그의 모국어를 실제로 노력에 의해 완전히 새롭게 습득할 수 있다면, 인간존재(Menschensein)가 부차적으로 형성되는 이러한 능력의 획득에 어떠한 방법으로 연관되어 있는가를 설명하기는 어렵다. 이에 반해서 언어가 모든 인간에게 미리부터 잠재적으로 주어져 있다고 본다면 '세계중개적 언어'라는 명제는 확실한 근거를 얻게 된다. 훔볼트는 어린아이의 언어습득 과정을 관찰할 때 이 부분이 확인 될 수 있을 것으로 보았다.67)

---

66) Benner(1990 : 125) 참조.

만약 언어습득이 언어를 완전히 새롭게 배우는 것이라면, 어린아이는 서로 다른 시점에서 상황에 따라 이러한 능력을 획득해야 할 것이다. 그러나 언어발전이 마음속에 미리 각인되어 있다면, 상황과는 무관하게 거의 동일한 연령층에서 언어발전이 수행된다고 볼 수 있다. 따라서 앞에서 언급한 언어의 '불꽃'은 환경을 통해 인간에게 이식되는 것이 아니라, 이미 현존해 있는 요소라고 볼 수 있다. 이 '불꽃'은 오로지 어린아이가 발육하는 동안에 언어적 환경을 통해 점화될 뿐이다. 이런 관점에서 현존하는 언어는 개체발생적 언어습득에서 어떠한 위치가치를 지니고 있는 것일까? 현존하는 언어는 분명히 어린아이가 점차로 수용하고 있는 어떤 실체가 아니다. 오히려 이것은 그 자신의 언어적 자질을 발전시키는 촉매로 쓰일 뿐이다. 말하자면 언어는 얼핏 보면 다르게 보인다고 할지라도 본디 훈련을 통해 습득될 수 있는 것이 아니라, 오로지 마음속에서 언어라는 잠재성만이 환기될 수 있다. 사람들은 이것이 스스로 언어로 발전하도록 실마리만을 제공할 수 있다.[68] 이런 측면에서 보면, 언어 자체는 인간이라는 개념과 함께 그 자체로 주어져 있는 하나의 기능이며, 인간은 언어를 만들고 있는 것이 아니라, 발견하고 있는 셈이다.[69] 따라서 훔볼트는 언어의 기본유형을 규명하려고 할 때 결코 언어의 발생이 아니라, 언어의 근원을 문제시하고 있다고 말할 수 있다.

훔볼트적 사고의 맥락에서 보면, 언어발전의 실마리는 언어공동체를 통해 어린아이에게 주어진다. 바야흐로 언어공동체는 어린아이

---

67) Schneider(1995 : 271) 참조.
68) Schneider(1995 : 272) 및 Humboldt(1830-1835 : 40) 참조.
69) Humboldt(1824-1826 : 451) 참조.

의 언어가 완성되기 위해서는 없어서는 안 되는 언어적 분위기를 조성한다. 어린아이의 언어능력과, 언어공동체를 통해 주어지는 구체적인 언어 사이의 결합이 비로소 개체발생적인 언어생성을 충분히 해명할 수 있다. 이제 훔볼트가 학술원-강연에서 인간의 언어적 자질을 언어의 '유형'이라고 명명한 것을 기억한다면, 훔볼트가 비록 그때그때 용어는 다를지라도 언어생성의 모든 층위에서 '유형' 개념을 고수했다는 게 분명해진다. 말하자면 최초의 인간은 언어불꽃의 점화를 통해 인간 특유의 사유능력을 확고히 한다는 것이다. 어린아이는 주어져 있는 민족어(Nationalsprache)의 실마리를 준거로 하여 개별적으로 유형을 각인한다. 그리고 각각의 인간은 매번 일어나는 언어창조의 과정에서 유형적으로 미리 주어져 있는 이것에 따른다.[70]

어린아이의 언어습득 고찰에서 중요시되는 훔볼트의 두 번째 명제는 언어의 동적·창조적 특성이다. 만약 훔볼트가 각각의 언어적 생산을 하나의 창조적 행위로 간주한다면, 언어발전은 기억능력으로서가 아니라, 생성방법의 획득으로 이해될 수 있다. 따라서 훔볼트에 따르면, 언어의 생성체계는 말을 하는 사람으로 하여금 유한한 수단들을 무한하게 이용하게끔 해준다.[71] 역사적 관점에서 보면, 훔볼트에 있어서 언어는 선험적인 요소이며, 생성적·동적 기본구조를 지닌다. 따라서 언어 본래의 의미는 생산될 수 있는 것이 아니라 단지 수용될 수 있을 뿐이다.[72]

엄밀히 말해서 언어는 개개인의 산물이 아니라 민족 전체의 산물

---

70) Schneider(1995 : 272) 참조.
71) Humboldt(1830-1835 : 99) 참조.
72) Benner(1990 : 140) 참조.

이다. 또한 민족 내에서도 나중에 나타난 세대가 이전에 나타났던 세대로부터 언어를 수용한다고 볼 수 있다.73) 훔볼트에 따르면, 어린아이가 말을 배우는 것은 낱말들을 배분한다든가, 기억 속에 저장한다든가, 입술로 웅얼거리면서 다른 사람의 말을 모방하는 식의 언어습득이 아니라, 햇수가 경과하면서 실습을 통해 획득하게 되는 언어능력의 성장이다. 이 경우 훔볼트는 언어능력의 성장을, 명백히 언어생성으로 가는 조작이 점점 더 면밀하게 완성되어 가는 과정으로 해석하는데, 이러한 조작은 어린아이가 성장하고 있는 해당 민족을 통해서 뿐만 아니라, 어린아이의 개성을 통해서도 형성된다.

훔볼트에 의하면, 인간은 외적인 동인이나 또는 내적인 동인에 의해서 전체의 언어를 서서히 생성하는 동시에, 생성된 것을 이해하려는 규칙적인 성향을 지닌다. 바로 이러한 성향을 만들어 내는 힘이 개별적인 힘(individuelle Kraft)이다. 그러므로 인간은 '개별성' 없이는 어떠한 에네르기도 가능하지 않다고 보는 훔볼트의 견해는 언어습득에 대한 그의 명제들에서 의미심장한 부분이다.74) 훔볼트에 있어서 개성을 형성하는 인간의 실제적인 힘은 순수한 실행 자체이며, 인간의 내부에서 활동하고 있는 힘이다.75)

인간의 생동하는 힘은 바야흐로 어린아이의 언어습득에도 그대로 적용된다. 왜냐하면 언어는 그 활동성으로 인해 오로지 힘으로, 말하자면 역동적인 힘으로 묘사되기 때문이다. 훔볼트는 이와 같은 언어의 본성에 대해 다음과 같이 언급한 바 있다 :

---

73) Humboldt(1820 : 24) 참조.
74) Schneider(1995 : 273) 참조.
75) Humboldt(1797 : 330) 참조.

"언어는 또한[⋯] 결코 돌이나 광석 속에 파묻혀 있는 어떤 질료적인 것을 소유하고 있는 것은 아니다. 더 이상 언급되지 않는 언어의 힘도 그것이 우리에 의해 여전히 감지될 수 있고, 대부분 소생시키는 역할을 하는 우리 자신의 정신의 힘에 의존한다. 그렇기 때문에 끊임없이 계속 타오르는 인간의 사고 속에는 일순간조차도 실제적인 정지의 순간이 없는 것처럼 언어 속에서도 정지의 순간이 존재할 수 없다. 계속 진행되는 언어의 전개과정이 그때그때 말을 하는 사람들의 정신력에 의해 영향을 받는 것이 언어의 본질이다."76)

이 부분에서 주의해야 할 점은, 훔볼트의 시각에서는 언어가 개별적으로 분화되는 것은 단순히 상이한 언어공동체들을 통한 상이한 형성으로만 해석되는 것이 아니라, 혈통의 영향으로도 해석될 수 있다고 잘못 판단하는 경우이다. 만약 이런 시각에서 보면 어린아이는 특정한 언어에 소질이 있을 수 있다는 것인데, 이런 가정은 오늘날 수용되기 어렵다. 개개 인간에게는 원천적으로 주어진 유일무이한 개별성이 있다는 인류학적인 명제가 교육이론에서 여전히 매력적인 견해이긴 하지만, 이것이 만일 언어자질과 같은 특유의 정신적 성향에 전용된다면 설득력을 잃게 된다. 경험상으로도 이러한 명제는 구체적인 측면에서 거의 입증될 수 없을 것이다.77)

---

76) Da die Sprache⋯⋯niemals auch, in Stein oder Erz gegraben, ein materielles besitzt und auch die Kraft der nicht mehr gesprochenen, insofern sie noch von uns empfunden werden kann, großenteils von der Stärke unsres eignen Wiederbelebungsgeistes abhängt,so kann es in ihr ebensowenig, als in den unaufhörlich fortflammenden Gedanken der Menschen selbst einen Augenblick wahren Stillstandes geben. Es ist ihre Natur, ein fortlaufender Entwicklungsgang unter dem Einfluß der jedesmaligen Geisteskraft der Redenden zu sein(Humboldt, 1830-1835 : 160).
77) 실제로 다른 언어공동체로 이주한 사람들의 후손이 혈통이나 종족에 관계없이 이주한 언어공동체의 언어를 원주민과 동일하게 구사하고 있는 것을

혈통에 근거한 이러한 빈약한 명제보다도 오히려 훔볼트는 개체생성의 구체적 기술에 대한 몇몇 세부적인 항목에서 오늘날의 견해에 접근하고 있는 것을 볼 수 있다. 이를테면 훔볼트의 견해에 따르면, 어린아이는 단순히 기억에 의존하기보다는 오히려 창조적인 면을 보여주는데, 어린아이는 어렴풋이 느껴지는 '유추작용'에 따라 언어 형성을 계속한다.78) 이 경우 '유추작용'은 거대한 양의 지리멸렬한 개개 현상들을, 분리되지 않는 통합체 및 유기적으로 조직화된 전체로 바꾸어 주는 역할을 하는데, 이것이 인간의 지적 활동을 이끈다는 것이다.79) 말하자면 이것은 문법적 유추일 뿐만 아니라, 언어의 전체 구조를 조절하고, 언어의 내적인 조화를 보장해 주는 원리인 것이다.80)

오늘날 언어습득에 대한 연구에서 어린아이는 무의식적으로 자신의 언어구조에 대한 가설을 설정하고, 새로운 언어경험으로 인해 수정의 필요가 생길 때까지 계속 이 가설에 따르고 있다고 가정해 볼 수 있다. 말하자면 계통발생의 개념을 민족어들의 발전으로 이해한다면, 훔볼트에 의한 개체발생의 개념은 계통발생과 실제의 언어발생 사이의 거의 중간단계로 해석될 수 있다. 이 경우 개인은 계통발생적으로 생성된 언어의 영향을 받아 각인되고, 이 언어를 개별적인 방식으로 실현시키는 동시에 실제의 생성 자체에서 스스로가 따라가게 되는 궤도를 지시하게 된다.81)

볼 수 있다.
78) Schneider(1995 : 273) 참조.
79) Humboldt(1797-1798 : 128 이하) 참조.
80) Cesare(1989 : 69) 참조.
81) Schneider(1995 : 274) 참조.

뮌스터 대학의 언어학자 기퍼(H. Gipper)는 1985년에 그의 동료 연구원들과 함께 세 살배기 어린아이의 언어습득 과정에 대해 경험적 고찰을 시도함으로써, 어린아이의 창조적 언어힘을 검증하려고 했다. 이 연구에서 기퍼는 어린아이가 언어체계의 유효한 규칙들과 언어관습을 지속적으로 어떻게 획득하고 있는가를 조사했다. 이에 따르면 어린아이의 언어습득은 대부분 이미 습득된 모형들에 따른 새로운 형성을 통해, 말하자면 유추형성을 통해 이루어진다는 것이 입증되었다.[82] 기퍼에 의해 주도된 개체발생적 고찰과 같은 언어생성에 대해 제시된 이와 같은 실증적인 예를 통해 19세기에 표명된 훔볼트의 언어기원론과 언어개념이 다시금 21세기에 등장하게 될 주목받는 언어학적 성과들에 일조할 수 있을 것으로 기대해 본다.

---

82) Gipper(1985 : 143) 참조.

2. 언어와 사고

2.1. 도입

훔볼트는 언어이론가로서 종종 너무 강령적이라든가 불분명한 개념 규정만을 남겨 놓았다는 비판을 받기도 한다. 그렇지만 그가 남긴 인상 깊은 업적은 언어와 사고의 불가분적 관계에 기초하여 언어구조와 민족의 사유방식 내지는 정신적 상태 사이의 관계를 해명하기 위한 방법론을 제시했다는 점에서 탁월한 성과로 인정될 수 있을 것이다. 아울러서 그의 사상이 다방면에 걸쳐 후대의 연구가들에게 적지 않게 영향을 준 것도 의심할 여지가 없다.

언어에 대한 훔볼트의 견해표명 속에는 표현의 수단 또는 의사소통의 수단으로서의 소박한 언어정의와 정신적 힘으로서의 언어관 사이에 존재하는 상이점이 뚜렷하게 드러난다. 이 단원에서는 인간언어의 창조행위에 대한 훔볼트의 언어관을 토대로 하여 말을 하는 행위(말하기)와 듣는 행위(이해) 사이에 전개되는 인식과정의 사회성을 개략적으로 서술하고자 한다.

2.2. 선험적 언어개념

훔볼트는 공직에서 은퇴한 후 마지막 15년 동안 인도네시아의 자바섬에서 사용되는 카비어(Kawi-Sprache) 연구에 몰두했다. 애석하게도 그의 사망으로 인해 이 연구는 비록 미완성된 방대한 양의 서문만을 남겼다. 그런데도 이 글에서는 후세의 언어이론의 발전에서 핵심적 역할을 하는 요소들이 이미 포괄적으로 시사되어 있는 것은 자명한 사실이다. 훔볼트는 이 의미심장한 저술에서 인간의 사상형성 과정에서 중요시되는 언어의 역할에 대한 본질적 해명을 "언어 전반의 본성과 속성"이라는 테마로 다루었다. 그는 언어와 사고의 관계를 다음과 같이 서술하고 있다 :

"주관적 활동은 사고 속에서 대상을 형성한다. 왜냐하면 어떤 종류의 표상들도 이미 현존하는 대상을 단순히 수용적으로 음미하는 것으로 간주될 수 없기 때문이다. 감성의 활동은 정신의 내적 행동과 통합적으로 결합하지 않으면 안 된다. 그리고 이러한 결합으로부터 표상이 떨어져 나와 주관적 힘에 맞서서 객체로 되고, 이 표상은 객체로서 새롭게 지각되어 주관적 힘으로 되돌아온다. 그러나 이를 위해서는 언어가 필수 불가결하다. 왜냐하면 언어에서는 정신적 노력이 입술을 통해 관철됨으로써 정신적 노력의 산물이 자신의 귀로 되돌아오기 때문이다. 그러므로 표상이 실제의 객관성으로 옮겨지는데, 이로 인해 주관성과의 관계가 끊어지는 것은 아니다. 오직 언어만이 이 일을 수행할 것이다. 언어가 함께 작용할 때 암암리에 끊임없이 진행되면서 주체 쪽으로 되돌아오는 객관성으로의 이러한 전이 없이는 개념의 형성이 불가능하며 참된 모든 사고도 불가능하게 된다. 아무튼 이런 이유에서 인간과 인간 사이의 전달은 염두에 두지 않더라도 말하기는 홀로 고립되어 있는 개인이 행하는 사고의 필연적 조건이다."[1]

인간의 사고과정에 대한 언어의 관여를 언급하고 있는 이 인용문 속에는 이미 훔볼트가 서술하려는 언어사상에 관한 연구의 핵심적 사항들이 전반적으로 함축되어 있음이 드러난다. 우선 훔볼트는 '표상'(Vorstellung)이란, 외적인 대상의 단순한 복제에 불과하므로 언어가 언어 외적으로 구성되어 있는 사물을 표기한다든가, 또는 언어가 단지 의사전달의 목적에서만 필연적이라는 언어현실주의를 거부한다. 그는 칸트(I. Kant)를 계승하여 두 개의 인식능력, 즉 감성(Sinnlichkeit)과 오성(Verstand)을 구별하였는데, 인식이 실현되기 위해서는 이 두 가지 능력이 필연적으로 공동작용한다는 것을 확신하고 있었다.[2] 그리하여 인간의 모든 인식이 인식내용의 맞은편에 있는 감성적 인식형식들에 대해 상대적이라는 칸트의 순수 인식론

---

[1] Subjektive Tätigkeit bildet im Denken ein Objekt. Denn keine Gattung der Vorstellungen kann als ein bloß empfangendes Beschauen eines schon vorhandenen Gegenstandes betrachtet werden. Die Tätigkeit der Sinne muß sich mit der inneren Handlung des Geistes synthetisch verbinden, und aus dieser Verbindung reißt sich die Vorstellung los, wird, der subjektiven Kraft gegenüber, zum Objekt und kehrt, als solches auf neue wahrgenommen, in jene zurück. Hierzu aber ist die Sprache unentbehrlich. Denn indem in ihr das geistige Sreben sich Bahn durch die Lippen bricht, kehrt das Erzeugnis desselben zum eignen Ohre zurück. Die Vorstellung wird also in wirkliche Objektivität hinüberversetzt, ohne darum der Subjektivität entzogen zu werden. Dies mag nur die Sprache ; und ohne diese, wo Sprache mitwirkt, auch stillschweigend immer vorgehende Versetzung in zum Subjekt zurückkehrende Objektivität ist die Bildung des Begriffs, mithin alles wahre Denken unmöglich. Ohne daher irgend auf die Mitteilung zwischen Menschen und Menschen zu sehen, ist das Sprechen eine notwendige Bedingung des Denkens des Einzelnen in abgeschlossener Einsamkeit(Humboldt, 1830-1835 : 55).

[2] Navarro-Pérez(1993 : 89, 97) 참조.

적 원리는 지각과 개념을 구성하는 언어형성 과정에 대한 훔볼트의 분석적 성찰들을 통해 언어적 현상론(Phänomenalismus)의 층위로 전위된다.3)

훔볼트의 명제에 의하면, '표상'은 감성과 오성의 통합적인 결합에서 생겨나서 객체로 된다. 칸트와는 달리 이 작업은 훔볼트에 있어서는 언어를 통해 수행된다. 훔볼트에 따르면, 관념상으로 인식을 행하는 주체는 바로 언어를 수단으로 하여 생소한 사물 자체의 객관성을 주체에 상응하는 새로운 객관성으로 바꾸어 놓는다. 그러므로 훔볼트는 외적인 대상들이 주체에 대해 형성하고 있는 인상(Eindruck)을 연구의 출발점으로 삼고 있는 것을 볼 수 있다.4)

훔볼트에 의하면, 주체에 몰입해 오는 다양한 감성적 인상들로부터 대상의 특징을 규정해 주는 자질들이 선택되고 결합된다. 이러한 과정 속에서 주관성이 실현되어 대상 쪽으로 이행된다. 이로써 대상에 대한 주관적 표상이 생겨나게 된다. 그러나 이러한 주관적 표상이 개념으로 되기 위해서는 표상 자체가 주체에 맞서서 객체로 되어야 한다. 이 일은 오로지 언어의 중개로만 가능하다. 선택된 자질들의 결합은 우선 음성을 통해 발생한다. 말하자면 자질결합이 고정되는 감각적 형식들에 의해서만이 표상은 객관적인 실재(Dasein)를 얻게 된다.5)

결국 훔볼트는 주체로 되돌아오는 객관성 없이는 개념형성이 가능하지 않다고 본 것이다. 그렇지만 사고가 엄밀한 의미에서 개념 속의 사고라면 어떠한 사고도 말을 하는 행위 없이는 존재할 수 없

---

3) Scharf(1977 : 115) 참조.
4) Navarro-Pérez(1993 : 97) 참조.
5) Cesare(1996 : 280) 참조.

을 것이다. 훔볼트의 관점에 의하면, 실제의 언어행위야말로 고립되어 있는 개개인의 사고에 대한 필연적 조건으로 인정된다.6) 이 부분은 더 이상 사고의 구조와 언어의 구조가 유사하다는 것을 말하려는 것이 아니다. 인간은 언어와 유사한 방식으로 사유하는 것이 아니라, 언어와 일치하는 방식으로 사유한다.7)

주관적 표상(떠올리는 심상)이 객체로서 새롭게 인지되는 지각행위 자체는 수동적이 아니다. 그렇다면 사고(Denken)는 사유된 것을 어떻게 객체로 설정하는 것일까? 사고의 구조가 사상(Gedanke)의 객관화, 즉 생소한 대상으로서 제시된 형상의 수용 속에 존재한다면 사고의 내부에는 언어가 작용한다. 따라서 사고는 그 자체가 언어적이다. 그러나 칸트적인 의미에서의 직관과 개념의 통합은 사고 내에서, 사고를 통해 수행된다는 점에서 차이가 난다. 훔볼트에 있어서는 감성의 활동과 정신의 활동이 언어적인 것으로 기술되는데, 이것은 인간과 세계의 교제를 통해 수행된다.8)

감성의 활동은, 말하자면 정신의 내적 활동과 통합적으로 결합되지 않으면 안 된다. 표상은 말소리의 도움으로 이러한 결합으로부터 떨어져 나오게 되고, 언어공동체의 객관적 에르곤(Ergon)으로 미리 주어지며, 주관적으로 장악되어 있는 말소리를 통해 주관성을 벗어나지 않고 실제의 객관성으로 옮겨지게 된다.9) 말하자면 표상은 주관성을 버리는 것은 아니고, 주관성 속에 머무르면서 주관성과 맞서 있다고 볼 수 있다. 표상의 분리와 동시에 다시 주관성(Subjektivität)으로 되

---

6) Hennigfeld (1990 : 47) 참조.
7) Liebrucks(1965 : 259) 참조.
8) Liebrucks(1965 : 258) 참조.
9) Schmidt (1968 : 73) 참조.

돌아오는 작업은 언어에 의해서만이 가능할 수 있다.10)

훔볼트에 있어서 외부의 대상이 주체에 대해 야기시켜 주는 '인상'은 객체의 복제가 아니라, 칸트적인 순수 오성개념에 따른 객체의 해석이다. 주체는 이제 이러한 '인상'을 하나의 낱말로, 말하자면 정신의 지배 하에 놓여 있는 외적 대상으로 바꾸어 놓는다.11) 그에 있어서 언어는 결코 대상을 직접 묘사하는 것이 아니라, 언어가 생성될 때는 언제나 정신을 통해 대상으로부터 자발적으로 형성된 개념을 묘사한다. 이것은 개념으로 형성되는 과정이 완전히 내적인 것으로, 말하자면 분절감각(Artikulationssinn)보다 선행하는 것으로 간주되어야 한다는 것을 의미한다. 물론 훔볼트는 이러한 구별이 언어분석의 경우에만 적용되는 것이며 자연 속에서는 존재할 수 없다고 서술한다.12) 또한 감성적으로 인지될 수 있는 대상들의 경우에도 언어는 인간의 감각 앞에 아른거리는 대상을 대신하는 것은 아니며, 낱말창조의 특정한 순간에 언어생성을 통해 이루어진 대상에 대한 이해와 동일한 가치를 지닌다.13) 따라서 언어의 법칙이란, 언어로 옮겨지게 되는 모든 것이 그 원래의 모습을 버리면서 언어의 형식을 취하는 것으로 볼 수 있다.14)

훔볼트에 있어서 사고의 필연적인 조건에는 언어라는 요소가 선험적으로 추론될 수밖에 없다. 은둔상태를 원치 않는다면 주체에 있어 언어는 필수 불가결하다. 만약 어떤 것이 사유되어야 한다면, 어

---

10) Liebrucks(1965 : 258) 참조.
11) Navarro-Pérez(1993 : 98) 참조.
12) Humboldt(1830-1835 : 90) 참조.
13) Humboldt(1830-1835 : 89) 참조.
14) Schmidt(1968 : 70) 참조.

떤 것은 말로 표현되어야 한다. 객체가 없을지도 모르는 절대자(신)의 사고라면 언어를 필요로 하지 않을 수도 있을 것이다. 그러나 어떤 특정한 것을 사유하는 인간의 사고는 말로 표현되어야 한다. 다시 말해서 순수하게 지적인 존재는 언어의 감각적 영역에 관련될 필요가 없지만, 정신적인 동시에 감각적인 존재는 감각적 수단인 언어를 통해서만 사유할 수 있는 것이다. 이 경우 언어는 주체를 감성에 내맡기는 것이 아니라, 바야흐로 주체로 하여금 생소한 외부세계를 제어할 수 있도록 도와주는 역할을 한다. 따라서 언어는 대상을 사고의 객체로 형성하는 동시에 대상세계를 구성하는 존재론적 기능을 가진다. 아울러서 이 경우 사고의 객체는 성찰이 진행될 때 사고 자체 속에서 유리되는 객체로 해석된다.15)

훔볼트는 바야흐로 언어에 대한 사고의 지배력을 주장한 셈이다. 왜냐하면 이 문구에서 추론되는 언어개념이 사고의 가능성에 대한 조건일 뿐만 아니라, 감성의 활동과 정신의 내면적 행동을 통해 제약을 받고 있기 때문이다. 후자와 함께 훔볼트는 명백히 인식의 선험적 구성요소라는 칸트의 명제와 연관된다. 또한 칸트가 선험적 인식의 조건을 올바르게 서술했다고 가정한다면, 이미 개개 언어들의 판단에 대한 척도가 얻어진다고 말할 수 있다.16)

---

15) Ramischwili(1979 : 194) 참조.
16) Navarro-Pérez(1993 : 98) 참조.

2.3. 언어와 사고의 단일성

인간에 의한 인식과정의 사회성과 언어를 통한 사상의 객관화 사이에는 어떠한 연관성이 설정되는가의 문제는 언어와 사고의 단일성(Einheit)에 대한 확증에서 대단히 중요하다.17) 사고는 오로지 사회적 개체로서만 개개인에게 귀속될 수 있기 때문에 당연히 언어에 구속되어 있기 마련이다. 또한 개개인 스스로에 있어서도 사고와 인식은 사회적으로 이미 준비되어 있는 모사(Abbild)를 토대로 해서만이 가능하다. 말하자면 이것은 언어를 통해서만이 사회성과 존재가치를 얻게 된다.18)

훔볼트에 의하면, 언어를 통한 사상의 객관화는 인식과정의 사회성을 가능하게 한다. 이것은 언어와 사고의 단일성이라는 훔볼트적 구상의 철학적·언어이론적 성과이다. 이러한 인식은 물론 훔볼트 스스로에 있어서도 최종적으로 명확하게 정립되어 있지는 않았다. 왜냐하면 인식과정의 사회성이라는 필연성이 보다 뚜렷하게 의식화될 필요가 있었을 것이기 때문이다. 그리고 이와 같은 의식은 인간의 인식능력에 대한 실질적인 확증에서 얻어질 수 있는 개념이었다. 그리하여 인간의 인식능력과 언어능력은 선험적으로 인간에 내재하는 능력으로 남게 된다.

벨케(K. Welke)에 따르면, 훔볼트는 비록 사회성을 구체적으로 확증할 수는 없었지만 인식능력과 언어능력이 오로지 사회적으로만 발전될 수 있다는 점을 이미 간파하고 있었다. 훔볼트에 있어서 인

---

17) Welke(1986a : 25) 참조.
18) Welke(1986a : 26) 참조.

간의 사회성은 형이상학적으로 전제되어 있는 것이며, 인간은 선천적으로 대화하는 것을 좋아한다는 점을 고려해 보더라도 확고한 개념으로 굳어져 있다. 그러나 본질적으로 강조되어야 할 것은 훔볼트가 언어의 사회성을 단순히 언어의 전달기능에서 연역한 것이 아니라, 바야흐로 사고와의 연관성에서 연역했다는 점이다.19) 훔볼트는 이에 대해서 다음과 같이 언급한 바 있다 :

> "말하기는 인간과 인간 사이의 전달이 중요시되는 일없이 홀로 격리 상태에 있는 개개인의 사고의 필연적 조건이다. 그렇지만 현상 속에서는 언어는 오로지 사회적으로만 발전된다. 왜냐하면 인간은 다른 사람에게서 자기 말의 소통 가능성을 시험적으로 검증함으로써만이 스스로를 이해하기 때문이다."20)

이 경우 "현상 속에"(in der Erscheinung)라는 훔볼트의 표현은 헤르더(J.G. Herder)처럼 언어가 형이상학적으로 개개인에게 부여된 힘을 토대로 원칙상 오로지 객관화의 측면으로부터 연역될 수 있는 것으로 간주되고 있음을 말한다.21) 그러므로 훔볼트에 의하면, 언어의 창조는 인류의 내면적인 욕구에 해당한다. 말하자면 훔볼트는 인간의 공동생활 유지라는 차원에서보다도 언어의 본질상 정신적인

---

19) Welke(1986a : 29) 참조.
20) Ohne daher irgend auf die Mitteilung zwischen Menschen und Menschen zu sehen, ist das Sprechen eine notwendige Bedingung des Denkens des Einzelnen in abgeschlossener Einsamkeit. In der Erscheinung entwickelt sich jedoch die Sprache nur gesellschaftlich. Denn der Mensch versteht sich selbst nur, indem er die Verstehbarkeit seiner Worte an Andren versuchend geprüft hat(Humboldt, 1824-1826 : 377).
21) Welke(1986a : 28) 참조.

힘의 발달과, 다른 사람들과의 공통적 사고를 확실하게 함으로써만 이 얻어낼 수 있는 '세계관'의 획득이라는 차원에서 언어창조를 이해한다.22)

훔볼트에 있어서 언어와 사고는 지적 능력의 동일한 행위에 속하며 철저하게 분리될 수 없는 영역으로 간주된다.23) 따라서 언어와 사고는 상이한 활동영역으로서가 아니라 동일한 정신적·언어적 활동이라는 측면에서만 이해될 수 있다고 보는 일원론적 언어개념 (monistische Sprachbegriff)이 시사된다.24)

벨케에 의하면 "언어와 사고의 단일성"이라는 명제는 훔볼트적 언어이론의 개념적인 근본토대이다. 그에 의하면, 이 명제는 언어에 의한 사상의 객관화와, 이로부터 얻어지는 인식과정의 사회성이라는 나름대로의 확고한 명제들과 더불어 언어에 대한 훔볼트의 모든 개별적인 서술들의 기초를 형성한다.25) 20세기에 일어난 관념철학의 언어학적인 방향전환도 마찬가지로 변증법적으로 이해되는 언어와 사고의 이러한 단일성에 기인하고 있다고 보아야 한다.26)

이미 "언어를 통한 사상의 객관화"라는 관점은 이미 콩디약 (E.B.de Condillac)의 경우처럼 언어와 사고의 단일성을 기저에 두고 있다. 확실히 낱말을 단순히 기호로 보는 언어관에 대해 등을 돌렸던 훔볼트의 진술들도 기계적인 이원론과의 대립으로부터 이해될 수 있다. 말하자면 사상의 객관화로서의 언어관은 언어와는 무관하

---

22) Humboldt(1830-1835 : 20) 및 7.2. 참조.
23) Humboldt(1830-1835 : 42) 참조.
24) Welke(1986b : 180) 참조.
25) Welke(1986a : 30) 참조.
26) Welke(1986b : 180) 참조.

게 사상을 표기하기 위한 수단으로 간주되는 기계적인 이원론과 일치될 수 없는 것이다. 훔볼트는, 낱말을 단순하게 기호로 간주하는 것 자체가 언어에 대한 올바른 평가를 저해하는 기본적인 오류라고 인식했던 것이 분명하다. 이것은 언어를 "사상형성의 기관"으로 보는 훔볼트의 기본적인 언어관에서도 명백히 시사된다.27)

훔볼트에 의하면, 개개의 낱말 및 '결합된 말'에 있어서 언어는 정신의 창조적 행위에 속한다. 말하자면 정신의 현존이 요컨대 활동 속에서만, 그리고 활동 자체로서 사유될 수 있기 때문에 정신의 구조 자체는 정체되어 있는 것이 아니라, 진행되고 있는 과정이라고 볼 수 있다. 이러한 활동은 일반적으로 "성찰로서, 말하자면 사유하는 자를 사유된 것과 구별하는 행위로 특징지워진다." 그에 의하면, 활동 속에서만 존재하는 정신적 능력은 언어의 전체성에서는 잇달아 일어나는 힘의 분출이지만, 이것은 개별적인 방향에 따라 규정되어 있다.28)

훔볼트에 의하면, 정신의 유기적 활동은 범주적 형식들에 의거하는 사고의 특정한 법칙들에 따라 진행되며 언어적으로 획득된 개념들을 사상과 결합시키게 된다. 그에 따르면, 사유형식은 세계를 조망할 수 있도록 논리적인 궤도들의 체계를 형성하는데, 이것은 오로지 언어 속에서만 명백하게 드러난다.29) 그러므로 훔볼트에 있어서 언어형성과 성찰(Reflexion)은 헤르더의 경우와 마찬가지로 불가분의 관계에 있다. 그렇기 때문에 언어는 직접적으로 최초의 성찰행위와 함께 곧바로 시작된다.30)

---

27) Welke(1986a : 30) 참조.
28) Humboldt(1830-1835 : 211) 참조.
29) Schmidt(1968 : 67) 참조.

훔볼트에 의하면, 낱말은 대상의 복제로 파악되어서는 안 되며, 오히려 대상으로부터 마음속에 생성된 형상의 복제이다. 따라서 낱말은 항상 개념을 표기하고 있지만, 이러한 현상은 개념과 명칭의 단순한 결합이 아니라, 개념형성과 언어표기가 기능상 변증법적으로 서로 관련을 맺고 있다고 말할 수 있다.31) 그러므로 언어는 결코 대상들을 묘사하는 것이 아니라, 언제나 언어생성에서 정신을 통해 자발적으로 대상들로부터 형성된 개념들을 묘사한다. 왜냐하면 감각적 대상들의 명명에서 낱말은 감각을 떠올리는 대상의 등가물(Äquivalent)이 아니라, 언어생성을 통한 대상의 이해에 해당하기 때문이다.32)

훔볼트에 의한 철학적, 언어학적 구상의 본질적 요소는 주관적, 정신적 활동으로서의 사고와 언어에 관한 그의 해석이다. 능동적인 주관적 활동으로서의 인식에 대한 그의 언어관은 독일의 고전철학과 궤를 같이 한다. 이러한 관점은 개인과 사회라는 변증법의 특수한 개념과 연관되어 있다. 결국 훔볼트에 있어서는 개개인의 정신활동이 중요시되고 있는데, 개개인은 이것을 통해 자신에게 존재하는 정신적 힘을 실현시킨다. 말을 하고, 이해하는 개개인의 활동으로서의 언어가 바야흐로 개개인에게 관련되어 있다는 것은 훔볼트적 언어개념의 본질적 성과이며, 언어와 사고의 단일성이라는 그의 개념의 본질적 요소이다.33)

물론 언어의 활동적 측면을 도외시한 과거의 언어개념이나 오늘

---

30) Humboldt(1795-1796 : 581) 참조.
31) Schmidt(1968 : 68) 참조.
32) Schmidt(1968 : 70) 참조.
33) Welke(1986a : 31) 참조.

날의 일반적인 언어개념은 이와 같은 언어이론상의 자명한 위치를 거의 뚜렷하게 제시하지 않는다. 베커(K. F. Becker)와의 논쟁에서 보여준 훔볼트의 견해는 이런 상황을 잘 묘사하고 있다. 훔볼트는 언어와 사고의 단일성에 대한 베커의 사변적 구상에 반대했다. 이론적 측면에서나 방법론적 측면에서 베커의 사변적 방법과 변증법적인 훔볼트의 방법은 구분되어야 한다. 훔볼트는 베커의 사변적인 방법을 편협한 철학적 처리방식이라고 규정한다. 말하자면 여전히 스콜라학파의 전통에 사로잡힌 그 당시의 연역적인 형이상학의 처리방식이라는 것이다. 경험적·사실적 관점에서 훔볼트는 자연유기체(Naturorganismus)로서의 언어고찰에서는 적용되지 않는 주관적인 언어활동의 실상을 강조했다.[34]

훔볼트에 의하면 "언어는 인간의 개념 자체와 함께 주어져 있는 자연스런 인간의 기능이다. 인간은 스스로 보고, 이동하며, 각각 자기의 감각기관들에 따라 다르게 수행하는 것과 유사한 방식으로 말을 한다."[35] 훔볼트는 이 사상을 정신적으로 활동하는 '주체의 자유'(Freiheit)라는 관점과 연관시킨다. 그에 의하면 "언어는 물론 인간의 육체적인 도구를 통해 확정되지만, 본디 인간의 정신적인 면에 소속하며, 인간 사고의 명확성을 전제로 한다. 그리고 사상과 감정의 자유 속에서 움직인다."[36] 언어에 대한 훔볼트의 이와 같은 견

---

[34] Welke(1986a : 32 참조).
[35] Die Sprache ist eine natürliche menschliche, mit dem Begriffe des Menschen selbst gegebene Funktion. Der Mensch spricht auf ähnliche Weise, als er sieht, als er sich bewegt, als er jede andre seinen Organen gemässe Verrichtung ausübt(Humboldt, 1824-1826 : 451).
[36] Sie wird zwar durch seine körperlichen Werkzeuge bestimmt, gehört aber eigentlich dem Geistigen in ihm an, bedingt die Klarheit seines Denkens, und bewegt sich in der Freiheit der Gedanken und

해에는 경험적 연구에 대한 필연성이 시사되어 있다.

2.4. 「말하기」 와 「이해」

홈볼트의 언어개념은 무엇보다도 용어상으로 어려움을 야기시킨다. 그는 〈카비어-서문〉에서 본디의 언어를 언어의 실질적인 창조행위 속에서 인식할 정도로 그의 언어관을 폭넓게 구체화시켰다. 언어학자 쉬나이더는 이 경우 도대체 "무엇이 창조되는 것인가?"의 문제를 제기함으로써 *Sprache*(언어)와 *Sprechen*(말하기)의 구별가능성을 필연적인 것으로 인식했다. 사실 홈볼트에 있어서는 개념상으로 창조의 행위 자체와 이를 통해 창조된 것 사이의 명확한 구분이 발견되지 않는다. 특히 그는 '언어'라는 개념의 해석에 대한 이중성을 용어상으로 오로지 '말하기'와 '언어'의 구별을 통해서만 파악하는 것을 기피했다. 그 대신 홈볼트는 "본래의 언어"라는 표현을 사용함으로써 언어의 과정적(prozeßhaft) 특성을 강조했는데, 이 경우 '말하기'란, 이른바 일차적 현상인 '언어'의 구체화로 해석될 수 있는 이차적 현상으로 이해되는 것은 아니다.37)

쉬나이더에 따르면, 홈볼트가 언어의 창조적 행위 자체를 '언어로,' 심지어는 '본래의 언어'라고 명명했던 것은 용어상의 어려움을 떠나 홈볼트의 언어고찰에 대한 이해의 근본적인 목적을 실현 시켜 준다고 볼 수 있다. 왜냐하면 이러한 관점은 언어에 대해 전반적으

Empfindungen(Humboldt, 1824-26 : 451).
37) Schneider(1995 : 214 이하) 참조.

2. 언어와 사고 63

로 숙고할 수 있는 또 다른 전망을 열어 줌과 동시에 언어연구의 미래지향적인 변화를 인식시켜 주기 때문이다. 그리하여 '말하기'가 단순히 언어의 주된 성분으로서의 낱말과 규칙들의 사용으로 해석된 통례적인 견해를 벗어나서, 어휘와 규칙의 총체는 본질상 언어를 형성하는 생성과정의 결과로서 평가된다. 쉬나이더에 따르면, 훔볼트는 에르곤-에네르게이아의 배경설명에서 '언어'와 '말하기'의 복합적인 관계에 기인하여 언어의 현상형식에 대한 적절한 묘사에 고심한 것처럼 보인다. 비록 훔볼트에 의한 언어의 정의가 본디 그때그때의 '말하기'에 맞추어져 있다고 해도, 그에 있어서 언어란, 오로지 이 '말하기'의 전체성만을 의미한다고 보아야 한다.38) 이에 대해서 훔볼트는 다음과 같이 서술한 바 있다 :

> "본질적인 실제의 의미에서 보면, 이른바 이 말하기의 전체만을 언어로 간주할 수도 있다. 그 이유는 우리가 흔히 언어라고 부르고 있는 낱말과 규칙들의 산만한 무질서 속에는 바로 말하기를 통해 야기된 개별적인 것들만이 존재하는데, 이것은 결코 완전한 것이 아니며, 이로부터 생생한 말하기의 방식을 인식하고, 생생한 언어의 참된 모습을 제시하려면 새로운 작업이 또한 필요하기 때문이다. 바야흐로 가장 고귀하고도 정교한 부분은 그러한 유리된 요소들에서는 인식될 수 없으며 단지 결합되어 있는 말 속에서만이 지각될 수 있거나 예견될 수 있다(이것은 본디의 언어가 그 실제적인 창조행위 속에 존재하고 있음을 그만큼 더 증명하고 있음). 요컨대 언어의 생동하는 실제를 탐구해야 하는 모든 연구에서는 항상 결합된 말만을 참되고 우선적인 것이라고 생각하지 않으면 안 된다. 낱말과 규칙들로 분쇄하는 것은 학문적 분석의 효율성 없는 부실공사에 불과하다."39)

---

38) Schneider(1995 : 215) 참조.
39) Im wahren und wesentlichen Sinne kann man auch nur gleichsam die Totalität dieses Sprechens als die Sprache ansehen. Denn in dem

훔볼트는 명백히 개별적인 차원에서 우선시되는 개개의 언어행위와, 흔히 '언어'라고 불러왔던 낱말과 규칙들 사이의 연관성을 단절시키지 않았다. 그에 있어서는 한 언어에 존재하는 어휘와 규칙들의 총체가 명백히 '말하기'의 추상적 개념으로만 이해될 수 있다면, 이것은 물론 개별적인 '말하기'로부터가 아닌, '말을 하는 행위' 전체(Totalität)로부터 도출되어야 한다. 훔볼트는 언어를 '말하기'의 전체로 간주함으로써 언어개념의 상이한 두 측면인 개인적·과정적 특성과 초개인적·질료적 특성을 보다 밀접하게 연결시키고 있는 것이다.

훔볼트의 언어개념은 명백히 동적인 특성을 보여주고 있으며, 동적·창조적이라고 언급할 수 있다. 왜냐하면 이렇게 말함으로써 개별적인 언어행위 뿐만 아니라, '말하기' 전체로부터 도출된 언어도 고려되기 때문이다. 이 두 측면은 상호간에 제약을 하고 있다. 말하자면 언어의 동태성(Dynamik)은 개별적인 모든 언어행위의 창조성

---

zerstreuten Chaos von Wörtern und Regeln, welches wir wohl eine Sprache zu nennen pflegen, ist nur das durch jenes Sprechen hervorgebrachte Einzelne vorhanden und dies niemals vollständig, auch erst einer neuen Arbeit bedürftig, um daraus die Art des lebendigen Sprechens zu erkennen und ein wahres Bild der lebendigen Sprache zu geben. Gerade das Höchste und Feinste läßt sich an jenen getrennten Elementen nicht erkennen und kann nur(was um so mehr beweist, daß die eigentliche Sprache in jedem Akte ihres wirklichen Hervorbringens liegt)in der verbundenen Rede wahrgenommen oder geahndet werden. Nur sie muß man sich überhaupt in allen Untersuchugen, welclche in die lebendige Wesenheit der Sprache eindringen sollen, immer als das Wahre und Erste denken. Das Zerschlagen in Wörter und Regeln ist nur ein totes Machwerk wissenschaftlicher Zergliederung(Humboldt, 1830-1835 : 45 이하).

에 근거를 두는데, 이것은 "언어를, 그때그때마다 정신력의 영향 하에서 계속 진행되는 발전과정"이라고 보는 훔볼트의 표현 속에 이미 시사되어 있다. 그러므로 여러 세대에 걸쳐 진행되며 역사적으로 관찰이 가능한 언어변천은 오로지 모든 '말하기'를 통해 언어 속에서 발생하는 변화에 대한 명시적 표현으로 해석될 수 있다.40)

훔볼트에 있어서는 각각의 언어적 사건을 각인하는 창조성이야말로 결국 언어기원의 주요 문제가 끊임없이 반복된다고 말할 수 있는 것에 대한 원칙적인 근거를 마련해 준다. 말하자면 '말하기'가 오로지 이미 고정적으로 윤곽이 그려진 '언어'의 응용이라고 본다면, 최초의 언어창조와 재생되는 매일 매일의 말하기 사이에는 결코 연관성이 존재하지 않을 것이다. 그러나 '말하기'가 실제로 창조적 행위라면, 헤아리기 어려운 인간의 지적인 행위 속에 존재한다는 '언어고안'(Spracherfindung)이라고 하는 까다로운 문제도 두 과정에서 동일하게 적용된다.

그럼에도 불구하고 훔볼트는 매 순간의 '말하기'가 원천적인 언어의 생성이 아니라, 이미 기존하는 언어적 소재의 변화라는 것을 결코 간과하지 않은 것 같다. 훔볼트에 있어서는 이전에는 결코 들어본 적이 없는 음성기호의 고안이라도 인간의 경험을 뛰어 넘어 언어의 기원이라는 차원에서 사유될 수 있다. 그에 반해서 모든 '말하기'의 경우 사상의 표현을 야기시키는 정신활동의 방향은 언제나 이미 주어져 있는 어떤 것에 맞추어져 있음을 전제로 한다. 그러므로 훔볼트에 있어서 최초의 언어창조와, 그 밖의 언어창조의 비교 가능성은 두 가지 측면에서 정확하게 동일한 조건이 제기되어 있다는

---

40) Schneider(1995 : 216) 참조.

데에 기인하는 것은 아니다. 오히려 '말하기'에서는 기존하는 언어가 또한 원칙적으로 새롭게 형성되어야 한다는 데에 근거를 두고 있는 것이다.41)

언어의 동적·창조적 특성이라는 훔볼트의 견해를 이해하기 위해서는 말을 하는 개개인들이 실제로 변화하면서 어느 정도까지 언어에 영향을 미칠 수 있는가를 헤아려 보는 것은 중요하지 않다. 훔볼트에 있어서 근본적 언어형성은 이미 형성되어 있기는 하지만 언제나 새롭게 사용된다는 의미에서 언어적인 것을 야기시키는 창조적 행위라는 게 중요하다. 그런 점에서 언어가 곧바로 언어의 사용을 결정하는 것이 아니라, 반대로 언어의 사용이 창조적 언어의 갱신(Neuerung)을 의미한다는 인식을 통해 언어이론의 역사에서 훔볼트의 언어사상은 주목을 받게 된다.42)

개별적인 측면에서 보면, 말을 하는 사람은 결코 동일한 언어로 말을 하고 있는 것은 아니다. 따라서 각 사람은 부득이 다른 사람의 말을 자기 자신의 방법으로 해석할 수밖에 없다. 훔볼트의 관점에서 보면, 우리 모두는 동일한 사유세계에 살고 있는 것이 아니라, 각자가 고유한 세계관을 형성하고 있다고 말할 수 있다. 그렇다면 상호간의 이해는 전반적으로 어떠한 방식으로 가능한 것일까? 이 경우에는 보르쉐(T. Borsche)의 말대로 우리가 '이해'(Verstehen)라는 개념에 대해 어떻게 상상할 수 있는가의 문제와 연결된다. 왜냐하면 우리가 이미 완전하지는 않지만 의사소통의 측면에서 서로 이해하고 있는 것은 자명한 일이므로 '이해'의 가능성에 관한 문제가 구체

---

41) Schneider(1995 : 217) 참조.
42) Schneider(1995 : 218) 참조.

적으로 드러나지 않기 때문이다. 그렇긴 해도 납득할 만한 '이해'의 개념을 전개시키는 문제는 일반적으로 모든 언어철학의 근본적인 문제로 인식될 수 있다.43)

'이해'는 '말하기'와 마찬가지로 언어적 활동이라는 점에서 개별적이고 창조적이다. '이해'는 언어와 함께, 언어 속에서 구체화되며, 이것의 본질적 해명은 언어의 본성에 기인한다. '이해'가 결코 완벽하게 해명되는 것은 불가능하지만, 이것은 언제나 벗어날 수 없는 포괄적인 한계 내에서 두 개의 개인적 관점들이 만나면서 발생한다. 그렇기 때문에 '말하기'와 '이해' 사이에는 아무런 절대적인 생소함(Fremdheit)이 존재하고 있는 것은 아니다. 훔볼트에 따르면, 이 경우에는 오히려 본디의 선행하는 일치관계가 조성되어 있는 것이다. 더욱이 '이해'는 뚜렷하지 않은 처음의 일치현상이 분절되는 과정이며, 드러나는 생소함을 극복하는 것에 초점을 맞추는 과정이다. 그러나 생소함이 결코 완벽하게 해소될 수는 없다. 사상과 감정에서의 완벽한 일치는 존재하지 않는다. 언제나 말을 하고 듣는 행위에서 의사소통의 보편적 기관으로서의 언어가 이미 전제되어 있다면, 언어는 개인과 개인을 연결하는 교량역할을 하며 상호간의 양해(Verständnis)를 중재한다는 훔볼트의 서술은 설득력을 얻는다.44)

쉬나이더는 언어적 '이해'의 개념을 어떻게 설명할 수 있을 것인가의 문제에서 언어의 창조적 행위에 주안점을 두는 훔볼트의 언어관이 매우 효과적이라고 보았다. 그 이유로서 그는 훔볼트가 언어를 순수 주관적인 현상형식으로 파악하는 것이 아니라 언제나 '말할

---

43) Borsche(1997 : 75) 참조.
44) Cesare(1996 : 287) 및 5.3. 참조.

이'(Sprecher)와 '들을이'(Hörer) 사이에서 수행되는 대화적인 현상으로 보았다는 점을 들고 있다. 말하자면 훔볼트에 있어서 언어란, 사고와 이해에 의존하는 동시에, 언제나 말을 하는 사람들이 공유하고 있는 공동의 성과에 해당한다는 것을 의미한다. 그렇기 때문에 언어의 창조는 결코 순수 개인적인 행위로 이해될 수 있는 것이 아니라, 언어공동체의 영역에서 공존하고 있는 두 사람 사이에서 발생한다. 훔볼트는 언어를 공동의 과정으로 해석함으로써, 대부분 의사소통 과정에는 비중을 두지 않았던 헤르더는 물론 낭만파적인 동시대 사람들과도 구별된다.45)

바야흐로 훔볼트적 언어사상의 특수성은, 그가 고유한 언어개념을 토대로 해서 자신의 언어생성론과 병행하여 요컨대 '이해'의 이론(Verstehenstheorie)을 전개시킬 수밖에 없었던 것이 아니라, '이해'와 '말하기'를 원칙적으로 동일한 현상으로 해석할 수 있었다는 점에 있다.46) 말하자면 말을 하는 행위와 듣는 행위는 동일한 정신적 활동에 속하는 두 개의 측면이라는 것이다. 그렇기 때문에 교신이론(Kommunikationstheorie)의 측면에서 언어학은 발신자-수신자 모델을 차용하여 '이상적인 말할이-들을이'의 표상을 말들 수 있었는데, 이 두 측면은 교환될 수 있다.47)

'말하기'란, 언어 속에 존재하는 음성과 개념의 고정적 결합을 그대로 끌어내어 사용하는 것으로 설명될 수 없다. 마찬가지로 '이해'도 이미 현존하는 음성과 개념의 결합을 수용하는 것으로 해석될 수 없다. 훔볼트에 따르면, 오히려 듣는 사람은 청취된 음성연속체

---

45) Schneider(1995 : 218) 참조.
46) Schneider(1995 : 219) 참조.
47) Borsche(1997 : 77) 참조.

(Lautkette)에 개념을 대비시킴으로써 낱말을 새롭게 창조하고, 이러한 재생산을 통해서 창조의 필연적인 과정을 실감 있게 체험하게 된다. 훔볼트는 '이해'에 관해서 다음과 같이 말하고 있다 :

> "마음속에는 자신의 활동을 통해 이루어진 것 외에는 아무 것도 현존할 수 없다. 그리고 말하기와 이해는 동일한 언어힘이 수행하는 상이한 종류의 작용일 뿐이다. 서로 함께 행하는 대화는 결코 어떤 소재의 양도와 비교될 수 없다. 말을 하는 사람과 마찬가지로 말을 이해하는 사람에게서도 소재는 자신의 내적인 힘으로부터 발전되지 않으면 안 된다. 말을 이해하는 사람이 수용하는 것은 조화롭게 울려 퍼지는 자극일 뿐이다."48)

훔볼트의 '이해' 개념은 바로 개인적인 창조적 과정이기 때문에, 의사소통은 수동적으로 받아들이는 행위가 아니라, 오로지 고유한 언어힘(Sprachkraft)으로써 낱말을 독자적으로 창조하게끔 해주는 어떤 자극을 일깨워 주는 것으로 해석될 수 있다.49)

훔볼트에 있어서 '이해' 행위는 완전히 내면적인 자기활동에 기인한다. 그리고 상호간의 '말하기'는 듣는 사람의 능력을 서로 일깨워 주는 것일 뿐이다. 말하자면 대화에서는 들은 것(Gehörtes)을 스스로의 생산활동을 통하여 전면에 내세우는 상호능력이 일깨워지는

---

48) Es kann in der Seele nichts, als durch eigne Tätigkeit vorhanden sein, und Verstehen und Sprechen sind nur verschiedenartige Wirkungen der nämlichen Sprachkraft. Die gemeinsame Rede ist nie mit dem Übergeben eines Stoffes vergleichbar. In dem Verstehenden, wie im Sprechenden, muß derselbe aus der eignen, inneren Kraft entwickelt werden: und was der erstere empfängt, ist nur die harmonisch stimmende Anregung(Humboldt, 1830-1835 : 56).
49) Schneider(1995 : 219) 참조.

것이다.50)

훔볼트에 있어서는 사상적 표상들의 완전한 일치라는 의미에서의 상호간의 양해(Verständnis)는 존재하지 않는다. 이것은 전체의 인간 종족이 본질적인 면에서는 단지 한 개의 언어만을 소유하고 있다고 보는 훔볼트의 인류학적인 기본 신념에 배치되는 것처럼 보인다.51) 그러나 "언어는 본디 하나일 뿐이며, 언어는 지구상의 수많은 사람들에게 상이하게 나타나는 단 한 개의 인간 언어"52)라는 훔볼트의 문구 속에는 언어의 '개별성'과 '보편성'53)이라는 상호 보완적 관계가 내포되어 있다고 볼 수 있다. 말하자면 한 개의 언어란, 인간이 지니는 언어능력에 대한 형이상학적인 분석으로부터 이해되어야 한다. 비록 보편적인 인간의 언어능력이 전체 인류를 포괄한다고 할지라도 인간의 언어능력은 모든 인간들을 포괄하는 유일한 언어의 형태로 실현될 수 있는 것이 아니라, 다양한 개별 언어들로 구체화되는 것이다.54)

훔볼트는 또한 이해의 경우마다 '몰이해'(Nicht-Verstehen)를 수반하는 언어의 동적인 본성을, 요컨대 '양해'가 존재할 수 있는 이유로 해석한다. 이것은 역설적으로 보이지만 바야흐로 부단한 오해를 의미할 뿐만 아니라, 인간 전반의 상이성을 합일할 수 있는 언어의 유연성(Flexibilität)으로 인식된다.55)

우리가 대화를 할 때에는 상대방뿐만 아니라, 말을 하는 '나' 스

---

50) Liebrucks(1965 : 287) 참조.
51) Humboldt(1830-1835 : 51) 참조.
52) Humboldt(1827-1829 : 111).
53) 6.3. 참조.
54) Ramischwili(1985 : 248) 참조.
55) Schneider(1995 : 219 이하) 참조.

스로를 이해하지 않으면 안 된다. '나' 스스로를 이해할 때에 나는 이미 주관적 정신과 객관적 정신의 단일성을 수용하는 셈이다. 왜냐하면 '나'는 스스로 발설한 언어와 대비해서 이해되기 때문이다. 모든 사고의 단일성과 마찬가지로 이 개념은 보편적인 것과 개별적인 것의 단일성에 기초하고 있다. 이러한 단일성은 '이해'와 '몰이해'의 단일성이다. 개별적인 것으로부터는 언제나 이해되지 않는 잔여분이 남게 된다. 이러한 단일성으로 인해 다행히도 '이해'가 약화되거나 형이상학적인 혼란 상태에 빠지지는 않는다. 인간은 실제적・이론적으로 말을 하는 순간이나, 사상을 파악하는 순간에 이와 같은 변증법을 행사하고 있는 셈이다.56)

훔볼트에 있어서 '이해'란, 말을 하는 사람과 듣는 사람 사이에 정확하게 표상(심상)을 떠올리는 방식들이 일치하는 것이 아니라, 사고의 유효범위가 일치하는 것이다. 그러므로 개개 언어들의 상이성은 여러 사람들 사이에서, 요컨대 의사소통이 기능하는 것에 대한 전제이다. 모든 인간의 보편 언어(Universalsprache)이든, 언어공동체의 보편 언어이든, '완전히 일치하는 언어'가 존재한다는 환상은 '이해'가 일치를 토대로 보장되어 있다는 착각에 빠지게 한다. 훔볼트의 관점에서 보면 언어가 실제로 완전히 일치한다면, 언어는 진정한 의미에서의 의사소통적 기능을 실현시킬 수 없을 것이다. 따라서 주관적으로 발생하는 것이 아닌 보편적으로 미리 주어져 있는 언어는 아무에게도 더 이상 이해될 수 없을 것이다. 이것은 '이해'의 필연성으로서의 언어의 주관적 생성에 대한 확신을 의미한다.57) 이것

---

56) Liebrucks(1965 : 288) 참조.
57) Schneider(1995 : 220) 참조.

은 "인간이 자신의 인식방법과 지각방식에 따라, 말하자면 주관적인 방법으로 순수 객관적인 영역에 접근할 수밖에 없다"58)는 훔볼트 자신의 언어관과 맥락이 같다.

언어창조의 주관적 성격에도 불구하고 의사소통의 본디의 문제는 의사소통적인 상호작용이 어떻게 가능할 수 있는가를 다루어야 한다. 이에 대해서 훔볼트는 두 가지 근거를 제시한다. 그 첫 번째로는, 인간은 공통의 본성을 토대로 일정한 방식으로 이미 선험적으로 의사소통을 한다는 것이다. 두 번째로는, 언어적 생산의 주관성에도 불구하고 언어를 통한 어떠한 '양해'도 특별한 의미에서 보면 철저하게 가능하다는 것이다. 물론 '이해'가 '말하기'와 등가물로 해석되고, 양자가 주관적으로 실행된다고 한다면, 어떠한 동일한 표상들도 양도될 수는 없다. 그렇지만 대화의 상대방이 그들의 주관적 개념체계 내에서의 유사한 위치를 사유하도록 언어를 통해 자극을 받으면 의사소통이 이루어질 수 있다59). 훔볼트의 언어사상에 있어서는 의사소통에 대한 이러한 관점이 본질적으로 배경이 되고 있음을 알 수 있다. 결국 훔볼트의 동적·창조적 언어개념의 필연적 결과는 성공적인 의사소통을 유사한 개념들의 형성으로 해석하는 데서 유래한다.60)

훔볼트는 "인간은 오로지 언어를 통해서만 인간"이라고 통찰함으로써 사고에 대한 인식론적인 문제를 인간의 언어능력과 창조성에

---

58) Der Mensch kann sich diesem rein objektiven Gebiet nicht anders, als nach seiner Erkennungs-und Empfindungsweise, also auf einem subjektivem Wege, nähern(Humboldt, 1820 : 27).
59) Schneider(1995 : 220 이하) 참조.
60) Schneider(1995 : 221) 참조.

대한 인류학적인 문제와 연관시킨다. 아울러서 인간을 에워싸고 있는 세계와 인간의 비교에 대한 문제도 새롭게 제기한다. 훔볼트의 관점에서는 인식능력과 감성(Sinnlichkeit)의 창조성을 포함하여 인간의 '자기형성'과 '자기실현'이 언어 속에 명시되어 있는 것이다.

언어 없이는 문화적 발전도 사유될 수 없다. 이를테면 예술작품의 이해와 같은 예술적 창조도 가능하지 않다. 훔볼트에 있어서 언어는 인간이 사유하고, 느끼며, 생활하는 매개체로 정의된다.61) 말하자면 언어는 자기의식(Selbstbewußtsein)을 형성하는 매개체인 것이다. 바야흐로 언어는 "인간 이성의 본질", 즉 인간이 지니는 인식능력의 산물로 간주된다. 물론 인간의 발성기관, 청각 및 여타의 감각들도 인간이 언어를 형성하는 조건에 포함되는 것은 자명한 사실이다.

훔볼트에 있어서 개별 언어의 다양성은 인간의 공동체 및 삶의 극복과 형성에 영향을 주는 생활환경이 다양하다는 데서 비롯된다. 그렇지만 이러한 다양성 속에는 오로지 한 개의 인간 언어만이 현현하고 있는데, 이 경우 언어는 "활동의 산물로서가 아니라 정신의 무의식적인 발산"(Emanation)으로 간주되어야 한다는 것이다.62)

이것은 언어생성이 무의식적인 상태에서 이루어지는 것을 말한다. 훔볼트는 명백히 언어창조의 행위를 의식적으로 지각할 수 있는 것으로 보지 않았다. 따라서 정신이 어떠한 방식으로 언어창조를 의식화하는가의 문제는 제기되지 않는다. 물론 훔볼트는 인간 특유의 사고에 대한 조직화를 위해 언어에게 근본적인 중요성을 부여한다.

---

61) Borsche (1997 : 79) 참조.
62) Humboldt(1830-1835 : 17), Kledzik(1992 : 372) 참조.

이것은 훔볼트가 언어생산을 자발적인 사건으로 파악하고 있다는 데에 기인한다. 언어의 창조는 인간이 모든 언어고안에 앞서서 이미 휴대하고 있는 '기본유형'(Typus)에 따른다. 그리고 이러한 유형은 적용되는 것이 아니라, 사고의 조직 속에 이미 형성되어 있다. 따라서 말을 하는 사람은 무의식적으로 이 '기본유형'에 따르게 된다.63)

훔볼트에 있어서의 '기본유형'은 인류학에서 원칙적으로 보편적 성격을 띠고 있는 현상을 가리킨다.64) 또한 이 언어의 보편적 유형은 인간 언어의 체계와 원리로 해석된다. 그에 있어서는 근육조직의 형성과 피의 순환 및 신경계의 분기가 육체의 유기체인 것처럼 언어의 유형은 정신의 유기체이다.65)

앞에서 언급한 "정신의 무의식적인 발산"으로서의 언어라는 훔볼트의 견해표명은 그때그때의 '말하기'라는 결정적인 상황에만 관계되는 것은 아니다. 훔볼트에 있어서 언어는 오히려 인류-민족-개인이라는 세 개의 층위에서 일어나는 인간 정신의 자발적인 발산(Aushauch)으로 이해될 수 있다.66)

훔볼트에 있어서는 인간의 존재 자체가 언제나 언어의 소유를 의미한다는 것은 인간성과 언어성(언어 구사능력)의 불가분적 관계를 단적으로 말해준다. 그러나 구체적인 언어학적 연구를 위해서는 두 번째 층위가 중요하다. 말하자면 개개 민족들에 있어서의 언어발생에 대한 고찰이 중요한데, 훔볼트는 언어공동체를 언어의 본디의 창조자로 보았다. 그 이유로서 훔볼트는 언어가 필연적으로 두 사람과

---

63) Schneider(1995 : 222) 참조.
64) Schneider(1995 : 160) 참조.
65) Humboldt(1821 : 249, 252) 참조.
66) Schneider(1995 : 222) 참조.

관계되는 것이고, 모든 사람들의 자발적인 동시활동으로부터 표출될 수 있다는 점을 들었다. 따라서 언어의 실재(Dasein)는 결코 어떤 개인으로부터 다른 개인으로 넘어간다는 차원에서는 근거를 얻지 못한다.67)

공동체의 층위에서도 그때그때의 민족어(Nationalsprache)는 의식적으로 창조되는 것이 아니다. 훔볼트는 민족어를, 민족 스스로가 그 형성방식을 알지 못하면서 사용하는 주어진 하사품으로 규정했다. 결국 실제로 발생적인 면에 관한 문제에서는 세 번째 층위가 결정적이다. 말하자면 훔볼트에 있어서 언어의 발생은 언제나 개별적인 과정이기 때문에, 언어생성의 무의식성도 개별적인 모든 '말하기'에 적용된다. 그러므로 언어의 창조에서는 인간 존재, 민족의 언어공동체에 대한 인간의 관여 및 인간의 개별성을 통해 삼중으로 각인되어 있는 정신구조를 인간이 자발적으로 따르고 있다고 보아야 한다.68)

총괄해 보건대, 훔볼트에 있어서는 실제의 언어행위야말로 고립되어 있는 개개인의 사고에 대한 필연적 조건이다. 달리 말하면 개개인의 사고 속에는 본디 언어라는 요소가 선험적으로 자리 잡고 있다고 볼 수 있다. 이것은 훔볼트가 데카르트에 기인하는 17세기의 철학적 흐름인 합리주의 계열에 속하고 있음을 뜻한다. 의심할 여지없이 훔볼트에 있어서 개개인의 언어는 정신의 창조적 행위에 속한다. 말하자면 정신은 활동으로만 사유될 수 있기 때문에 정신의 구조 자체는 정체되어 있는 것이 아니라 진행되어 있는 과정 즉 에

---

67) Humboldt(1830-1835 : 38) 참조.
68) Schneider(1995 : 223) 참조.

네르게이아로 간주된다.

   훔볼트에 있어서는 말을 하는 사람의 '말하기'와 듣는 사람의 '이해'는 다같이 언어적 활동인 동시에 개별적이며, 창조적이다. '내적인 말하기'로서의 '이해'도 또한 언어를 통해 구체화 되며, 그 본질적 해명은 언어의 본성에 기인한다. 말하자면 '말하기'와 '이해'는 언어의 전통이 지정해 주는 궤도를 동일한 방식으로 달려가는 셈이다. '말하기'와 '이해'는 동일한 층위에 존재하며, 본디 선험적으로 일치 관계에 있는 것이다. 그러므로 언어의 창조는 결코 순수한 개인적인 행위가 아니라, 언어공동체의 영역에서 두 사람 사이에 발생하는 사회적 행위로 간주될 수 있다. 훔볼트는 인간의 의사소통에 관해 주관적인 인식의 방법에 따라 순수 객관적인 영역에 접근하는 것을 강조함으로써 전통적인 언어현실주의 언어관과 구별된다.

3. 언어유기체 사상

3.1. 도입

생물학적 견지에서 보면, 유기체의 사전적 의미는 생물체 안에서 생명력에 의해 형성된 물질로 이루어져 있으면서 나름대로 삶의 기능을 지니는 조직체로 간주된다. 또한 철학적 관점에 전용하면, 유기체는 부분과 전체가 필연적 관계를 맺으면서 각 부분이 일정한 목적 아래 통일적으로 조직되어 있는 체계적인 상태라고 풀이될 수 있다.

19세기 중엽 도이칠란트를 중심으로 활동했던 상당수의 비교 언어학자들은 동시대인에 속하는 찰스 다윈에 의해 제창된 진화론의 영향을 받아 이미 언어를 순수한 자연유기체로 인식함으로써 언어가 자연스럽게 자연의 영역에 소속되는 결과를 낳았다. 따라서 그 당시의 언어학적 흐름의 전반적인 경향은 실증주의와 역사주의에 바탕을 둔 비교 언어학이 주도했다고 보는 것이 일반적이다.[1] 그렇

---

1) 11.2. 참조.

지만 훔볼트는 이런 흐름과는 전혀 다른 관점을 제시하면서, 언어가 자유로운 정신활동에 속하는 정신적 유기체라는 것을 확신했다.

훔볼트에 따르면, 언어는 각각의 부분이 다른 부분과, 그리고 모든 부분들은 전체와 관계를 맺고 있는데, 이러한 상호 연관성은 그 정도의 차이가 있긴 해도 일반적으로 뚜렷하게 인식될 수 있는 것으로 받아들여진다.[2] 말하자면 그에 있어서 언어는 완성된 전체로서, 그 내부에는 아무 것도 고립되어 있지 않으면서 오로지 전체 속에서 부분들이 상호 의존하는 관계만이 존재하는 유기체로 제시된다.[3] 이에 따라서 인간이 말을 할 때면 그 어떠한 맥락에서 출발하고 있을지라도 언제나 언어라는 거대한 조직체의 일부만을 접촉하고 있는 셈이다.

이 단원에서는 훔볼트가 지향하는 언어유기체의 본질이 소개되고, 아울러서 이와 관련된 '유추작용'(Analogie)의 문제도 개략적으로 다루어진다.

3.2. 언어유기체 개념의 발전과정

언어학의 역사에서 하만 및 헤르더의 언어사상과 명백히 연관성을 갖는 낭만주의 언어관은 18세기 말부터 19세기 초에 걸쳐 나타났던 낭만주의 문학의 정신사조와 맥을 같이 한다. 낭만주의 시대는 언어학 발전의 선도적 역할을 담당한 시기로 정당하게 평가될 수

---

2) Humboldt(1830-1835 : 70) 참조.
3) Humboldt(1820 : 14 이하) 참조.

있을 것이다. 보다 주의 깊게 관찰해 보면, 이 시기에는 두 갈래의 뚜렷한 발전방향이 확인될 수 있다. 첫 번째 노선은 언어철학적 경향과 인류학적 방향을 보다 심도 있게 추구하고 있었는데, 이것은 인식론적인 광범위한 토대에 기반을 두는 일반 언어학의 단서를 제공해 주었다고 볼 수 있다. 두 번째 노선은 언어사적인 언어비교 (Sprachvergleich)의 방향에 역점을 두었다. 이 방향은 인도유럽어학으로 이어져서, 개별적인 학문의 분과들(게르만어학, 슬라브어학 등)에서 역사문법의 형성에 기여하게 된다.4)

19세기 초 보프(F. Bopp), 라스크(R. K. Rask), 그림(J. Grimm)이 낭만주의의 영향을 받아 엄밀한 의미에서의 언어학5)을 구축했을 때, 갓 태동한 이 분야에서는 아직 이론과 방법 면에서 확고한 기초가 마련되어 있지 않았다. 따라서 언어연구가들은 우선 다른 분야에서 범례를 찾게 되었는데, 그 결과 당대에 비약적인 발전을 거듭하고 있었던 자연과학과 의학의 원리를 언어학에 과감하게 적용하였다. 언어가 인간이나 동물의 육체처럼 하나의 생동하는 '유기체'(Organismus)라는 견해는 "존재하는 모든 것은 끊임없이 생성, 발전된다"는 낭만주의적인 관점에 부합하는 것으로서 언어학의 선도자들에게는 환영할 만한 비유였다. 이러한 관점은 오로지 언어가 의학이나 생물학에서 효과적으로 적용되었던 것과 동일한 방법으로 연구될 수 있다는 것을 의미했다.6) 또한 이와 같은 연구 상황으로

---

4) Gipper/Schmitter(1979 : 16 이하) 참조.
5) 19세기 이전의 언어학은 체계적으로 확립된 연구의 방법론과 근거가 확고한 언어이론을 갖추지 못했다고 보는 게 일반적이다. 이때까지의 언어연구는 철학이나 논리학에 예속되어서 독립된 연구분과로 간주될 수는 없다.
6) Rensch(1967 : 71) 참조.

부터 자연스럽게 '언어의 분석', '언어의 해부', '언어실체의 화학적 분해', '언어의 생리학' 등의 용어가 등장하게 되었다.[7]

유기체 사상의 영향을 받아 비교 해부학의 방법을 최초로 언어학에 수용한 사람은 쉴레겔(F. Schlegel)이었다. 그는 1802년부터의 파리 유학시절에서 이질적인 민족과 문화에 대해 낭만주의적인 관심을 보이고 개인적인 강의활동을 수행하면서 페르시아어와 재발견된 산스크리트어를 연구하기 시작했다. 이러한 노력은 결실을 맺어 1808년 쉴레겔은 *Über die Sprache und Weisheit der Inder* ≪인도인의 언어와 지혜에 대하여≫를 내놓았다. 이 작품에서는 역사적인 방향에 초점을 맞춘 보다 광범위한 언어연구를 규정하는 언어학의 과제와 방법론이 간결하게 제시되었는데, 이것은 새로이 등장하는 사적 비교 언어학의 초석이 되었다.[8]

쉴레겔은 이 책에서 이미 언어의 특성을 그 자체로 규정해 보기 위해서가 아니라, 오로지 개개 언어들의 분류(Klassifikation)를 위해 사용했다. 동시에 그는 기계적 언어와 유기적 언어를 구분했는데, 이 경우 굴절어(flektierende Sprache)만이 유기적인 것으로 간주된 반면, 비굴절어(특히 교착어)는 기계적인 것으로 분류되었다. 그후 그의 동생 아우구스트(A. W. Schlegel)가 고립어(isolierende Sprache)를 언급하면서 세 개로의 언어구분이 실행되었는데, 유기체 개념은 이제 더 이상 분류를 위해서가 아니라 근본적으로 언어기술(Sprachbeschreibung)을 위해 사용되었다[9]

보프와 그림은 물론 유기체 개념의 진화적 요소-어근으로부터의

---

[7] Rensch(1967 : 72) 참조.
[8] Gipper(1992 : 209) 참조.
[9] Schneider(1995 : 191 이하) 및 11.2. 참조.

언어발전-를 강조했다. 그렇지만 이들은 형성과정이 종결된 후에는 언어유기체의 붕괴가 끊임없이 발생한다고 주장했다. 말하자면 완성은 시작단계에 있으며, 계속적인 발전은 곧바로 쇠퇴를 의미했다. 초기의 이상적 상태에 대한 찬미와 함께, 문명으로 인해 발생하게 되는 붕괴과정에 대한 언급은 전형적으로 낭만주의의 사상적 원류에 바탕을 둔 것이었다. 1836년에 작성된 보프의 논문 "Vocalismus oder sprachvergleichende Kritiken"<모음체계 또는 언어비교에 의한 비평>에 따르면, 언어는 특정한 법칙들에 의해 형성되고, 내면적인 생존의 원리를 유지하면서 발전하는 동시에, 점차적으로 소멸해 가는 유기적인 자연의 실체(Körper)로 간주될 수 있다. 보프와 그림에 있어서 유기체 개념은 생물학적으로 해석될 수 있다. 이것은 인간의 육체가 발전해서 젊은 시절에 완숙하게 되고, 나이가 들어감에 따라 그 기능이 점차로 쇠퇴하다가 결국 죽게 되듯이, 언어라고 하는 실체도 똑같은 과정을 겪는 것을 의미한다. 말하자면 언어라는 실체의 소멸은 유기체로부터 기계적인 메카니즘으로 이행하는 것으로 규정될 수 있다.[10]

이와는 달리 렌쉬(K. H. Rensch)에 따르면, 18세기 말 블루멘바흐(J. F. Blumenbach)의 유기체에 대한 관점이야말로 다음의 소단원에서 전개되는 훔볼트의 유기체 개념에 어느 정도 영향을 주었을 것으로 추측된다. 실제로 브루멘바흐는 1785년부터 괴팅엔 대학에서 비교 해부학과 비교 생리학에 대해 강의한 바 있는데, 훔볼트는 괴팅엔에 체류하던 바로 그 시기에 그로부터 자극을 받았을 수도 있었을 것이다.[11] 1781년에 괴팅엔에서 발표된 블루멘바하의 논문

---

10) Rensch(1967 : 73) 참조.

"Über den Bildungstrieb und Zeugungsgeschäft"<형성 충동과 생식 행위에 대하여>는 아마도 유기적 형성력에 대한 낭만주의자들의 수많은 소견들이 기초로 삼았던 가장 중요한 단서일 것이다.12)

도마뱀과 같은 냉혈동물은 고의로 절단된 자신의 훼손된 신체부분을 일정한 시간이 지나면서 보다 강화된 성장활동을 통해 회복시킨다고 한다. 블루멘바하는 이런 현상을 토대로 "유기적인 자연 속에서 포괄적으로 작용하는 형성력"이라는 명제를 제기했다. 그는 이 경우 형성력을 무엇보다도 재생산력, 즉 내재하는 계획에 따라 목적 의식에 맞게 발육하는 배아(Embryo)로 인식했다. 따라서 그에 있어서, 조직화된 모든 신체는 형성충동, 즉 일종의 선험적인 완성의식(Vervollkommnungsbewußtsein)을 갖게 된다.13) 이미 블루멘바하와 동시대에 하르덴베르크(F. v. Hardenberg)도 언어를 유기적 형성력의 산물로 언급한 적이 있다.

언어적 유기체 개념의 형성에서는 '유기체'라는 용어의 인상 깊은 적용이 언어문제를 포함하는 보다 큰 맥락에서 다루어져야 한다는 게 중요하다.14) 언어학에 의해 비교 해부학으로부터 차용된 언어비교의 방법은 언어유기체를, 상호 연관되어 있는 전체로서 비교한 것이 아니라, 오히려 전체를 구성하는 부분들의 연구에 집중했다고 보아야 한다. 그 결과 부분들의 상호 의존에 대해서는 보다 세심한 주의가 기울여지지 않았다. 그것은 편협하게 역사적 측면만을 공공연하게 보여주었기 때문이다. 그런 의미에서 언어연구가들은 역사적

---

11) Rensch(1967 : 74) 참조.
12) Schmidt(1986 : 50) 참조.
13) Rensch(1967 : 74) 참조.
14) Schmidt(1986 : 47) 참조.

발전과정에 있는 각각의 낱말들이나, 각각의 음성적, 문법적 현상들만을 연구하였다. 따라서 전체적인 것에 대한 관점은 모호해지고, 현존하는 유기체는 단지 개별 사건들의 총합(Summe)정도로 간주될 수밖에 없었다.15)

19세기 초엽의 언어연구가이면서 의사이기도 했던 베커(K. F. Becker)는 자신의 자연과학적 연구를 통해, 그리고 쉘링(F. W. J. Schelling)의 자연철학과 트렌델렌부르크(A. Trendelenburg)의 유기적 세계관의 영향을 받아 언어뿐만 아니라 모든 삼라만상이 유기체로 해석될 수 있다는 견해에 도달했다. 베커는 개별 부분들 상호간의 관계와 유기체 전체와의 상호관계라는 유기적인 관점을 강조했던 첫 번째 사람이었다. 그에 의하면, 현실세계는 감각세계에 나타나고 있는 그대로인 개별 사물들의 총합이 아니라 유기적으로 분절된 전체로 발전해 왔으며, 여전히 지속적으로 발전하고 있는 것으로 인식된다. 현실세계의 도처에서 어떤 것은 다른 것을 위해 존재하고, 개별적인 것은 단지 전체의 부분으로서만 존재한다. 베커의 유기체 개념은 현대 언어학의 구조 개념(Strukturbegriff)과 유사하다.16) 그러나 이런 견해는 19세기 초의 시대적 상황으로 인해 그 당시에는 거의 주목받지 못했다.

아무튼 19세기 언어학의 역사는 그 동안 보편적인 범주 내에서 형식적으로만 추구해 왔던 과정을 구체적으로 확실하게 제시한 것은 분명하다. 이 경우 언어학은 역사학과 정신과학 전반의 체계성(Systematik) 속에서 동시에 수행되는 과도기를 겪었다. 아울러서

---

15) Rensch(1967 : 74) 참조.
16) Rensch(1967 : 75) 참조.

유기적인 언어관의 개념도 그 중심적인 위치를 견지하긴 했지만, 이것이 지향하는 의미는 낭만주의 철학의 발전개념에 맞서 자연과학의 생물학적 발전개념이 등장한 이래로 획기적인 변화를 겪었다.17)

인도유럽어 학자 쉴라이허(A. Schleicher)는 19세기 중엽에 언어를 더 이상 정신적인 유기체로 보려고 하지 않고, 순수한 자연유기체(Naturorganismus)로만 이해했다. 그에 있어서 언어는 자연의 영역에 속하고, 자발적인 정신활동과는 거리가 멀다. 또한 언어는 뇌와 발생기관의 특수성을 통해 제약을 받으면서 자연과 같이 특정한 법칙을 예외 없이 따른다. 따라서 쉴라이허는 언어개념을 자연과학적 의미에서 절대화했다고 볼 수 있다. 무엇보다도 그는 언어변화(Sprachveränderung)가 인간과 시대에 구속받고 있다는 사실을 간과했다. 쉴라이허의 이 유기체 개념은 헤겔과 다윈의 견해와 맥을 같이 했다.18)

그렇지만 쉴라이허 이후에 곧바로 자연과학적 유기체 개념에 대한 비판이 제기된다. 이미 라우머(R. v. Raumer)는 언어란, 인간으로부터 분리된 독자적인 유기체로 간주되어서는 안 된다고 지적했다. 그의 견해는 쉬타인탈(H. Steinthal), 휘트니(W. D. Whitney) 및 쉐러(W. Scherer)의 심리학적 및 사회학적 언어고찰에서 성과를 거두었으며, 청년문법학파(Junggrammatiker)의 경우에는 마침내 유기체 개념을 완벽하게 부정해 버리는 상황에 이르렀다.19)

19세기 말엽 청년문법학파는 인간 자신에게서, 말하자면 발성기관의 심리-생리적(psycho-physisch)측면에서 언어학적 연구의 실

---

17) Cassirer(1964 : 109) 참조.
18) Moser(1955 : 29) 참조.
19) Rensch(1967 : 76) 참조.

마리가 얻어진다고 생각했다. 파울(H. Paul)과 전체 청년문법학파 사람들은 언어를 사회적 형성물로 간주했으며, 언어학을 정신과학으로 공표했다. 이로써 궁극적으로는 쉴라이허의 사상이 극복된 것처럼 보였다. 그러나 당시의 비평가들 사이에는 다른 견해도 있었다.[20]

그 당시 청년문법학파와는 달리 독자적인 노선을 견지했던 진취적인 언어학자 슈하르트(H. Schuchart)는 청년문법학파의 중심적인 사고, 즉 언어의 변화는 자연법칙의 맹목적인 힘을 수반하면서 시종일관된 법칙에 따라 진행된다는 것을 수용할 수가 없었다. 그는 언어의 발전에서 지리적 요인의 역할을 고려한 최초의 연구가였으며, 언어적 변화의 형성에 있어서 개인의 중요성을 환기시켜 준 인물이기도 했다.[21]

또한 슈하르트의 견해에 의거하면 청년문법학파가 주장하는 음성법칙의 무예외성[22](Ausnahmslosigkeit)은 자연과학적 사상으로의 복귀를 의미한다. 말하자면 그의 관점에서 보면 청년문법학파는 자연과학적 사고를 비판하면서도 내면적으로는 여전히 이것을 극복하지 못하고 있었던 것으로 간주된다. 그렇지만 청년문법학파에 의한 유기체 개념의 거부가 역사적·비교적 방법까지도 의문시한 것은 결코 아니다. 종종 청년문법학파에 속하는 연구가들의 유익한 지침서로 일컬어져 왔던 *Prinzipien der Sprachgeschichte* ≪언어사의 원리, 1880≫에서 파울은 언어에 대한 역사적 고찰만이 과학적으로

---

20) Rensch(1967 : 77) 참조.
21) Ivić(1971 : 56) 참조.
22) 음운변천은 예외가 없이 어떤 일관된 법칙에 따라 일어난다는 설(11.2. 참조).

인정될 수 있다는 것을 확고하게 명시한 바 있다.23)

그 후 얼마 지나지 않아 파울의 견해와 그 당시 주도적인 언어연구에 의해 주장된 역사적·발생사적 방법의 전반적 요구에 대해 의심하는 목소리들이 대두되었다. 1884년 스위스의 언어철학자 마티(A. Marty)는 기술적 언어고찰을 역사적 언어고찰과 동등한 위치에 설정할 것을 주장했다. 몇 년 후인 1891년 언어연구가인 가벨렌츠(G. v. Gabelentz)는 *Die Sprachwissenschaft. Ihre Aufgaben, Methoden und bisherigen Ergebnisse* ≪언어학, 그 과제, 방법 및 지금까지의 성과≫에서 역사적 고찰에 치우친 청년문법학파의 연구가들에게 이의를 제기했다. 그러나 두 사람 모두 동시대인들에게 주목을 받지는 못했다.24) 특히 마티는 이미 언어의 현재 상태를 기술하는 것이 언어연구의 핵심적 위치를 차지해야 한다고 언급했으며, 가벨렌츠는 원시적인 언어가 존재하는 것은 아니며, 각각의 언어는 그 나름대로 완전하다는 견해를 주장했다.25)

가벨렌츠에 의하면, 확실히 역사적 고찰방식에 따른 법칙은 낱말과 낱말형식(Wortform)의 역사만을 규정하는 경우에만 올바르다. 그러나 유기적 실체(Körper)가 지체들의 집합체가 아닌 것처럼 언어는 단순히 낱말과 형식들의 집합체가 아니다. 낱말과 형식들은 사용되는 각각의 국면에서 보면, 비교적 완전한 체계(System)들이며, 오로지 그들 자체에 의존하고 있다는 점이 중요하다. 말하자면 이들의 모든 부분들은 상호작용을 하며, 이들이 표현되는 각각의 존재양식은 바로 이러한 상호작용에서 나온다는 것이다.26) 가벨렌츠는 각

---

23) Rensch(1967 : 77) 참조.
24) Rensch(1967 : 78) 참조.
25) Ivić(1971 : 47, 102) 참조.

각의 언어를, 전체의 부분들이 유기적으로 관계하면서, 공동으로 작용하는 하나의 체계로 간주했다. 따라서 그는 전체가 바뀌지 않고서는 어떠한 부분도 없어지거나 달라져서는 안 된다는 견해를 이미 간파하고 있었다.27)

이미 앞에서 언급했듯이 19세기의 학문연구는 구체적 사실에 입각한 실증적 고찰에 중점을 둔 반면, 20세기의 연구는 현상 속에서 추상적인 불변요소(Invariante)를 탐구하는 일에 몰두했다.28) 이제 체계의 개념은 20세기 언어학의 중심적 위치를 차지했다. 현대 언어연구의 선각자인 드 소쉬르(F. de Saussure)는 사후에 발간된 *Cours de linguistique générale* ≪일반 언어학 강의, 1916≫를 통해 언어체계의 개념을 정립했다. 그의 견해에 따르면, 언어는 체계인데, 이 체계의 구성요소들 모두는 상호간에 서로 제약을 하고 있으며, 체계 내에 있는 어떤 구성요소의 통용성과 가치는 다른 구성요소가 현존함으로써 생겨난다.29) 그러나 한 언어에 관계하는 전체 체계는 일정한 언어상태(Sprachzustand)가 유지되는 동안에 존재하는 모든 언어기호들을 동시에 고찰할 때만이 파악될 수 있다. 이런 관점에서 드 소쉬르는 일정한 체계에 대한 연구인 공시적(synchronisch) 언어고찰을 역사적 서술인 통시적(diachronisch) 언어고찰과 엄격히 구분하였다. 그에 의하면, 이 두 개의 고찰은 서로 함께 혼합됨이 없이 완전히 구별되어야 한다. 즉 수많은 언어기호들을 파악할 때 시대적인 측면에서의 관계와, 체계의 측면에서의 관계가 동시에 적

---

26) Rensch(1967 : 78) 참조.
27) Christmann(1974 : 67) 참조.
28) Ivić(1971 : 61) 참조.
29) Saussure(1916 : 136 이하) 참조.

용되는 것은 철저히 금지된다.30)

　가벨렌츠를 통해 언어학에 도입되고, 드 소쉬르에 의해 구체적으로 적용되어 완전한 의미를 얻게 된 '체계' 개념은 20세기 언어학에서 '구조주의'(Strukturalismus)라는 새로운 지평을 열었다.31) 드 소쉬르는 체계의 개념을 장기두기(Schachspiel)에 비유한 바 있다. 즉 장기라는 놀이가 진행되는 동안에 개개의 말(Figur)들은 상황에 따라 하나의 질서정연한 체계를 형성하며, 이때에 일어나는 변화는 개개 말들의 단순한 자리바꿈만이 아니라 상호간에 의존하는 전체적인 측면의 변화로 인해 야기된다. 이것을 언어에 적용하면, 공시적 고찰만이 언어의 전체적인 관련체계를 고려할 수 있는 반면, 통시적 고찰은 언제나 개개 요소들의 단편적인 변화에만 관계하고 있음을 알 수 있다.32)

　이 체계개념의 이론적인 발전경향은 언어학에서 구성요소들 간의 내면적인 필연성 때문에 진행되었을 것으로 추론할 수 있다. 그러나 구조주의는 언어학에만 적용될 수 있는 현상이 아니었다. 오히려 구조주의는 물리학으로부터 사회학에 이르기까지 거의 모든 학문영역에 걸쳐 있었던 시대적 운동의 표현이었다. 그것은 개별적인 사항들의 연관성 없는 나열에 불과하면서 궁극적으로는 원자론(Atomismus)으로 귀착되었던 실증주의적 경향에 대한 반동이었다. 아무튼 전체적인 것은 부분들의 총합 이상이라는 인식이 다시금 20세기에 비로소 새롭게 대두되었던 것이다.33)

---

30) Saussure(1916 : 95) 참조.
31) Rensch(1967 : 80) 참조.
32) Saussure(1916 : 104 이하) 참조.
33) Rensch(1967 : 82) 참조.

3.3. 언어유기체 개념의 본질

앞에서 언급한 것처럼 18세기 말과 19세기의 진행과정에서 이미 부분적으로 언어학자들은 언어의 기능이 공시적 관계에 기인한다는 일련의 고찰방식을 제기함으로써, 언어의 체계는 바로 언어체계 자체의 구성요소들로 이루어져 있다고 보는 언어개념이 싹트게 되었다. 이러한 경향은 바로 언어를 유기체로 기술하는 문제에 대한 근본토대가 되었다. 그렇지만 이 경우에는 우선 체계가 단지 부분들로 구성된다는 것에 초점이 맞추어져 있었다. 그에 반해서 훔볼트에 의해 결정적으로 확립된 언어유기체 개념은 한걸음 더 나아가서 유기적인 전체와, 이것의 부분들은 결코 상호간에 예속되지 않고서는 사유될 수 없다는 점에 근거를 두었다. 훔볼트에 있어서는 오히려 전체는 부분들로 구성될 뿐만 아니라, 부분들은 동시에 전체를 통해 의미를 얻는다. 그렇기 때문에 언어유기체는 기계와는 달리 부분들(낱말과 문법규칙)의 통합으로 이해될 수는 없다. 이것은 인간의 육체가 장기들(이를테면 폐나, 신장 따위)의 통합으로 이해될 수 없는 것과 같다.[34] 다음에 제시되는 훔볼트의 견해표명은 언어유기체에 대한 그의 전망을 일목요연하게 드러내고 있다 :

"언어는 또한 동시적인 상황 속에서만 발생할 수 있다. 보다 정확히 말하면, 언어는 존재하는 매 순간마다 언어를 전체로 만드는 요소를 지니고 있음에 틀림없다. 언어는 감성적 및 정신적 타당성을 지닌 유기적

---

34) Schneider(1995 : 191) 참조.

성향의 직접적인 발산인데, 언어 속의 각각의 요소는 오로지 다른 요소를 통해, 그리고 모든 것은 오로지 전체를 관통하는 힘을 통해서만이 존재한다는 점에서 언어는 유기적인 모든 것의 본질을 배분하고 있다."35)

훔볼트의 언어연구에서는 언어의 외적인 모습보다는 오히려 어떻게 형성되었느냐에 대한 인식, 다시 말하면 언어의 내적인 본성에 대한 해명이 더 중요하다. 그렇기 때문에 훔볼트는 칸트의 추상적 관념에 바탕을 두고 언어를 유기체로 사유하고 있음이 분명하다. 이것은 언어에 미치는 외적인 영향을 고려할 뿐만 아니라, 무엇보다도 언어 속에 내재하면서 끊임없이 발전되어 하나의 전체를 형성하게 되는 원리와 규칙들을 해명할 수 있게 해준다.36)

훔볼트에 의한 유기체 개념의 단서는 명백히 칸트에게서 발견된다. 전체를 단순한 총합(Summe), 즉 부분들의 외적인 총괄로 보는 견해는 공동작용이라는 측면에서 보면 더 이상 유지되기 어렵기 때문에 칸트는 '전체'의 문제를 유기체 개념으로 규정해 보려고 했던 것이다.

칸트에 의한 유기체의 본질에 따르면, 전체는 부분들에 선행하고, 부분들은 오로지 전체와의 관련 속에서만 존재할 수 있다. 말하자면 부분들은 단지 전체를 위해서 존재한다고 볼 수 있으며, 이것들은

---

35) "Es kann auch die Sprache nicht anders, als auf einmal entstehen, oder um es genauer auszudrücken, sie muß in jedem Augenblick ihres Daseins dasjenige besitzen, was sie zu einem Ganzen macht. Unmittelbarer Aushauch eines organischen Wesens in dessen sinnlicher und geistiger Geltung, teilt sie darin die Natur alles Organischen, daß jedes in ihr nur durch das Andre, und alles nur durch die eine, das Ganze durchdringende Kraft besteht"(Humboldt, 1820 : 3).
36) Gipper(1992 : 377) 참조.

상호간에 고유한 인과관계(Kausalität)로부터 야기된다. 따라서 개개 기본요소들의 위치가치는 전체의 관념을 통해 비로소 정해지는 동시에 전체의 관념은, '형식'으로서 개개 요소들 상호간의 관계에 해당하는 질료(Materie)의 조직을 확정해 준다.37)

유기체 개념은 이미 훔볼트에 의한 초창기의 글에서 시사된다. 그는 1795년에 쉴러에게 보낸 편지에서 언어는 그 자체로 유기적인 전체일 뿐만 아니라 이 언어를 말하는 사람들의 개성과도 연관되어 있는데, 이러한 관계는 결코 등한시되어서는 안 된다는 점을 피력한 바 있다. 이러한 훔볼트의 견해표명 속에는 유기적 언어특성, 언어사용자의 개성 및 외적인 관여에 대한 신중한 자세와 함께 후일의 언어철학적 신념에 대한 결정적인 단서가 숨겨져 있다.38)

훔볼트에 의하면, 언어는 본질상 인간과 상호간에 항구적으로 유기적 관계를 맺으면서 성장한다. 왜냐하면 언어는 한 민족의 정신적 에네르기 전체를 불가사의하게 일정한 음성으로 표출하기 때문이다. 민족이 개개인들의 전체, 즉 하나의 유기체이듯이, 언어의 구성요소들도 상호 관계 속에서 유기적으로 발생과 소멸을 겪고 있는 개체들이다. 그러므로 언어는 개체들의 전체, 즉 하나의 유기체로 정의될 수 있다.39)

훔볼트에 있어서, 언어는 내면적인 공속성(Zusammengehörigkeit)과 활동성을 지니고 있기 때문에 하나의 유기체와 비교될 수 있다. 아울러서 언어는 유기적인 본성과는 달리 언어의 기능(Funktion)이라는 층위에 한정되어 있는 것은 아니다. 말하자면 언어는 자연유기

---

37) Hassler(1986 : 172) 참조.
38) Schmidt(1986 : 64) 참조.
39) Evans(1967 : 182 이하) 참조.

체와는 달리 오로지 정신적으로 실재하고 있기 때문에 유기적으로 한정되어 있는 상태에서 벗어날 수 있는 것이다. 이런 이유에서 언어유기체 내부를 지배하는 법칙들은 생물의 신체기관처럼 미리 정해져 있는 것이 아니라 자발적인 사상으로부터 끊임없이 새롭게 생성된다고 볼 수 있다.40)

훔볼트에 있어서 언어는 시간에 따른 발전과정의 산물로 해석될 수 없으며, 오로지 고유의 내적인 힘을 토대로 존재한다. 말하자면 언어는 내재하는 고유의 법칙을 근거로 하여 작용하는 내적인 통일성을 갖추고 있는 것이다. 또한 언어의 법칙은 그 자체로 완전히 독자적인 것으로 파악될 수 있기 때문에, 언어는 언어 바깥에 존재하는 목표에 도달하기 위한 수단으로 해석될 수 없으며, 그 자체로 하나의 목적이 된다. 언어 자체에 따른 이와 같은 규정에 근거하면, 언어는 오로지 그 자체로부터 상응하는 현실에 대한 기반을 구축할 의무가 있는 동적인 잠재력으로 나타난다. 따라서 훔볼트에 있어서 언어는 무엇보다도 에르곤(작품)이기보다는 에네르게이아(활동)로 해석될 수 있으며, 유한한 수단을 무한하게 이용하는 생성적 힘으로 간주될 수 있다.41)

훔볼트에 있어서, 언어는 결코 언어를 통해 주어져 있는 낱말과 규칙들의 집단 속에 놓여 있는 소재(질료)가 아니라 하나의 실행(Verrichtung)이며, 삶이 육체적인 과정인 것처럼 언어는 정신적 과정이다. 언어 속에 정적인 것은 아무 것도 없으며, 모든 것은 동적이다.42) 일반적인 관점에서 볼 때 모든 유기체는 어떤 '힘'에 의해

---

40) Schneider(1995 : 193) 참조.
41) Humboldt(1830-1835 : 45 이하) 및 Reckermann(1979 : 91) 참조.
42) Humboldt(1827-1829 : 146) 참조.

자극받지 않으면 안 된다. 물론 이 힘은 일반적으로 명확하게 규정될 수는 없다. 그러나 이것은 체계상으로는 유기체의 첫 번째 근거점으로서의 위치를 차지하며, 내재하는 고유의 성향을 토대로 자연산물(Naturprodukt)들에 대해 개별 학문이 시도하는 형이상학적 해명의 부담을 덜어 준다. 바야흐로 훔볼트의 언어연구에서 '힘'의 개념은 언어유기체 현상의 해명에 대한 근거로 사용될 수 있는 기능을 갖고 있다.43)

훔볼트는 '힘'의 개념을 명백히 제시함으로써, 언어유기체를 완성된 언어체계로 해석하는 정적인 언어고찰로 돌아가는 것을 거부했다. 그에 의하면, 오히려 유기적 고찰방식은 명백히 동적인 언어고찰에 예속된다. 말하자면 언어는 존재하는 어떤 순간에도 종결된 것으로 간주되는 것이 아니라 계속해서 진행되고 있는 것으로서, 그리고 전체에 관점을 두고 실제로 전체를 유기적으로 전개시켜 나가는 것으로 파악되어야 한다는 것이다.44)

훔볼트의 견해에 따르면, 언어적 요소의 모든 형성은 언어유기체라는 전체 속에서 끊임없이 새롭게 적응하지 않으면 안 되는데, 구체적인 의미에서 보면 이것이 바로 유기체 개념이다. 따라서 낱말이란, 언제나 유기적으로 관계하는 언어체계의 일부로 이해된다. 그렇기 때문에 언어유기체는 서서히 발생하는 것이 아니라, 언제나 선험적 원칙으로서 이미 존재하고 있는 것이다. 그에 의하면, 유기체 자체는 말을 하는 인간의 일반적 능력과 욕구에 기초하며, 민족 전체로부터 유래한다.45) 의심할 여지없이 언어를 다룰 때에는 언어가

---

43) Müller-Sievers(1993 : 95) 참조.
44) Schneider(1995 : 193) 참조.
45) Schneider(1995 : 194) 참조.

유기적인 존재라는 점이 고려되지 않으면 안 된다. 그렇기 때문에 무엇보다도 기존하는 각 언어를 내적인 연관성 속에서 연구하고, 여기서 발견될 수 있는 모든 유추작용들을 추적하여 체계적으로 정리해 보는 일은 대단히 중요하다.46)

훔볼트는 이와 같은 연구방법을 생물학적 처리방식과 유사하게 서술한 적이 있다. 물론 그에 있어서 언어는 죽어 있는 유기체처럼 해부학적인 처리방식을 통해 부분들로 분해될 수 있다. 그러나 중요한 것은, 언어가 살아 있는 유기체로서 내면적으로 연관된 상태에서 생리학적으로 연구되어야 한다는 점이다. 훔볼트의 다음과 같은 서술은 언어의 유기적 성향을 적절하게 표명하고 있다 :

> "언어는 정신력과 직접적인 관계를 맺으면서 완전하게 실행되는 유기체이기 때문에, 언어 속에서는 단순히 부분들뿐만 아니라 조작의 법칙까지도 구별될 수 있다. 이 경우 나는 언제나 외관상으로는 역사적 연구를 결코 침해하지 않는 표현들을 즐겨 선택하기 때문에 오히려 조작의 방향과 경향이라는 표현을 쓴다. 그에 반해서 우리가 언어를 신체라는 유기체에 적용한다면, 이것은 생리학적 법칙과 비교될 수 있는데, 이 생리학적 법칙에 따른 과학적 고찰도 또한 개개 부분들의 분석적 기술과 본질적으로 구별된다."47)

---

46) Humboldt(1820 : 10) 참조.
47) Da sie, in unmittelbaren Zusammenhange mit der Geisteskraft, ein vollständig durchgeführter Organismus ist, so lassen sich in ihr nicht bloss Teile unterscheiden, sondern auch Gesetze des Verfahrens oder, da ich überall hier gern Ausdücke wähle, welche der historischen Forschung auch nicht einmal scheinbar vorgreifen, vielmehr Richtungen und Bestrebungen desselben. Man kann diese, wenn man den Organismus der Körper dagegen halten will, mit den physiologischen Gesetzen vergleichen, deren wissenschaftliche Betrachtung sich auch wesentlich von der zergliedernden Beschreibung der einzelnen Teile unterscheidet (Humboldt, 1830-1835 : 97).

앞의 인용문에서 정신력과의 직접적인 관계란, 오로지 그때그때 말을 하는 행위 속에 존재하며, 조작(활동방식)의 방향과 경향은 말을 하는 사람의 표현의지(Ausdruckswille)에서 나오는 것처럼 추론된다. 물론 언어는 그 자체로 완전하게 실행되는 유기체가 아니다. 그러나 확실히 '유기적인 존재'이며, 언어적 기호들을 단순히 나열해 놓은 것에 불과한 것은 아니다. 언어에 있어서 전체는 부분들의 총합 이상이다. 따라서 전체는 분해되어 있는 기본요소들로부터 조립될 수는 없다.48)

훔볼트는 유기체 개념의 근거가 인간의 정신구조에 있다고 보았다. 이것은 훔볼트가 언어의 기본유형(Typus)을, 언어로 하여금 단지 일정한 형식만을 갖게 해주는 인간의 지적인(intellektuell) 기본상태로 간주하고 있음을 말해준다. 따라서 훔볼트에 있어서 사고의 유기적인 조직은 유기적으로 조직화된 언어만을 가능케 한다. 또한 훔볼트의 유기체 개념은 언어이론에 국한되는 것이 아니라, 끊임없이 유기적 관계의 인식을 얻으려고 하는 사유방식에도 수용되어 있다.49) 이것은 훔볼트가, 인간에 의해 경험된 현실이 사상으로 바꾸어지는 정신의 유기체를 언어로 간주했다는 것과 맥락을 같이 한다.

훔볼트에 있어서 유기체의 모습은 모든 부분들을 관련시키는 내적인 연관성, 즉 '유추작용' 없이는 불분명하게 제시된다. 그렇기 때문에 유추의 개념에 언어의 기본적인 기능이 부여될 수 있다. 훔볼트에 있어서 '유추작용'은 언어의 이념이 유기적인 전체로 구성될

---

48) Bucher(1991 : 31) 참조.
49) Schneider(1995 : 194) 참조.

수 있는 이론적 토대이다.

    훔볼트는 한편으로는 그리스의 알렉산드리아 학파 이래로 문법적 전통에서 거의 변하지 않고 유지되어 왔던 과거의 개념으로부터 유추의 실마리를 찾는다. 왜냐하면 그 스스로가 유추작용을 '결합'(Verbindung), '관계'(Beziehung) 등으로 해석했기 때문이다. 그러나 다른 한편으로 그는 본질적인 항목에서 궤를 달리 했다. 말하자면 훔볼트는 언어 외적인 관계에 주목한 게 아니라, 언어의 구조 층위에서 개개 부분들의 관계를 보장하는 내적인 관계를 중요시했기 때문이다. 바야흐로 훔볼트에 있어서 언어구조의 본질은 언어의 요소들을 상호간에 연결시켜 주는 유추적 관계의 전체 속에 있다. 즉 언어요소들은 이것이 유추적으로 상호 결합되어 있는 한, 동일한 한 개의 언어로 간주될 수 있다는 것이다.[50]

    훔볼트에 있어서는 가장 작은 개개의 언어요소를 여타의 언어요소들과 가장 확고하게 연결시켜 주는 유추관계야말로 언어구조의 기본적 관계이다. 그에 의하면 '유추작용'은 가령 문법적 '유추'처럼 언어의 몇몇 부분들에만 관계되는 것이 아니다. 오히려 '유추작용'은 언어의 전체 구조를 조절하고 내적인 조화(Harmonie)를 보장해 주는 원리이다.[51]

    훔볼트의 관점에서 언어유기체의 기술은 바로 언어의 유추적 결합상태를 제시하는 것이다. 때때로 훔볼트는 문법적 언어구조의 원리를 언어의 '유추작용'으로 기술하기도 했다. 그러나 '유추작용'은 무엇보다도 언어 및 낱말체계의 개념적 구조와 연관된다. 인간이 개

---

50) Cesare(1989 : 68 이하) 참조.
51) Cesare(1989 : 69) 참조.

념들 사이에서 추측하는 '유추작용'은 유사한 음성들로 재현된다. 유추적 형성원리(Bildungsprinzip)의 적용에 대한 근거는, 새로운 낱말이 고안될 때마다 원활한 의사소통을 위해 기존의 낱말들이 기초로 될 수밖에 없다는 데 있다.52)

언어적인 모든 새로운 형성은 이미 형성되어 있는 것의 변형(Umbildung)이라고 볼 수 있다. 이것은 통용되는 언어의 한가운데서 발생한다. 보다 정확히 말하면, 새로운 것은 실제로 행해지는 대화에서 소통되어야 한다. 어떤 주체의 '말'(Rede)이든, 이것이 공동의 언어법칙에 따른다면 다른 주체들이 알아들을 수 있어야 한다. 그러나 언어의 법칙성은, 단지 부분적으로만 문법에서 명백히 모사될 수 있으며, 전반적으로는 뚜렷하지 않은 '유추작용' 속에 자리 잡고 있다. 대화에서 각각의 요소는 이 '유추작용'을 통해 모든 요소들과 연관을 맺고 있다.53) 따라서 훔볼트에 의하면 언어란, 정도의 차이는 있지만 각각의 부분이 다른 부분과, 모든 부분들은 전체와 명백하게 관련을 맺고 있는 거대한 조직체(Gewebe)로 제시된다.54)

언어의 개념구조는 물론 음성으로 나타난다. 그러나 개념구조는 언어의 구성을 결정할 뿐만 아니라, 낱말의 의미에 대한 근본적 토대이기도 하다. 개개의 낱말은 조직체 내에서 차지하는 위치에 따라 본래의 참뜻을 얻게 된다. 그렇기 때문에 말을 할 때마다 언어체계 내에서의 개개 부분은 필연적으로 모든 부분들과 관련을 맺고 있다. 이 경우 인간은 본능적으로 모든 부분들을 동일한 순간에 마주 대하게 된다.55)

---

52) Schneider(1995 : 195) 참조.
53) Borsche(1981 : 309) 참조.
54) Schneider(1995 : 195) 및 Humboldt(1830-1835 : 70) 참조.

언어는 본질상 오로지 전체로서 나타날 수 있기 때문에, 언어의 발생은 서서히 진행되는 것이 아니라 돌발적으로 일어난다. 따라서 언어는 단지 몇 개의 부분들만을 제시할 수는 없다. 왜냐하면 언어는 오로지 갑자기 발생할 수 있기 때문인데, 보다 정확히 말하면, 언어는 존재하는 매순간마다 스스로를 전체로 만들어 주는 요소, 즉 모든 부분들을 가장 확고하게 결합시켜 주는 유추기능을 가지고 있기 때문이다.56)

언어에서의 '유추작용'은 보통은 동물유기체의 발전과정에서처럼 재구성될 수 없다. 훔볼트가 이미 역사철학적인 논문들에서 제시했듯이 '살아 있는 힘'의 규칙적인 표현(유기체)이 보여 주는 특징은 일종의 집약화(Intensivierung), 대변동, 힘의 분출과 같은 것인데, 민족들의 상이한 발전이 이것을 증명해 준다. 따라서 역사를 통해 각각의 언어는 더 이상 현존하는 언어의 유기체 속에 그대로 편입될 수 없는 동시에, 영원히 불가사의한 힘으로서 탁월한 방법으로 언어의 구성요소들을 끊임없이 만들어 내는 유추적 기능을 보유하고 있다고 말할 수 있다.57)

언어연구가 쉬나이더는 훔볼트의 견해에 의존하여 오늘날의 언어에서 매우 제한적으로만 유추적 구조(analogischer Aufbau)가 관찰될 수밖에 없는 네 가지 근거를 명백하게 제시한 적이 있다. 그에 의하면, 첫 번째 근거로는 유추적 구조의 형성에 있어서 다른 어떠한 해명도 주어질 수 없으면서 본질상 그들 자체가 서로 유추작용 속에 있지 않는 언어적 기본요소들(어근)의 존재도 가정되어야 한다

---

55) Schneider(1995 : 196) 참조.
56) Cesare(1989 : 71) 참조.
57) Müller-Sievers(1993 : 113) 참조.

는 것이다. 두 번째 근거로는, 원래 유추적으로 형성된 언어요소들이 역사적으로 변화를 겪으면서 중간성분(Mittelglied)들을 상실했으며, 바뀐 흔적조차 사라져 버린 경우이다. 세 번째 근거로는 외국어로부터 넘겨 받은 부분들이 직접적으로 완벽하게 자국어로 해석될 수 없어서 이물질 상태로 언어의 맥락을 벗어나서 존재하는 경우이다. 끝으로 시대정신이 언어의 형성에서 변화가 없는 단조로운 방도를 거부하고 모순을 오히려 즐기게 되는 경우이다.[58]

주지하는 바, 인간은 대상세계를 수용하여 가공하기 위해 언어를 이용한다. 인간이 이 일을 행할 때에는 대상에 대한 수용과 가공의 단서가 언어유기체 속에 필연적으로 제시되어 있어야 한다.[59] 이것은 세계에 대한 인간의 유추적 해석을 의미한다. 말하자면 인간은 본질상 서로 다른 대상들 사이에 어떤 관계들을 조성하려는 성향이 있는 것이다. 이 경우 인간의 사고는 어떤 대상을 결코 고립시켜서 다루지 않으며, 현실세계의 전체 속에 놓여 있는 어떤 대상을 필요로 하는 것도 아니다. 중요한 것은, 인간의 사고가 오로지 관계, 상황 및 전망만을 끌어내어 상호 연결시킨다는 점이다[60]

훔볼트가 거의 30년 이상 변함없이 주장한 이러한 인식론적 전제는 명백히 언어적 '유추작용'의 개념에 부합된다. 훔볼트에 있어서 언어는 '사고의 보완'(Komplement)으로 이해되고, 세계의 구조화(Strukturierung)를 표현하는 일이 언어의 과제라고 정의된다면, 인식에 근거한 '유추작용'의 의미도 당연히 언어적으로 제시되어야 한다. 그에 의하면, 세계 속에서 어떤 관계를 조성하는 일은 필연적으

---

58) Schneider(1995 : 196) 참조.
59) Ivo(1987 : 106) 참조.
60) Cesare(1989 : 70) 참조.

로 언어의 유추원리에 의해 구속을 받는다. 앞에서 시사되었듯이 이미 언어는 단순히 이미 알려져 있는 '유추작용'을 재현하는 것은 아니다. 그런 의미에서 창조적 언어활동에서는 '유추작용'의 정신적 포착(geistige Erfassung)이 명백히 드러난다. 훔볼트에 있어서 이러한 '유추작용'은 각각의 언어공동체들에 의해 동일한 방식으로 형성되며, 각각의 언어들이 지니는 고유의 '세계관(Weltansicht)'에 대한 기반이 된다.61)

훔볼트에 의하면, 모든 객관적인 지각 속에는 필연적으로 주관성이 혼합되어 있기 마련이다. 그렇기 때문에 각각의 인간이 지니는 개별성(Individualität)은 이미 언어와는 무관하게 '세계관'이라는 고유의 관점으로 간주될 수 있다. 그렇지만 이러한 인간의 개별성은 주로 언어를 통해 세계관으로 형성된다. 왜냐하면 낱말은 우리의 마음속에서 독자적인 의미를 추가로 부여받으면서 다시금 객체(Objekt)로 되고 새로운 특성을 지니게 되기 때문이다. 이와 같은 특성에 따라 음성의 경우처럼, 동일한 언어라면 일반적으로 유추작용이 필연적으로 자리 잡게 된다. 결국 훔볼트의 관점에서 보면, 동일한 민족의 언어에는 동일한 종류의 주관성이 영향을 미치기 때문에 각각의 언어 속에는 고유의 '세계관'이 존재하게 된다.62)

그러므로 '유추작용'은 한편으로는 언어 전반의 구성적 요소이며, 다른 한편으로는 언어를 통한 세계의 유추적 구조화인데, 이것은 언어 특유의 세계관에 대한 모사이기도 하다. 따라서 유기체 원리와 유추원리 자체는 언어의 순수 개념에 속하지만, 이들의 상이한 실현

---

61) Schneider(1995 : 197) 참조.
62) Humboldt(1830-1835 : 60) 참조.

은 언어의 개별화를 야기시킨다.63)

훔볼트는 언어가 근본적으로 세계관을 포함하고 있기 때문에 개인에게 영향을 미친다고 보았다. 의심할 여지없이 훔볼트의 이러한 사상은 '유추작용'의 개념을 통해 설명될 수 있다. 말하자면 인간은 그에게 다가오는 새로운 것에 대한 형상화와 해석을 위해 언어 속에 주어져 있는 유추의 망(Netz)을 필연적으로 이용한다는 것이다. 인간은 이렇게 함으로써 규칙을 지키면서 의사소통하려는 욕구를 충족시킨다. 또 다른 측면에서 인간은 연관되어 있는 유추의 조직망 속에 마치 그물의 모습처럼 결합된다. 따라서 언어 속에 이미 기존하는 '유추작용'은 현실을 무턱대고 새롭게 해석하는 것을 방지한다. 말하자면 대상들 사이에서 새로운 유추작용을 발견하는 것을 저지한다.64)

말을 하는 개개인에게는 자신으로부터 유래하는 것은 아니지만 그가 직관적으로 받아들이는 세계해석(Weltinterpretation)은 이미 언어의 '유추작용'을 통해 제공된다. 개개인은 우선 자기 자신의 언어(죽은 언어)가 지니는 안목으로 현실을 바라본다. 그런 다음 다른 사람의 언어에 대한 성찰이나 습득이 비로소 개인으로 하여금 자기 언어의 유추작용을, 요컨대 실제로 '형성되는' 작용으로 드러나게 하는 것이다.65)

훔볼트는 극단적인 '언어상대주의'(Sprachrelativismus)66)와는

---

63) Schneider(1995 : 197 이하) 참조.
64) Cesare(1989 : 78) 참조.
65) Schneider(1995 : 198) 참조.
66) 훔볼트의 관점에 따르면, 개개 언어들이 지니는 세계관은 서로 다르기 때문에 인간은 사고와 정신을 표현하는 개개 언어를 통해 상호간에 완벽한 이해에 도달할 수는 없다는 설.

다르게 인간의 사고가 언어에 의해 결정된다고 주장하지는 않았다. 물론 말을 하는 사람은 언어행위에서 대부분 자기 자신의 언어의 유추작용을 따르며, 가끔은 유추체계가 현실 속에 존재하는 것이 아니라, 언어공동체에 근거를 두고 있음을 의식하지 못한다. 그럼에도 훔볼트는 결코 개인이 일방적으로 언어에 예속된다고 보지는 않았다.[67]

훔볼트의 관점에 따르면, 개인이 언어를 산출해낸다는 점에서 언어는 개인의 소유에 속한다. 그러나 개인은 자신의 유추적 행위와는 다르게 언어를 생산할 수 없다는 점에서 보면 언어는 결코 개인에 속하지 않는다. 그렇기 때문에 말할이의 창조적 자유와, 이를 제한하려는 기존하는 언어힘 사이에는 끊임없이 긴장상태가 조성될 수밖에 없다.[68] 의심할 여지없이 언어형성적인 개인활동의 자유는 외적인 오성의 법칙들을 통해 구속받는다고 볼 수 없다. 오히려 이것은 내적인 언어의 규칙성(Gesetzmäßigkeit)을 통해 조절된다. 고유의 언어법칙과의 일치는 말로 표현되는 사고의 자유가 지켜야 하는 조건인 셈이다.[69]

물론 개개인은 앞서 존재했던 수많은 세대들에 걸쳐 축적되어 왔던 언어의 형식들을 이용하지 않으면 안 된다. 훔볼트의 견해에 따르면, 이것은 기존하는 언어가 개별적인 '말할이'들에게 부과하는 제한에 해당된다. 아울러서 훔볼트는 살아있는 정신적인 모든 것이, 죽은 채로 전래된 것에 대해 행사하는 지배력에 대해서 언급한다. 이 경우 말을 하는 개개인은 언어창조에서 주도적 역할을 담당한다.

---

67) Schneider(1995 : 198) 참조.
68) Schneider(1995 : 199) 참조.
69) Borsche(1981 : 309) 참조.

이것은 변증법적인 해석으로 보일 수 있다. 따라서 훔볼트는 언어의 힘과, 기존하는 언어요소들을 변경시킬 수도 있는 '말할이' 사이에는 어느 정도 균형이 이루어진다고 보았음이 분명하다. 그러므로 훔볼트에 있어서 말을 하는 개개인은 자신의 언어가 지니는 유추체계를 단순히 수동적으로 받아들이는 것은 아니다. 개개인은 유추체계에 새로운 활기를 부어넣으면서 최종적으로 확실성을 부여하고 있는 것이다.70)

이제 개인이 기존의 언어망(Sprachnetz)을 벗어나서 자유로운 창조활동에 가담할 수 있는 경우를 찾아보자. 체자르(D. Di. Cesare)는 비록 한정된 방식이라고 해도 훔볼트가 언급한 상이한 방식의 수용, 즉 개인이 전통적으로 주어진 언어법칙으로부터 벗어날 수 있는 가능성을 언급한 적이 있다. 그것은 바로 '상상력'이다. 그에 의하면 상상력(Einbildungskraft)이란, 바로 유추작용을 일으키는 힘이다. 또 다른 측면에서 이러한 상상력은 언어의 감각을 통하여 관습(Gewohnheit)으로 되자마자 유추작용을 침해할 수도 있다. 개개인은 상상력을 통해 '언어망'을 거치지 않고 직접적으로 현실과 관계를 맺을 수 있다. 그렇기 때문에 개개인은 사물들 사이에서 아직 드러나지 않은 새로운 유추작용을 인식할 수 있다. 체자르에 의하면, 상상력은 새롭게 윤곽을 설정함으로써 유추작용에 따른 언어의 유추적 구조를 벗어나게 된다. 그러므로 상상력의 목표는 언어 특유의 유추작용을 유지하는 것이 아니라, 이것의 변화에 맞추어진다고 볼 수 있다. 따라서 상상력은 이미 주어진 것을 답습하는 언어감각과는 달리 언어 자체의 내부로부터 생겨나는 새로운 현상의 등장을 가능

---

70) Humboldt(1830-1835 : 64) 및 Schneider(1995 : 199) 참조.

케 한다.71)

　이 모든 것은 "언어 속에 내재하는 힘에 의해 현상세계가 정신의 소유물로 개조된다"는 훔볼트의 언어사상에 부합된다. 아울러서 언어는 오로지 매번 사고할 때마다 통용성을 얻을 수 있지만, 전체성의 측면에서는 사고와는 무관한 특유한 존재로 간주될 수 있다고 보는 훔볼트의 견해가 매우 설득력 있게 들려온다. 의심할 여지없이 훔볼트의 관점에서 보면, 언어라는 유기적인 전체와, 전체에 속하는 언어의 부분들은 상호간에 밀접한 연관성과 예속성이 존재하지 않고서는 결코 사유될 수 없는 것으로 인식된다. 따라서 전체는 부분들로 구성되어 있을 뿐만 아니라, 부분들은 동시에 전체를 통해 의미를 얻는다. 훔볼트가 '유기체'라는 개념을 사용한 것은 언어를 현상학적으로 고찰한 것이다. 훔볼트에 있어서 언어는 완결된 상태로 정지되어 있는 것이 아니라, 끊임없이 계속되는 과정을 거쳐 전체를 유기적으로 연결시켜 나간다고 볼 수 있다. 그의 관점에서 보면 언어유기체 개념은 모든 부분들을 내적으로 결합시키는 작용인 동적 유추행위 없이는 성립될 수 없다.

---

71) Cesare(1989 : 79) 참조.

4. 언어의 형식과 소재

4.1. 도입

일찍이 '형식'(Form)과 '소재'(Stoff)의 문제는 고전철학에서부터 논란의 대상이 되어 왔다. 그리스의 철학자 플라톤은 참다운 실재란, 보편적 이념(이데아)이며, 우리가 감각으로 인식하는 현상세계는 이데아의 그림자에 불과하다는 관념론을 수립하였다. 그러나 이와는 달리 그의 제자인 아리스토텔레스는 사물의 본질인 '형상'(형식)이 별도로 독립해서 존재하는 것이 아니라, '질료'(소재) 속에 내재한다고 봄으로써 경험주의를 토대로 하는 철학적 사색을 깊게 하였다. 이러한 고대의 철학사상은 중세로 이어져 유명론(Nominalismus)과 실재론(Realismus)이라는 서양철학의 2대 조류가 형성되는 계기가 되었다.[1]

19세기의 언어사상가인 훔볼트도 그 자신의 그리스 연구와 원전 번역을 통하여, 그리고 플라톤 및 아리스토텔레스의 사고에 영향을

---

[1] 민석홍(1993 : 93 이하) 참조.

받은 사람들(괴테, 쉴라이허마허 등)과의 교류를 통하여 그리스의 철학에 익숙하게 되었다. 따라서 그의 언어관에서의 '형식'에 관한 문제가 고전철학의 영향을 받았다고 보는 것은 잘못된 판단이 아닐 것이다.[2]

이 단원에서는 훔볼트의 언어사상에서 본질적 요소로 자리매김하고 있는 '형식'의 개념과 '소재'(질료)의 개념이 어떠한 상관관계를 맺고 있는가를 알아본다.

4.2. 형식과 소재의 상관성

훔볼트의 심원한 언어철학적 논문들에서는 비교에 의한 언어연구가 다른 민족들의 세계관에 접근하기 위한 필연적인 방법론으로 제시된다. 이것은 두말할 여지없이 "언어의 상이성은 소리나 기호의 상이성이 아니라 세계관 자체의 상이성"[3]이라는 그 자신의 특유한 언어관에 기인한다. 아울러서 한 언어의 세계관을 적절하게 파악하기 위해서는 바로 개별 언어의 상이성이 드러나는 언어의 '형식'에 대한 명확한 해명이 전제로 제시된다.

훔볼트의 언어에 대한 기본 명제들 중의 하나는 그가 바야흐로 언어를 오로지 '형식'으로 간주했다는 점이다. 이것은 훔볼트가 언어를 단순히 문법적 형식으로만 해석하고 있지 않다는 것을 의미한다. 그에 의하면, 흔히 문법과 어휘목록(Lexikon)사이에 행해지는 구별

---
2) Schneider(1995 : 162) 참조.
3) Humboldt(1820 : 27).

은 실제적인 언어습득을 위한 필요성에서만 유효한 것이며, 본질적인 언어연구를 위해서는 어떤 경계나 규칙들이 미리 규정될 수 없다. 또한 훔볼트의 관점에서 보면, 언어형식의 개념은 '말결합'(Redefügung)의 규칙과 조어규칙을 넘어서서 광범위하게 확대될 수 있다.4) 따라서 언어의 형식은 문법적 표현방식인 음성체계와 어휘를 포함한 언어 전반에 관한 사항이 된다.5)

훔볼트에 의하면, 개개 언어들이 지니는 특색 있는 고유의 구조에 근거하여 상이점이나 혹은 유사점을 상호간에 효과적으로 비교해 보기 위해서는 각각의 언어형식에 대한 세심한 탐구가 필연적이다. 아울러서 모든 언어생성(Spracherzeugung)에 제기되어 있는 주요 문제들을 개개의 언어가 어떠한 방식으로 해결하고 있는가도 확증되지 않으면 안 된다.6) 의심할 여지없이 언어를 유기적인 전체로 나타나게 하는 원리 및 개개 요소들의 본성에서 접할 수 있는 공통의 근거는 '형식'일 것이다.

훔볼트에 있어서 '형식'의 본질적 양태는 언어창조의 가장 일반적인 원리를 우리에게 인식시켜 준다. 그러나 언어연구에서 '형식'이라는 표현은 다양한 관점으로 사용되어 왔기 때문에 훔볼트가 이 용어를 어떤 의미로 사용했는지를 명확하게 규명하는 것은 대단히 중요하다.7)

언어는 우리에게 낱말, 규칙, 유추 및 각종 예외들의 측면에서 무한한 개별적 사항들을 보여준다.8) 훔볼트는 이러한 개개의 부분들

---

4) Humboldt(1830-1835 : 49) 참조.
5) Berésin(1980 : 62) 참조.
6) Humboldt(1830-1835 : 45) 참조.
7) Ramischwili(1959 : 16) 참조.

이 하나의 통일된 전체로 결합될 수 있는 근본토대를 언어의 '형식'이라고 규정했다. 그에 의하면, 언어의 형식은 개별적 사용의 측면에서뿐만 아니라, 사회적 측면에 기반을 둔 확고한 사용방식에서도 모든 언어요소들의 총합으로 해석된다. 일반적으로 사실적인 어떠한 요소나 개별적인 요소도 형식의 개념을 통해 배제되는 일은 없으며, 극도로 개별적인 사항에 속하는 것과 같은 역사적으로만 확증될 수 있는 모든 것까지도 바야흐로 형식의 개념과 관련되고, 이 개념 속에 포함된다.9) 언어의 형식에는 어떠한 개별적인 항목들도 고립된 사실들로서가 아니라, 하나의 특정한 전체로서 귀속된다.10)

그러므로 훔볼트의 언어관에 따르면, 언어 속에 형식이 아닌 것은 어떠한 것으로도 우리에게 주어져 있지 않으며, 우리에 의해 사유되어 있지도 않다. 말하자면 형식이 없는 실체는 아무 것도 아니며, 오히려 존재하는 것은 우리를 통하여, 그리고 우리를 위해 오로지 언어적 형식으로만 형성되어 있다.11)

훔볼트는 언어를 민족의 정신력(Geisteskraft)에 대한 인식과 표현으로 규정하면서 언어의 '형식'을 다음과 같이 규정한 바 있다 :

> "분절된 음성을 사상의 표현으로 고양시키는 이러한 정신활동 속에 존재하는 지속적이면서도 한결같은 동일한 모양새가 가능한 완벽하게 연관성 속에서 파악되고 체계적으로 묘사된다면, 이것이 언어의 형식을 결정한다."12)

---

8) Humboldt(1830-1835 : 44) 참조.
9) Humboldt(1830-1835 : 50) 참조.
10) Berésin(1980 : 61) 참조.
11) Borsche(1989 : 58) 참조.
12) Das in dieser Arbeit des Geistes, den artikulierten Laut zum Gedankenausdruck zu erheben, liegende Beständige und Gleichförmige,

이런 맥락에서 개개의 언어는 한편으로는 동일한 언어계보와, 다른 한편으로는 방언과도 엄격하게 구별될 수 있다. 마찬가지로 동일한 언어로 간주되는 것이 어떠한 의미로 해석되어야 하는지와, 언어가 시간의 흐름에 따라 획기적 변화를 겪었을지라도 무엇 때문에 하나의 언어로 인식되는가도 탐구될 수 있다.13) 라미쉬비리는 이에 대한 해명으로 훔볼트의 다음과 같은 서술을 인용한다 :

> "언어란 그 실제적인 본질의 측면에서 파악해 보면, 매 순간마다 끊임없이 지나가 버리는 어떤 것이다. 문자를 통한 언어의 보존마저도 언제나 불완전하며 미라와 같은 모습을 보여주는 어떤 보존에 불과한데, 이 보존은 다시금 생생한 말투로의 구체화를 필요로 한다. 언어 자체는 작품(에르곤)이 아니라 활동(에네르게이아)이다."14)

라미쉬비리는 언어에 대한 이 단호한 특성묘사가 명백히 생성적인 언어의 본질적 측면을 언급한 것이라고 보았다. 말하자면 훔볼트에 있어서, 언어는 "영원히 되풀이되는 정신활동"으로 규정되는데, 이것은 바로 언어행위가 일어날 때마다 그때그때 '실행되어지는 말'

---

so vollständig, als möglich, in seinem Zusammenhange aufgefaßt und systematisch dargestellt, macht die Form der Sprache aus (Humboldt, 1830-1835 : 47).
13) Ramischwili(1959 : 16) 참조.
14) Die Sprache, in ihrem wirklichen Wesen aufgefaßt, ist etwas beständig und in jedem Augenblicke Vorübergehendes. Selbst ihre Erhaltung durch die Schrift ist immer nur eine unvollständige mumienartige Aufbewahrung, die es doch erst wieder bedarf, daß man dabei den lebendigen Vortrag zu versinnlichen sucht. Sie selbst ist kein Werk(Ergon), sondern eine Tätigkeit(Energeia)(Humboldt, 1830-1835 : 45 이하).

전체가 하나의 정신활동으로 제시된다는 것을 뜻한다. 훔볼트에 의하면, 흔히 언어라고 일컫는 낱말과 규칙들의 산만한 무질서 속에는 '말하기'를 통해 야기된 개별적인 것만이 존재하기 때문에 전체로 볼 때에는 결코 완전한 모습이 아니다. 훔볼트는 생생한 말의 본질을 파악하고 올바른 언어의 형상을 갖추게 해주는 정신활동이 필연적으로 존재한다고 확신했던 것이다. 이것은 "본디의 언어란, 실제적인 생산활동 속에 자리 잡고 있다"는 훔볼트의 언어관 전반을 명백하게 드러내고 있는 항목이다.15)

바로 이점에서 훔볼트는 언어의 본질이 탐구될 수 있는 방도를 제시한 것으로 인식된다. 요컨대 훔볼트는 언어의 생생한 실재를 알아보는 모든 연구에서는 언제나 '말행위'들의 통합체가 가장 우선적으로 사유되어야 한다고 보았던 것이다. 물론 언어의 구조를 부분으로 분해하는 분석방법은 실제적인 언어연구에서는 필연적이다. 그럼에도 이것은 단지 본질을 파악하기 위한 인위적인 수단일 뿐이다. 실제의 언어를 연구할 때 언어연구가는 그때그때마다 어떤 역사적 시기와 관련된다. 말하자면 순간적인 역사의 한가운데에 자리 잡게 된다. 따라서 알려진 어떠한 민족이나 언어도 원천적이라고 부를 수는 없을 것이다.16)훔볼트는 언어형식의 개념에 대해 다음과 같이 언급한 바 있다 :

> "지금까지 언급된 것으로부터 이미 자명한 것은 언어의 형식은 결코 이른바 문법형식으로만 해석되지 않는다는 것이다. 흔히 우리가 문법과 어휘목록으로 구별하곤 하는 것은 언어학습에서 실제적으로 필요한 경

---

15) Ramischwili(1959 : 17) 참조.
16) Ramischwili(1959 : 18) 참조.

우에만 유용할 수 있으며, 오로지 참다운 언어연구에서는 이것이 그 어떤 한계도 규칙도 지정해 줄 수 없다. 언어형식의 개념은, 조어규칙이 능동, 피동, 실체, 특성 따위의 일반적이고 논리적인 어떤 범주들을 어근과 기간어에 적용하는 것으로 이해되는 한, 말결합의 규칙과 조어의 규칙을 훨씬 넘어서서 확대된다."17)

앞의 인용문에서 언급되고 있듯이 훔볼트에 있어서 언어형식은 오로지 문법적인 표현방식으로만 이해되어서는 안 되며, 음성적인 모든 것과 어휘적인 모든 것을 포함한 전체적인 측면에서의 언어로 해석될 수 있다. 따라서 훔볼트는 '형식'과 '언어'의 동일성이라는 가정에서 출발함으로써 형상이 없는(amorph)양태들이거나, 또는 언어의 부분들에 관한 이론은 내면적으로 모순을 드러낼 수밖에 없다고 본 것이다. 그는 언어가 물론 좁은 의미에서의 형식들을 상실할 수도 있지만 궁극적으로 '형식'을 버리는 것은 아니라는 점을 강조했다.18)

훔볼트에 있어서 '형식'은 조직화되어 있는 심리적인 어떤 것으로서 '소재'(Stoff)에 대립된다. '형식'과 '소재'의 이와 같은 대립관계

---

17) Es ergiebt sich schon aus dem bisher Gesagten von selbst, daß unter Form der Sprache hier durchaus nicht bloß die sogenannte gramatische Form verstanden wird. Der Unterschied, welchen wir zwischen Grammatik und Lexikon zu machen pflegen, kann nur zum praktischen Gebrauche der Erlernung der Sprachen dienen, allein der wahren Sprachforschung weder Grenze noch Regel vorschreiben. Der Begriff der Form der Sprachen dehnt sich weit über die Regeln der Redefügung und selbst über die der Wortbildung hin aus, insofern man unter der letzteren die Anwendung gewisser allgemeiner logischer Kategorieen des Wirkens, des Gewirkten, der Substanz, der Eigenschaft u.s.w. auf die Wurzeln und Grundwörter versteht(Humboldt,1830-1835 : 49).
18) Ramischwili(1960 : 50) 참조.

는 형성하는 것과 형성된 것이라는 양극화의 의미에서 이미 훔볼트 이전에 오랜 전통을 지니고 있었다. '소재'는 '형식'을 통해 비로소 확실성을 얻는다. 이미 아리스토텔레스는 '소재'를, "확실하게 규정되어 있지 않는 어떤 것"으로 파악한 반면, '형식'을 "내적인 힘인 형성원리"로 규정한 바가 있다.19)

코세리우(E. Coseriu)에 의하면, 훔볼트의 언어사상에서의 '형식'은 쉬타인탈(H. Steinthal)이 인식한 것처럼 그때그때 형성되어 있는 '소재'와는 달리 형성을 실행하고 있는 요소이다. 언어가 각기 '형식' 개념을 상이하게 적용하고 있다는 점에서 언어는 다양한 형식을 지닐 수 있는 것이다. 언어는 형성을 수행하는 층위이며, 언어 외적 현실은 형성이 수용되는 층위이다. 마찬가지로 언어란, 또한 실제적인 현상이기 때문에 하나의 형식으로 나타날 수 있는 것은 두말할 여지가 없다.20)

훔볼트에 의하면, 각각의 민족은 미지의 시대에 살았던 옛 종족들로부터 이미 소재를 수용했기 때문에, 사상의 표현을 야기시키는 정신활동은 언제나 이미 주어져 있는 어떤 것에 맞추어져 있다. 그렇기 때문에 이 정신활동은 순수하게 생산하는 행위가 아니며 개조하는 행위인 것이다. 따라서 소재의 개조와 변형은 역사성을 띠면서 수행된다고 말할 수 있다.21)

훔볼트는 '형식'으로서의 언어를 규정하기 위해 '소재'의 개념을 사용한다. 언어에서 '소재'의 개념은 단지 상대적 의미만을 지닌다. 어떤 것(Etwas)은 다른 어떤 것에 대해서만 '소재'로 간주될 수 있

---

19) Hassler(1984 : 121) 참조.
20) Coseriu(1988 : 5 이하) 참조.
21) Ramischwili(1959 : 18) 참조.

다.22) 따라서 언어의 영역에서는 '소재'와 '형식' 사이에 아무런 엄격한 경계가 존재하지 않는다. 말하자면 어떤 관점에서는 '소재'로 간주되는 것이 다른 관점에서는 '형식'일 수 있는 것이다. 그렇기 때문에 언어의 경우 절대적 의미에서는 아무런 순수한 '소재'가 존재하지 않는다고 보아야 한다.23) 아무튼 '형식' 개념의 내적 규정은 '소재' 개념에 의한 해명을 의미한다. 언어에서 '소재'의 의미는 무엇인가? 구체적인 의미가 부여되는 '소재'는 모든 현상계의 자연에 속하지만 순수한 측면에서 보면, 언어 속에는 형식화되어 있지 않은 '소재'는 존재하지 않는다.24)

훔볼트에 있어서 '소재'의 변형은 일정한 한계 속에서 진행된다. 이것은 의사소통상의 상호 이해를 목표로 하기 때문에 동일한 모양을 갖춘 불변적인 방식으로 수행된다. 언어적 변화 가능성에 불변적 요소가 존재하는 것은 이론의 여지가 없다. 이 경우에 등장하는 동일성, 동형성(Gleichförmigkeit) 및 불변성은 의사소통 요인의 작용에서 생성된다. 물론 이러한 불변성은 단지 학문적으로 필요한 추상 개념으로 나타난다. 그러나 이것을 실질적 존재와 부합하지 않는 오성의 산물로 보는 것은 적절하지 않다.25)

훔볼트에 의하면 "언어형식이란, 한 민족이 사상과 감정에 언어적 가치를 부여하는 철저하게 개별적인 충동"26)이다. 그와 동시에 언어형식 자체는 통일적이며 활동적이다. 그의 관점에 따르면, 언어

---

22) Berésin(1980 : 62) 참조.
23) Ramischwili(1960 : 50) 참조.
24) Ramischwili(1959 : 20) 참조.
25) Ramischwili(1960 : 49) 참조.
26) Humboldt(1830-1835 : 47) 참조.

연구가는 언어의 신비를 탐구하고 그 본질을 해명할 때 '언어형식'이라는 필수적인 방도를 기준점으로 설정해야 하며, 이것을 등한시 하는 경우에는 다수의 연구항목들이 간과될 것이고, 실제로 해명가능한 많은 것이 모호한 채로 남겨지게 될 것이다. 바야흐로 언어적 형식의 준거에 대한 규정만이 언어 속에 있는 모든 것을 해명할 수 있도록 보장해 준다. 그러므로 언어적 전체성을 인식하기 위해서 '언어형식'의 개념은 필연적이다.[27]

훔볼트는 '소재'와 '형식'을 분리한다. 그렇지만 그가 언어구조(Sprachbau)로부터 언어의 내적 특성으로 가는 도상에 있다면, 이와 같은 분리는 유지될 수 없다. 그와 동시에 "음성 전반"은 언어 내에서는 '소재'라고 하는 개념이 되는 반면에, '소재'의 본질은 언어 바깥에서는 인간이 언어라는 궤도를 거쳐서만이 확실성을 얻는 세계의 특성과 만날 때에 받아들이는 인상(Eindruck)들 속에 존재한다.[28] 따라서 변증법적인 측면에서의 소재와 형식은 통합된 형태의 범주 속에서만 분리될 수 있다.[29]

훔볼트에 의하면, 언어의 실질적인 소재는 세 가지로 이루어져 있다. 한 측면에서는 음성이, 또 다른 측면에서는 감각적인 인상(sinnlicher Eindruck)과 자발적인 정신운동(selbsttätige Geistesbewegung)의 총체가 존재한다.[30] 물리적인 현상으로서의 음성과 심리적인 측면 및 정신적인 측면의 인상들이라는 세 가지 실체(소재)에 대한 확증은 오로지 순수 형식이라고 하는 언어의 한계를 벗어날 때만이 가

---

27) Ramischwili(1959 : 19) 참조.
28) Liebrucks(1965 : 296) 참조.
29) Liebrucks(1965 : 298) 참조.
30) Humboldt(1830-1835 : 49) 참조.

능하다.31) 훔볼트는 이 세 가지 선험적 소재들을 언어생산의 재료적인 토대로 규정했다. 그러나 이러한 소재들의 인식론적 위상은 명확하게 규명하기 어렵다.

훔볼트에 있어서는 "음성 전반"의 경우와는 다르게 본디 독자적인 감각적 인상이나 자발적 정신운동이 존재하는 것으로 인식된다. 그렇지만 훔볼트의 논문에서는 이들 소재를 허구적이며 오로지 논리적으로만 분리가능한 구성요소들이라고 보았을 뿐만 아니라, 언어 이전에 이들 소재가 실제로 미리 존재하고 있음을 인정하는 듯한 몇몇 부분들도 발견된다.32) 바야흐로 칸트로부터 영향을 받은 훔볼트의 사상에는 언어에 구속되어 있지 않은 철저한 자발적인 정신운동이 명백히 존재하고 있지만, 이것은 여전히 개념상으로 명확성을 얻지 못한 것으로 드러난다. 왜냐하면 훔볼트에 있어서 자발적인 정신운동은 언어를 이용한 개념형성보다 선행한다고 인식되기 때문이다.

또한 훔볼트가 빈번하게 언급한 바 있는 지적 활동(intellektuelle Tätigkeit)은 자발적인 정신운동과 동일시될 수 없다. 지적 활동을 훔볼트는 언어와 분리될 수 없는 개념적 사고로 보고 있기 때문이다. 훔볼트에 있어서 자발적인 정신운동은 명백히 칸트에 의해 서술된 비언어적 오성의 기능에 해당된다. 훔볼트에 있어서 이러한 기능은 필연적인 것이지만, 개념형성의 측면에서 보면 충분한 것은 아니다. 이 점은 칸트와는 다르다. 따라서 훔볼트는 단지 언어를 통해서만 반영될 수 있을 것 같은 선험적 개념체계가 이미 존재한다는 명

---

31) Ramischwili(1960 : 51) 참조.
32) Schneider(1995 : 234) 참조.

제를 주장한 것은 아니다. 그러나 그는 선험적 정신활동의 가정에서는 칸트의 견해에 따랐다. 훔볼트는 언어의 정신적인 면과 유사하게 음성적 성향과 관련해서도 어떤 의미에서 선험적 요소들의 존재가 가정될 수 있다는 인식에 도달했다.33) 그러나 이것은 결코 이미 완성되어 있는 선험적 음성이 존재한다는 의미가 아니다.

실제적인 언어생성에서는 물론 분절된 음성이 동시에 언어로 발생한다. 훔볼트에 있어서 '소재'는 철저하게 선험적으로 존재하고 있다고 보아야 한다. 그러나 언어에서 '소재'는 더 이상 그 자체로 인식될 수 없다. 왜냐하면 언어에서 '소재'는 형식을 갖추게 됨으로써 '소재'의 특성이 이미 사라져 버리기 때문이다. 결국 언어를 통해 비로소 불명료한 사고가 확실해지고, 동물적인 소리는 이미 분절된 음성으로 나타난다. 뿐만 아니라 인간은 소재들을 언어로 의식적으로 합성하는 것이 아니라, 언어는 자연발생적으로 생성되기 때문에 언어의 질료적 기초에 대한 규명은 최초의 언어적 상태에 대한 고찰을 통해 얻어질 수 있는 게 아니다. 다만 '소재'가 '형식'을 취하고 있는 이미 형성된 기존의 언어를 통하여 질료적 생성에 대한 귀납적 추리만은 가능하다. 그렇기 때문에 음성적 성향, 감성 및 정신의 자발성은 언어에서 따로따로 고립시켜서 인식할 수 없으며, 언어의 조건으로서 자기성찰(Introspektion)을 통해서도 인식할 수 없을 것이다. 그럼에도 훔볼트에 있어서 소재는 언어와 무관하면서도 모든 언어형성의 실제적인 전제조건으로 남는다.34)

'형식'과 '소재'의 상호관계에 대한 훔볼트의 구상은 음성적 단위

---

33) Schneider(1995 : 235) 참조.
34) Schneider(1995 : 236) 참조.

들을 검증할 때, 특히 분절된 음성을 분석해 보면 명확하게 드러난다. 음성형식은 음성과 사상의 결속이기 때문에 대상들의 표기와 가장 밀접하게 관련된다. 그런데 음성과 사상(개념)은 어떻게 결합되는 것인가? 훔볼트는 이러한 작업은 첫 번째로 등장하는 요소인 '분절된 음성'으로부터 시작된다고 보았다. 그는 생리적·음향적 현상으로서의 음성과 기능적 범주로서의 '분절된 음성' 사이를 명확하게 구별했다.35)

훔볼트에 있어서 인간은 언어적 분절능력에 의해 동물과 구분된다. 동물도 물론 소리를 낼 수는 있다. 심지어 앵무새 같은 동물은 단순한 범주의 분절된 음성들을 만들어 낼 수 있다. 그렇지만 동물은 음성 속에 의미를 분절해 넣을 수 있는 능력 자체는 갖지 못한다. 따라서 동물은 의미를 담당하는 체계적 단위로서의 언어를 갖지 못한다. 결국 동물은 음성을 지니지만, 언어를 소지하고 있다고 말할 수는 없다. 의미심장한 음성들을 분절해 넣는 능력은 필연적으로 철저하게 인간의 중요한 기능으로서, 사고와 결합되어 있다. 마찬가지로 언어에서는 관념적인 부분인 내용의 층위도 분절되어 있다. 분절의 원리는 모든 언어적 실상에 있어서 동일한 원리이다. 말하자면 분절은 언어의 원초적 실재(Wesenheit)로 간주될 수 있다.36)

훔볼트에 있어서 '소재'는 물론 '형식'에 대립한다. 왜냐하면 앞에서 언급된 세 개의 실체로 나타나는 소재들은 언어를 벗어난 비사회적 현상이기 때문이다. 그러나 언어의 '형식'은 민족정신의 표현, 즉 사회적 현상이다. 또한 훔볼트에 있어서 '소재'와 '형식'은 상호

---

35) Berésin(1980 : 63) 참조.
36) Ramischwili(1960 : 51) 참조.

의존하고 있기도 하다. '형식'은 '소재'를 통해 명백히 드러나며 영속성을 유지할 수 있기 때문에 '소재'를 필요로 하는 것은 자명한 사실이다.37) '형식'과 '소재'의 상호관계에 대한 심원한 이해 속에는 훔볼트의 변증법이 시사되고 있는 것이다.38)

라미쉬비리에 의하면, 소재(실체)가 조직화되어 가는 경우 순수한 형식으로서의 언어는 오로지 잠재적일 뿐이며, 실제로는 나타나지 않는다. 실제적인 언어현실에서는 형식과 실체 사이에 명확한 경계가 설정되어 있지 않으며, 이 두 요소는 실제로 동시에 행해지는 말의 중요한 요소들이다. 따라서 형식상으로 조직화된 실체는 이미 형식으로 나타나며, 실체로 나타나지 않는다.39) 이것은 언어가 하나의 체계이며, 형식 이외에는 아무 것도 아니라는 훔볼트의 언어사상의 출발점을 더욱 뚜렷하게 인식시켜 준다.40)

"창조적 통합과 활동적 형식으로서의 언어"는 사고 창조의 도구로서 나타난다. 이것은 실제로 행해지고 있는 말 바깥쪽에서는 표상(Vorstellung)이 개념으로 바뀌지 않는다는 것을 의미한다. 이런 점이 고려되면 훔볼트에 의한 에네르게이아로서의 기능적인 언어관의 의미가 보다 구체적으로 인식될 수 있다. 그러므로 훔볼트에 있어서 언어는 이미 습득된 지식과 사상의 표현인 에르곤일 뿐만 아니라, 무엇보다도 사상의 창조를 위한 활동적 도구에 해당하는 에네르게이아이다.41) 라미쉬비리는 바로 이 점에 "현실을 의식의 소유로 개

---

37) Kledzik(1992 : 379) 참조.
38) Berésin(1980 : 62) 참조.
39) Ramischwili(1960 : 56) 참조.
40) Ramischwili(1960 : 57) 참조.
41) Ramischwili(1960 : 52) 참조.

변시키는" 기능적 실재로서의 언어라는 훔볼트의 본질규정이 반영되어 있다고 보았다. 말하자면 훔볼트의 관점에서 보면, 구체적·실제적 통합과정에서 "언어의 도움"으로 대상에 대한 개념의 창조행위가 일어난다는 것이다.

드 소쉬르의 언어사상에서, 그리고 엘름슬레우(L. Hjelmslev)의 언리학42)(Glossematik)에서도 언어는 절대적 의미에서의 불변성과 같은 순수한 형식으로 나타나지만, 마찬가지로 절대적 의미에서 보면 '실체'는 가변적인 것으로 나타난다. 이와 같은 확증을 근거로 하면 '형식'은 임의적인 각각의 '실체'에서 나타나고 있다는 결론이 도출될 수 있다. 이들 연구가보다 먼저 19세기 초에 이미 훔볼트는 언어를 불변적인 것으로 간주한 바 있다. 그렇지만 훔볼트의 경우 결코 수학적인 크기가 아닌 사회적 현상으로서의 언어의 불변성이 문제시된다. 말하자면 훔볼트에 있어서 실체의 가변성은 상대적인데, 실제의 경험적 언어에서 실체는 단지 형식으로만 출현할 수 있으며, 그 자체로서 또한 상대적으로 불변적일 수 있다는 뜻이다.43)

훔볼트는 언어적 형식을 '외적 형식'(äußere Form)과 '내적 형식'(innere Form)이라는 두 개의 형식으로 구별하였다. 또한 그에 의하면, 각각의 형식은 제각기 실체를 지니고 있음으로 두 개의 실체가 자연스럽게 제시된다. 이 경우 '외적 형식'은 음성적 소재를 포괄하지만, '내적 형식'은 심리적인 내용 전반의 처리에서 생겨난다.

---

42) 언리학은 1930년대에 생겨난 구조 언어학의 한 유파에서 나온 개념인데, 이 학과의 대표적인 연구가로서는 엘름슬레우(L. Hjelmslev)를 들 수 있다. 그는 자신의 언어이론을 *Glossematik*이라고 불렀으며, 이 낱말은 그리스어 *glossa*(말)에서 유래한다(Ivić, 1971 : 165 참조).
43) Ramischwili(1960 : 57) 참조.

그러므로 라미쉬비리에 따르면, 이것은 다음과 같이 정의될 수 있다. 즉 '외적 형식'은 음성적 실체의 형식적인 조직화인데, 통틀어서 언어의 외적인 물질적 측면과 등치될 수 있다. 그에 반해서 내적 형식은 심리적 실체에 대한 형식적인 조직화이며, 언어의 비물질적인 내적(관념적, 지적) 측면이나 언어구조 전반을 포괄한다.44)

훔볼트는 언어와 인간의 단일성, 그리고 언어공동체의 문화에 대한 올바른 평가기준과 언어의 단일성을 연구의 기준으로 삼았다. 그리고 동태성(Dynamik)의 확증 및 내적 언어형식의 문제는 바로 이러한 통일성과 연관되어 있다고 생각했다.45)

물론 훔볼트는 언어내용의 구조에 걸맞는 성분들을 확실하게 규정하지는 않았다. 따라서 훔볼트의 '내적 언어형식'에 관한 명제의 이해는 다소 복잡한 표현과 엇갈리는 진술을 통해 상당한 어려움을 겪어 왔다. 그 결과 훔볼트 사상의 계승자들을 통해 이 개념에 대한 상이한 해석들이 제시되기도 했다.46) 바로 이 점은 현대 언어학이 규명해야 할 주요 과제로 남겨졌다. 그렇지만 라미쉬비리의 진술처럼 훔볼트가 언어내용의 윤곽을 이미 개략적으로 구상한 바 있으며, 어느 정도까지는 그 특성까지도 묘사하고 있다는 점이 대단히 중요하다. 라미쉬비리에 의하면, 훔볼트의 '내적 형식'은 조직화를 수행하는 언어의 힘인데, 이것은 단순히 실체에 대한 조직화만을 뜻하는 게 아니다. 본질적으로 외적 구조의 조직화 역시 '내적 형식'에 의존한다. '내적 형식'은 언어들을 구별하기 위한 적절한 토대를 제공하며 경험적인 비교 언어학의 주요 단서로 등장한다.47)

---

44) Ramischwili(1959 : 21) 참조.
45) Ramischwili(1960 : 58) 참조.
46) Berésin(1980 : 63) 참조.

4. 언어의 형식과 소재 121

훔볼트는 엄밀한 의미에서 결코 '내적 언어형식'의 개념을 명백하게 규정한 적이 없다. 그러나 전반적인 면에서 이것이 무엇을 의미하는가에 대해서는 어느 정도 추론이 가능하다. 이 경우에는 언어에서의 개념형성의 방식, 낱말과 월(문장)의 의미론적 구성이 문제시된다. 말하자면 언어에 있어서의 사상적 활동방식이라고 하는 특징을 노정하는 구성원리들이 입증될 수 있다.48)

훔볼트의 관점에서 보면 '내적 언어형식'의 개념에는 삼중의 의미가 부여된다. 첫째로, '내적 언어형식'은 개념과 음성형성 간의 배열방식에 속하며, 사고를 언어에 의해 객관화하는 방식이라고 말할 수 있다. 말하자면 본질적으로는 사고의 범주를 언어적 질료(Materie)의 형식과 결합시키는 모델에 해당한다. 둘째로, 내적 언어형식은 민족정신의 표현인데, 후자는 전자의 도움으로 개개 언어 속에서 실현된다. 그러므로 이것은 어떤 의미에서 보면 사고조직(Denkgewebe)과 언어조직 사이를 중개해 주는 부분에 해당한다.49) 이것은 개개 민족의 사고형성과 언어의 밀접한 관계를 명백하게 시사하고 있는데, 훔볼트는 이에 대해 다음과 같이 서술하고 있다 :

"한 민족의 정신적 특징과 언어형성은 한 쪽이 주어지면, 이로부터 다른 쪽이 완벽하게 연역될 수 있을 정도로 밀접하게 융합되어 있다. 왜냐하면 지성과 언어는 서로 어울리는 형식들만을 용납하고, 이것만을 관철시키기 때문이다. 말하자면 언어는 민족정신의 외적인 현상이다. 민족의 언어는 민족의 정신이며, 민족의 정신은 민족의 언어이다."50)

---

47) Ramischwili(1960 : 58) 참조.
48) Gippcr/ P. Schmitter(1979 : 86) 참조.
49) Amirova(1980 : 307) 참조.
50) Die Geisteseigentümlichkeit und die Sprachgestaltung eines Volkes stehen in solcher Innigkeit der Verschmelzung in einander, dass, wenn

마지막으로, 내적 언어형식은 말을 하는 행위 속에서 형성되고 가공되는 모든 것의 총체이며, 체계성을 가지고 나타나는 언어적인 모든 요소 및 기본구조들의 총체이다. 이 점에서 보면 '내적 언어형식'은 한 언어의 개념적인 보편 구조이며, 각각의 언어가 지니는 구조모델인 셈이다.

총괄해 보건대 '내적 언어형식'은 음성체계와 형식체계의 외적인 특징에 바탕을 제공하는 언어의 본질적 요소이다. 훔볼트에 있어서 언어공동체는 일정한 언어를 통해 특징지워져 있는 인류의 정신적 형식으로 간주될 수 있는데, 이것은 이상적인 전체성과 관련되어 개별화되어 있다.51) 바야흐로 내적 언어형식은 상호간에 의사소통하는 언어공동체의 구성원들이 지향하는 정신활동의 방향이며, 다른 언어에서는 말 그대로 복제될 수 없는 무조건적인 언어적 표현방식에 대한 정신적인 기초설정이다.52)

언어는 질료적 층위와 관념적 층위라고 하는 두 개로 된 형식층위의 '통합'(Synthese)이다. 어떤 경우라도 각각의 개별적 단위가 언어적 성질을 지닌다면 '통합'이라는 특징을 보여준다.53) '통합'의 문제는 훔볼트의 언어이론에서 중요한 위치를 차지한다. '통합'의 의의에 합

---

die eine gegeben wäre, die andre müßte vollständig aus ihn abgeleitet werden können. Denn die Intellektualität und die Sprache gestatten und befördern nur einander gegenseitig zusagende Formen. Die Sprache ist gleichsam die äußerliche Erscheinung des Geistes der Völker; ihre Sprache ist ihr Geist und ihr Geist ihre Sprache(Humboldt, 1830-1835 : 42)

51) Mattson(1972 : 258) 참조.
52) Mattson(1972 : 259) 참조.
53) Ramischwili(1959 : 21) 참조.

당한 개념규정이야말로 언어와 사고의 상호관계와 같은 복합적인 문제들의 해명에 기여하게 된다.54)

훔볼트의 작품에서는 이 통합에 연관된 부분들의 표현양식이 언제나 '개념'과 '음성'으로 일관성 있게 등장하는 것은 아니다. 이를테면 훔볼트는 '음성형식'과 '내적형식', '외적 언어형식'과 '내적 언어형식', '음성'과 '내적 사고형식' 등의 상이한 용어들을 사용했다. 그럼에도 내적인 부분이 언제나 통합 행위를 통하여 비로소 각인된다는 점에 대해서는 공통적이다.55)

형식과 실체의 상호관계에 대한 문제도 역시 이 '통합'의 개념과 연관되어 있다. 무엇보다도 '통합'이라는 개념은 '분절'의 개념과 맥락을 같이 한다. '분절'의 문제는 훔볼트의 언어이론을 이해하는 핵심적 위치를 차지한다. 그렇지만 '분절'의 범주를 규정하기에 앞서서 무조건 통합의 문제부터 해결되어야 한다. 이렇게 함으로써 언어형식에 대한 훔볼트의 구상이 설명될 수 있다. 좀 더 명확히 말하면, 훔볼트의 형식이론은 '내적 형식', '통합' 및 '분절'이라는 세 개의 기본 개념에 근거하고 있는 것이다.

라미쉬비리는 훔볼트의 주요 저작에서 생리적 분절과 순수한(형식적) 분절이라는 두 가지 종류의 분절이 구별되고 있음을 지적한다. 이 경우 전자는 발성기관을 통한 소리의 흐름에 대한 분절이며, 후자는 언어체계 내에서의 분절로 설명된다. 훔볼트에 있어서 형식적 분절은 물리적·생리적 분절과는 근본적으로 구별되어야 한다. 주지하는 바 생리적 분절이란, 조음의 위치 면에서 뿐만 아니라

---

54) Ramischwili(1959 : 22) 참조.
55) Humboldt(1830-1835 : 94, 96, 212) 및 Schneider(1995 : 238) 참조.

조음의 방식에서도 발성기관 내에서의 음성흐름의 분절을 가리킨다. 생리적 분절의 후속 현상으로서는 음향적 단위들이라는 물리적인 분절이 발생한다. 형식적 분절은 음성흐름의 기능적 역할을 고려하기 때문에 생리적 분절과 구분하여 '기능적 분절'(funktionale Artikulation)이라고 명명되기도 한다.56)

훔볼트의 '형식'과 '기능'이라는 개념들은 공속하는 것으로 간주될 수 있다. 바로 이 기능적 분절로부터 언어적으로 가치를 지니는 중요한 단위들이 생겨난다. 훔볼트는 한편으로는 기능적으로 분절된 음성과, 다른 한편으로는 통례적인 물리적 음성 및 음향적 실상 사이를 예리하게 구별하고 있다. 그렇기 때문에 바야흐로 '분절된 음성'은 동물들이 생득적으로 외치는 소리와 구별되는 것은 물론, 다른 한편으로는 선율을 지니는 음악적인 소리와도 구별된다.57)

훔볼트에 있어서 '분절된 음성'은 인간이 느끼는 충동과 인간이 추구하는 의지의 산물로 간주된다.58) 이것은 말을 하는 모든 행위의 본질이며 근본토대이다. 인간은 영혼의 충동을 통해 발성기관으로부터 분절된 음성을 얻어낸다. 이처럼 동물과는 다른 필수적 요인을 가진 인간의 언어는 이미 전적으로 인간의 정신적 본성에 근거하고 있기 때문에, 인간의 조음 행위에서 이러한 본성의 침투는 의심할 여지없이 충분한 것이다.59)

훔볼트는 기능적 분절에서 얻어지는 가치를 표기하기 위해 '의의'(Bedeutsamkeit)라는 용어를 사용했다. 그에 따르면, 존재하고

---

56) Ramischwili(1959 : 22) 참조.
57) Ramischwili(1959 : 23) 참조.
58) Humboldt(1830-1835 : 67) 참조.
59) Humboldt(1830-1835 : 65) 참조.

있는 모든 실상이 그 어떤 의도와 서술에 유익한 역할을 한다. 왜냐하면 '의의'를 표시하려는 의도와 능력이 오로지 분절된 음성을 형성하기 때문인데, 이 경우 '의의'란 총괄적 의미를 일컫는 것이 아니라, 사유된 어떤 것의 묘사를 통해 얻어진 특정한 의의를 가리킨다. 훔볼트에 의하면, 분절된 음성은 단순히 물리적 특징에 따라 정의될 수 없음이 명백하다. 분절된 음성은 이것이 지니는 속성에 따르는 것이 아니라, 체계 내에서의 음성의 생산방식에 따라 기술될 수 있는 것이다.60) 이 경우 정신의 힘은 발성기관으로 하여금 정신이 작용하는 형식에 상응하는 음성처리를 강요한다.61)

훔볼트에 있어서의 '순수한 분절'(reine Artikulation)이란, '순수한 형식'과 마찬가지로 랑그(갈무리된 말)의 범주이며, 음성으로 결합된 말에 해당하는 빠롤(부려쓰인 말)의 범주이다. 그러나 이것은 무조건적으로 음성과 결합되어 있는 것은 아니며, 비음성적 실체의 경우에도 형성될 수 있다.62) 예를 들면 농아는 분명히 말소리를 구사하지 못하지만 분절능력을 지니고 있다. 그렇기 때문에 농아는 음성이 없는 언어를 보유하고 있는 것이지만, 다른 사람의 말을 알아듣게 된다. 따라서 농아 역시 다른 사람과 언어를 통해 교제하고 있다고 말할 수 있다.63) 물론 이 경우 농아는 음성실체를 이용하는 것이 아니라, 단지 '기호언어'(Zeichensprache)를 구사하고 있을 뿐이다.

훔볼트에 의하면, 이런 능력은 농아들에게도 내재하고 있는 천성

---

60) Ramischwili(1959 : 23) 참조.
61) Humboldt(1830-1835 : 66) 참조.
62) Ramischwili(1959 : 24) 참조.
63) Ramischwili(1960 : 51) 참조.

적인 분절능력을 통해 가능하다. 분절능력이란, 바로 인간에 의한 능력이다. 농아들은 이것에 힘입어서 자신의 발성기관과 사고 사이의 관계를 감지하게 되고, 다른 사람의 사고를 추론해 낼 수 있는 것이다. 우리가 듣고 있는 소리는 발성기관의 위치와 움직임을 통해, 그리고 부수적으로 덧붙여지는 문자를 통해 농아에게 현현하며, 농아는 눈을 통해, 그리고 스스로 말을 하려고 애쓰는 노력을 통해 소리 없는 분절을 인지한다. 그러므로 훔볼트는 농아에게도 분절된 음성에 대한 그들 특유의 분석작업이 행해진다는 결론을 내린다.[64]

'분절'과 '분절된 음성'은 기능적 등급에 속하는데, 이 경우 물리적 요소는 고려되어 있지 않다는 것이 쉬타인탈에 의해서도 명백하게 제시된다. 쉬타인탈은 분절의 개념을, 오로지 분절작용에 의거하여 음성을 사상의 보유자로 만들어 주는 음성형성(Lautgestaltung)으로 보았다. 이러한 설명방식에 따르면, 분절이 지니는 기능의 본질에 대한 귀납적 추리도 얻어진다. 말하자면 기능으로서의 분절이란, 물리적 음성의 형성이며, 각인(Prägung)인 동시에 음성에 대한 형식적인 완성이다.[65]

훔볼트에 있어서 비록 '분절'이 필연적으로 음성에 의해 구속을 받는다고 할지라도, 외적인 형태, 즉 청취될 수 있는 음성으로부터는 '분절'을 결코 파악할 수 없다. 분절의 내면적인 목적만이 '분절' 개념을 해명할 수 있다. 말하자면 의미의 함축성을 얻으려는 의도와 능력이 분절된 음성을 형성한다. 그의 관점에서 보면 분절이란, 언어가 형식화되는 원리로 인식되는데, 절대적인 측면에서 언어의 내

---

64) Humboldt(1830-1835 : 66) 및 Ramischwili(1959 : 24) 참조.
65) Ramischwili(1959 : 25) 참조.

부에는 형식화되어 있지 않은 어떠한 실체도 존재하지 않는 것이다. 왜냐하면 언어 속에 있는 모든 것들은 일정한 목적 즉 사고표현(Gedankenausdruck)으로 나아가기 때문이다. 이런 작업은 언어의 최초의 요소, 즉 분절된 음성에서 이미 시작되는데, 이것은 바야흐로 '형성'(Formung)이라는 단계를 거쳐 분절된다.66)

훔볼트의 작품에서의 '분절'이라는 용어는 의심할 여지없이 기능적·형식적 분류의 의미로 사용되었으며, 그 결과 분절된 음성은 언어적으로 의미심장한 음성으로 파악되어야 한다. 그렇지만 그의 관점에서 보면, 단지 음성흐름(Lautstrom)의 형식적인 분절원리로 해석되는 분절은 존재하지 않는다. 분절은 언어의 지적인 부분에서도 작용하며, 모든 언어적 현실은 이 분절원리의 영향을 받는다. 그러므로 훔볼트에 있어서 분절은 언어의 본질에 해당한다. 분절의 능력은 인간의 보편적 능력이다. 이러한 분절의 능력만이 인간의 보편적 언어를 개별적으로 실현되는 언어들과 구별한다. 언어는 바야흐로 분절되어 있는 형태에 속한다. 언어 속에서는 관념적 부분들도 음성적 소재와 마찬가지로 분절되어 있다. 따라서 언어의 근본적인 가치는 사고와 음성의 통합이라는 구체적인 실현행위에 있다. 이와 같은 시각에서 볼 때 훔볼트에 의해 언급된 "언어는 분절된 음성을 끊임없이 사상의 표현으로 만들어 내고 있는 영원히 되풀이되는 정신활동"67)이라는 본질 규정은 언어에 대한 그의 구상을 적나라하게 보여주고 있다고 말할 수 있다.

그러므로 분절과정은 음성적 재료의 분절에 국한되는 것이 아니

---

66) Humboldt(1830-1835 : 49) 참조.
67) Humboldt(1830-1835 : 46) 및 Ramischwili(1959 : 25) 참조.

다. 음성은 분절을 거쳐서 사상을 보유하게 되는 동시에 개념의 형성을 통해 다시금 사상에 역작용한다. 훔볼트에 있어서 음성과 사상의 동시적인 형성은 언어가 발생하는 통합적 행위로 이해되는 동시에 언어의 본질로 간주될 수 있다.68) 이것이야말로 창조적인 정신활동이며, 각 언어마다 모든 방면에서 특정한 방식으로 수행되는 개별적 행위임에 틀림없다. 훔볼트는 무엇보다도 발생적 언어기술에 따른 요구를 언어생성의 통합적 행위의 서술을 통해 해명하고 있는 것이다.69)

언어의 발생을 규명하기 위해서는 감각적 음성의 산출을 통해 정신적 내용이 어떻게 표현될 수 있는가의 문제가 필연적으로 수반된다. 훔볼트는 바로 이러한 기본적인 층위에서의 문제에 접근하려 했다. 물론 훔볼트는 사상과 음성의 결합에 대한 충분한 답변을 기대할 수 없다는 점을 명백히 했다. 그에 있어서 이 문제는 가장 심오하면서도 수수께끼같은 언어의 활동방식을 다루는 부분이기도 했기 때문이다.70)

앞에서 언급했듯이 훔볼트에 있어서 언어는 질료적 층위(외적 형식)와 관념적 층위(내적 형식)라고 하는 두 개로 된 형식층위의 통합(Synthese)을 통해 생성된다. 언어생성의 통합적 행위는 이미 기존하고 있는 부분들(음성과 개념)의 결합으로 간주될 수 없다. 오히려 개념과 분절된 음성이 결합을 통해 낱말을 형성하면서 동시적으로 생성된다. 따라서 언어는 언어 자체와는 무관하게 형성되어 있는 사상들의 표기일 뿐 아니라 사상을 형성하는 기관 자체이다. 분절된

---

68) Schneider(1995 : 230) 참조.
69) Humboldt(1830-1835 : 211) 참조.
70) Schneider(1995 : 231) 참조.

음성뿐만 아니라 개념도 통합과정을 거쳐 비로소 형식을 얻는다. 양자는 통합되기 이전에는 결코 그 자체로서 존재하지 않는다. 낱말형성과 개념형성의 동시발생, 즉 "언어를 형성하는 힘과 사상을 형성하는 힘이 동일하다"는 명제는 훔볼트와 그 이전에 나온 언어이론적인 관점들 사이의 뚜렷한 차이가 어디에 있는지를 극명하게 보여주고 있다.71)

훔볼트의 견해에 따르면, 통합적인 언어과정은 단지 처음의 언어창조에서만 발생하는 것이 아니라, 매번 말을 실제로 행할 때마다 정신 속에서 실제로 수행된다. 따라서 '통합'이란, 언제나 순간적으로 지나가는 행동인데, 좀 더 명확히 말하면 통합의 행동이 그대로 유지되어서 '언어'라고 하는 작품(Werk)이 만들어지는 것이 아니라, 그 자체가 이미 활동으로서의 가치를 지닌다는 것이다. 그러므로 통합적인 언어의 생성이란, 훔볼트가 그리스어의 낱말 *Energeia*로서 그 특수성을 표기한 바 있는 언어적 행동으로 간주될 수 있다.72)

훔볼트에 있어서, 통합의 완성은 개개의 요소들에서 음성과 사상이 고립된 채로 직접적으로 결합되는 데서 생겨나는 것은 아니다. 통합은 언어의 전체적인 속성과 형식 속에서 완성된다. 통합의 행위는 결합되어 있는 어떠한 부분도 그 자체로서는 존재하고 있지 않음을 보여준다.73)

그루지아의 언어학자 라미쉬비리는 이점을 고려하여 현대의 언어이론의 관점에서 크게 주목할 만한 명제들을 다음74)과 같이 제시한

---

71) Schneider(1995 : 234) 및 Humboldt(1830-1835 : 99) 참조.
72) Schneider(1995 : 232) 참조.
73) Ramischwili(1959 : 25 이하) 참조.
74) Ramischwili(1959 : 26) 참조.

바 있다. 1. 새로운 것의 발생, 즉 언어적 범주의 성장은 따로 따로 고립될 수 있는 두 개의 이질적 요소들(음성과 사상)의 합일을 통해서가 아니라, 체계 내에서의 체계성의 원칙에 따라 수행된다. 2. 이와 같은 전개과정에서 보면 언어는 결과일 뿐만 아니라, 전제조건이기도 하다. 언어는 단지 사상과 음성의 결합이라는 점에서 보면 결과이며, 언어는 체계성으로서 그리고 순수한 형식으로서 연결고리가 음성과 사상을 에워싸고 있는 필수 불가결한 전제조건이기도 하다. 3. 통합의 과정에서 순수한 활동적 형식으로서의 언어는 두 종류의 산만한 실체들을 분절하고, 이것을 언어적 요소로 개조한다. 마찬가지로 무질서하고 혼란스러운 심적인 인상(Eindruck)들이 분절되어 언어적 개념으로 형성된다. 결국 라미쉬비리는 훔볼트가 제시한 통합과정을 두 가지 명제로 정리하고 있는데, 첫 번째로는 실체들의 합일과 조직화이며, 두 번째로는 언어의 형성, 즉 언어적 단위와 범주의 생성이다. 결론적으로 훔볼트에 있어서는 분절된 음성뿐만 아니라, 개념도 통합에 의해 비로소 형식을 얻는다. 이것들은 통합 이전에는 그들 자체로서 결코 존재하지 않는다.75)

---

75) Schneider(1995 : 234) 참조.

5. 대화 개념의 본질

5.1. 도입

　인간이 다른 동물들과 뚜렷하게 구별되는 요인은 인간만이 이성과 오성을 지니고 정신생활을 영위한다는 점이다. 인간의 정신생활은 본질적으로 언어를 통해서 실현된다. 언어는 단순히 인간의 삶 속에서 생겨나는 어떤 결과나 상황들을 전달하기 위한 수단으로만 간주될 수는 없다. 인간은 스스로 말을 행하면서 그의 사고와 정신 활동을 실행에 옮기고 있는 것이다. 따라서 인간의 사고(Denken)는 개인적인 결심이나 의도에서 나중에야 비로소 말로 나타나는 예비적인 정신의 행위가 아니다. 오히려 인간의 사고는 내면적으로는 이미 말을 실현시키고 있는 힘을 함유하고 있다고 단정할 수 있다.[1] 결국 언어는 인간의 내적 세계에 존재하며 '말을 하는 행위'를 가능케 하는 어떤 힘이 사유될 수 있다는 점에서 보편적이라고 할 수 있는데, 이것은 오로지 언어적 활동 속에서만, 즉 개별적인 주체가

---
[1] Nosbüsch(1972 : 91) 참조.

그때그때마다 말을 행하고, 이해하는 행위 속에서만 존재가치를 지닌다.2)

훔볼트에 의하면, 이러한 보편적인 언어능력이 나타나는 특유의 활동형식들에 속하는 행위, 요컨대 그때그때의 '말하기'(Sprechen)와 '이해'(Verstehen)라는 특유의 형식은 바야흐로 보편성이 개별성(Individualität)으로 실현된 것으로 간주될 수 있다. 그의 견해에 따르면, 본디 언어는 상호간에 끊임없이 생산되는 '말' 행위와 '사고' 행위 이외의 그 어떤 행위에 의해서도 실제적인 존재의 근거를 얻지 못한다3).

의심할 여지없이 언어는 '나'(Ich)와 '너'(Du)사이의 관계를 형성하는 매개체이다. 왜냐하면 죽어 있지 않고 생생하게 통용되는 언어라면 결코 독백은 아니며 대화(Dialog)이기 때문이다. 바야흐로 대화는 나의 존재뿐 아니라 너의 존재를 구체적으로 형성하며, 정신적인 실상을 객관적으로 지각할 수 있게 해준다.4)

이 단원에서는 훔볼트의 언어관에서 핵심사항 중의 하나로 등장하는 '대화 개념'의 문제를 심도 있게 다루어 본다.

5.2. 근원적인 접근방향

인간의 사고는 그 대상에 대한 직접적인 접근로를 갖고 있지 않

---

2) Jäger(1989 : 171) 참조.
3) Humboldt(1824-1826 : 395) 참조.
4) Nosbüsch(1972 : 92) 참조.

다. 인간의 사고가 투명하지 않다고 본다면, 이것에 대한 규정은 사물에서 기인하는 감각들이 중개하는 표상(Vorstellung)의 명백성을 추구하는 일이 된다. 물론 표상 그 자체는 '말'로 표현되어질 때 감각적 형태를 얻는다. 표상은 '말' 속에서 주관적인 힘에 맞서 객체(Objekt)로 되고, 그것 자체로서 새롭게 지각되어 주관적 힘으로 되돌아온다. 오로지 사고는 고유의 주관성에서 유래하는 객관성 속에서만 사고에 적합한 대상과, 명백한 개념을 얻는다. 아울러서 사고는 고유의 주관성에 직면하여 세계관이라는 고유의 관점을 발전시킨다.5)

훔볼트에 의하면, 언어는 내적으로 그리고 외적으로 인간에게 영향을 미치는 외부세계의 대상들과 인간 사이에 위치한다. 따라서 언어는 인간과 세계 사이의 매개체가 되고, 주관성과 객관성 사이의 중개역할을 수행하는 중요한 기능을 수행한다.6) 이 경우 언어의 구체적인 실현으로서의 '말하기'는 인간 사고의 필연적 조건으로 등장한다. 그러나 '말하기'는 여전히 사고의 충분한 조건으로 이해되지는 않는다. '말하기' 자체는 사고가 추구하는 객관성을 실제로 완성하지는 않는다. 왜냐하면 '말하기'가 홀로 형성하는 세계는 환상과 구별될 수 없기 때문이다.7)

훔볼트에 따르면, 언어는 필연적으로 두 사람 사이에서 구체적으로 실현되지만 실제로는 인간 종족 전체와 관련되어 있다. 이런 현상은 언어라는 개념이 지니는 본질적 특성이다. 언어는 주체와 객체 사이를 중개할 뿐만 아니라 주체와 주체 사이를 중개한다. 또한 대

---

5) Borsche (1981 : 277) 참조.
6) Kledzik(1992 : 374) 참조.
7) Borsche(1981 : 278) 참조.

상의 개념은 이것이 유동적인 상상의 집단으로부터 떨어져 나와 주체에 맞서 객체로 형성되는 사이에 사고 속에서 형성된다. 물론 이러한 과정은 실제적인 낱말의 '분절'8)을 거쳐 수행된다. 그렇지만 훔볼트의 관점에서 볼 때, 이와 같은 개념의 분리가 주체 속에서만 일어난다고 단정할 수는 없다. 왜냐하면 주관적인 진술은 오로지 순간적인 객관성만을 보증하며, 사상을 고정시킬 수는 없기 때문이다. 객관성이란, 사유하는 사람이 사상을 실제로 바깥 쪽에서 인식할 때 비로소 완성되는데, 이것은 자신과 동일하게 사유하는 다른 사람에게서만이 가능하다. 물론 사고는 오로지 개념들에 대해서만 지각능력을 가지지만, 개념들은 실제로는 다른 사람의 사고 분절(Denkgliederung) 속에 있을 때 구체적으로 인식될 수 있다.9)

'말하기'와 '듣기'는 동일한 행위의 두 가지 측면이기 때문에 한 쪽이 다른 쪽에 어떤 것을 부가하지는 않는다. 그렇기 때문에 들을 수 없는 상태에서 말을 하거나, 말을 할 수 없는 상태에서 듣는 것은 가능한 일이다. 왜냐하면 각각의 측면은 동일한 행동이라는 점에서 오로지 전체로서만 인식되기 때문이다. 이를 근거로 언어학은 전통적으로 이상적인 말할이·들을이(Sprecher·Hörer)라는 개념을 설정할 수 있었다. 훔볼트는 말을 하는 행위의 개념이 인간과 인간 사이의 그 어떤 전달에 주의를 기울이지 않고서도 실현된다는 점에서 이것을 언어개념의 유아론적(solipsistisch) 추상화와 연관시켜 언급한 적이 있다.10) 그렇지만 그는 스스로 이에 대해 반증을 제기한다. 말하자면 그는 언어가 현실세계에서 사용될 때에는 오로지 사

---

8) 4.2. 참조.
9) Borsche(1981 : 279) 참조.
10) Borsche(1981 : 280) 참조.

교적으로만 전개된다고 보았던 것이다.11) 의심할 여지없이 '말을 하는 행위'와 '응답하는 행위'는 실제로 상대방을 필요로 하면서 다른 어떤 개념으로 환원되거나 교체될 수 없는 완전한 언어개념에 속한다.12)

훔볼트에 의하면, 사고의 필연적 조건에는 언어라는 요소가 선험적으로 추론될 수밖에 없다. 인간에 있어서 만약 어떤 것이 사유되어야 한다면, 그것은 당연히 말로 구체화되어야 한다. 정신적 존재인 인간은 감각적 수단인 언어를 통해서만 사유할 수 있는데, 이 경우 언어는 주체를 감성(Sinnlichkeit)에 맡기는 것이 아니며, 바야흐로 주체로 하여금 생소한 외부세계를 제어할 수 있도록 도와주는 역할을 수행한다.13)

훔볼트에 있어서 언어는 순수 주관적 현상으로 이해되지 않으며, 말할이와 들을이 사이에서만 수행되는 대화적인 현상으로 인식된다.14) 훔볼트의 대화개념에 대한 본질에 접근하고자 하는 사람은 먼저 그의 언어관을 음미해 보아야 한다. 왜냐하면 '대화'에 관한 훔볼트의 사고도 의심할 여지없이 후자와 분리되어 다루어질 수 없기 때문이다. 주지하는 바, 훔볼트에 있어서 언어는 활동, 즉 에네르게이아(Energeia)로서 오로지 발생적으로만 규정될 수 있다. 따라서 훔볼트의 관점에서 본 언어의 본질에 따르면, 언어는 결코 종결상태에 이를 수 없으면서 끊임없이 새롭게 생성되는 정신적 과정으로 간주된다. 왜냐하면 그에 있어서 인간의 정신과 정신활동은 다 같이

---

11) Borsche(1981 : 281) 및 Humboldt(1827-1829 : 155) 참조.
12) Borsche(1981 : 280) 참조.
13) Navarro-Pèrez(1993 : 98) 참조.
14) Schneider(1995 : 218) 참조.

언어에 구속되어 있기 때문이다.15) 훔볼트는 언어의 이와 같은 존 재양식을 다음과 같이 정의하고 있다 :

> "언어는 결코 언어를 통해 주어져 있는 낱말과 규칙들의 집단 속에 놓여 있는 질료가 아니라 실행이며, 삶이 육체적 과정인 것처럼 언어는 하나의 정신적 과정이다. 언어에 관련되는 어떠한 것이라도 해부학적 처리와 비교될 수 없으며, 단지 생리학적 처리와 비교될 수 있을 따름이다. 언어 속에는 정적인 것은 아무 것도 없으며, 모든 것은 동적이다"16)

그러므로 훔볼트에 있어서 언어는 문법과 어휘목록 속에 수록되어 있는 체계로 간주되는 것이 아니라, 내적인 정신활동을 통해 세계를 언어적 표현으로 바꾸어 놓는 동적인 개변으로 간주된다.17) 그에 있어서 언어는 분절된 음성을 사상(Gedanke)의 표현으로 바꾸어 놓을 수 있는 정신활동에 해당하는데, 이것은 끊임없이 되풀이되는 작업이다.18)

19세기의 일반적인 언어관과 배치되는 이와 같은 언어의 본질규정에 의해 필연적으로 훔볼트가 낱말과 의미(Bedeutung) 또는 월과 의의(Sinn)에 대해 '사고'의 우선권을 지적하고 있다고 말할 수는 없다. 오히려 이것은 언어가 본질적으로 말을 하는 행위이며, '말하기'

---

15) Burkhardt(1987 : 144) 참조.
16) Eine Sprache ist auch nicht einmal in der durch sie gegebenen Masse von Wörtern und Regeln ein daliegender Stoff, sondern eine Verrichtung, ein geistiger Prozeß, wie das Leben ein körperlicher. Nichts, was sich auf sie bezieht, kann mit anatomischer, sondern nur mit physiologischer Behandlung verglichen werden, nichts in ihr ist statisch, alles dynamisch(Humboldt, 1827-1829 : 146).
17) Werlen(1989 : 50) 참조.
18) Humboldt(1830-1835 : 46) 참조.

야말로 언제까지나 대상들을 개념의 범주에 포함시키고 있는 부단한 행위라는 것을 시사하고 있다.19)

이로써 언어연구에서 관찰방식의 변화가 폭넓게 발생한다. 왜냐하면 그때그때의 언어에 비해 말을 하는 행위의 우선권이 두드러지기 때문이다. 요컨대 보편 언어가 상이한 개별 언어들로 나타나는 것이 인정된다면, 후자는 나름대로 실제적인 창조활동 속에서, 즉 개별적인 '말하기'로 나타난다고 볼 수 있다. 따라서 언어의 실현되는 과정에 초점이 맞추어진다면, 언어는 원천적으로 동적인 활동으로 입증된다.20)

훔볼트의 사상에서 언어는 그때그때마다 본질상 생동하는 담화의 모습으로 존재한다. 언어는 역사적으로는 전승된 민족어로 규정되는데, 이것은 한 사회 내에 거주하는 개개인에 의해 각각 개별적인 방식으로 모국어로서 습득된다. 또한 각각의 언어는 역사적으로 규정됨과 동시에, 여러 세대에 걸친 공동작업을 통해 생산되어 전수된 기호체계와 개념체계로서 나름대로 고유한 세계관을 내포하고 있는 것이다. 그러나 개개인들은 이것을 '말하기'라는 간주관적인(intersubjektiv) 공동유희를 통해 점차로 변화시킬 수 있다.

각각의 언어는 집단적인 공동의 소유물임에도 불구하고 언제나 개개인의 소유물로서 실현된다. 또한 인간은 본디 사교적인 성향을 지닌다. 물론 세계 자체는 인간이 행하는 사고와 행위의 대상이다. 그러나 인간의 사고는 본질적으로 언어에 기인하며, 지각을 통한 인

---

19) Burkhardt(1987 : 144) 참조.
20) Cesare(1996 : 285) 참조.

간의 인식은 오로지 주관적이다. 그렇기 때문에 인간은 객관적인 지식을 얻기 위해, 그리고 스스로와 대화 상대방인 동료 및 사물에 대한 간주관적 의사소통을 위해 언어를 필요로 한다.21) 이런 관점에서 훔볼트에 있어서의 언어란, 개별적인 '말하기'라는 대화적 층위에서만 존재하고 있음은 자명한 사실이다.

언어는 재료상으로 고정된 채로 유지되는 최종적인 실체가 아니며, 정신적인 존재가치를 지닌다. 언어는 오로지 인간의 두뇌와 마음속에서만 체계로서 나타난다. 그렇기 때문에 훔볼트에 있어서 언어의 정의는 전반적으로 '말하기'의 정의와 일치한다. 이 경우 필연적으로 정신적 작용형식에 일치하는 음성처리가 요구되는데, 이 경우 발성기관을 거쳐 정신의 힘에 의존하게 되는 '분절'이야말로 본디 언어의 본질에 속하며, 언어와 사상이 내적으로 결합하여 하나로 실현되는 지렛대의 역할을 수행한다.22)

훔볼트는 언어에 대한 적절한 이해를 얻어내기 위해 '결합된 말'(verbundene Rede)을 연구의 기점으로 삼는다. 그에 있어서는 낱말이나 월이 아니라, 말을 하는 실제의 행위야말로 언어의 본질에 대한 구체적 이해를 얻는 출발점이 된다. 그렇지만 우리가 언어 속에서 존재할 수 있는 언어행위 전체를 언어로 규정한다면 이러한 언어행위는 다시금 전체의 부분일 뿐이다. 언어연구에서 문자로 고정된 언어행위들은 철저하게 생명력으로 우선 채워져야 하는 미라의 특성을 지닌다. 따라서 문법과 어휘목록은 실제로 행해진 '말'과 비교하면 죽어 있는 뼈대와 같은 것인데, 이를테면 언어학적인 연구

---

21) Burkhardt(1987 : 156) 참조.
22) Burkhardt(1987 : 145) 참조.

목적에 맞게 특별하게 준비되어야 하는 인위적인 조작물이다.23) 훔 볼트는 이에 대해서 다음과 같이 서술하고 있다 :

"언어란, 그 실제적인 본질의 측면에서 보면 매 순간마다 끊임없이 지나가 버리는 어떤 것이다. 문자를 통한 언어의 보존마저도 언제나 불완전하며, 미라와 같은 모습을 보여주는 보존에 불과한데, 이것은 다시금 생생한 말투로의 구체화를 필요로 한다. 언어 자체는 작품(에르곤)이 아니라, 활동(에네르게이아)이다. 그렇기 때문에 언어에 대한 참된 정의는 오로지 발생적일 수밖에 없다. 요컨대 언어는 분절된 음성을 사상의 표현으로 만들 수 있는 영원히 반복되는 정신활동이다. 직접적으로, 그리고 엄밀히 말해서 이것은 그때그때의 말하기에 대한 정의이다. 그러나 또한 본질적인 실제의 의미에서는 말하자면 이 말하기의 전체만을 언어로 간주할 수 있다."24)

실제로 수행되는 각각의 언어행위에서 말을 하는 행위의 구체화는 두 가지 양상으로 나타나고 있다. 즉 언어의 사용과 언어의 생산 (Erzeugung)인데, 후자는 말이 실행되어질 때마다 현실화되는 인식 능력, 특히 상상력의 창조적 활동에 해당한다. 그렇기 때문에 언어

---

23) Kledzik(1992 : 374) 참조.
24) Die Sprache, in ihrem wirklichen Wesen aufgefaßt, ist etwas beständig und in jedem Augenblicke Vorübergehendes. Selbst ihre Erhaltung durch die Schrift ist immer nur eine unvollständige, mumienartige Aufbewahrung, die es doch erst wieder bedarf, daß man dabei lebendigen Vortrag zu versinnlichen sucht. Sie selbst ist kein Werk(Ergon), sondern eine Tätigkeit(Energeia). Ihre wahre Definition kann daher nur eine genestische sein. Sie ist nämlich die sich ewig wiederholende Arbeit des Geistes, den artikulierten Laut zum Ausdruck des Gedanken fähig zu machen. Unmittelbar und streng genommen, ist dies die Definition des jedesmaligen Sprechens, aber im wahren und wesentlichen Sinne kann man auch nur gleichsam die Totalität dieses Sprechens als die Sprache ansehen(Humboldt, 1830-1835 : 45 이하).

에 관한 인류학적인 적절한 정의는 언어행위의 창조과정을 부각시키는 숙명적인 부분임에 틀림없다. 인간의 창조성을 조건으로 하는 언어의 동적 특성에 따르면, 언어가 끊임없이 형성되면서 변화를 겪는다는 것은 자명하다. 훔볼트에 있어서 이 부분에 대한 강조는 결국 '말하기'의 전체성을 언어로 간주할 수 있는 근거를 제공한다.25)

인류학적인 측면에서 보면, 언어는 확실히 인간 자체의 본질에 속하기도 한다. 왜냐하면 언어란, 인간이 세계를 자신의 소유물로 만드는 형식(Form)이기 때문이다. 언어는 인간 사고의 필연적인 완성인 동시에, 인간을 그 자체로 인간답게 하는 성향을 자연스럽게 전개시키고 있는 것이다26).

훔볼트에 있어서 사고를 가능케 하는 언어의 역할은 언어의 결정적 기능에 속한다. 언어는 사고의 가능성에 대한, 더 나아가서 홀로 떨어져 있는 개개인의 사고에 대한 전제조건이기 때문에 인간은 그가 생각할 수 있는 것을 자연스럽게 말로 표현할 수 있는 것이다. 인간의 사고는 세계와 대면해서 세계를 파악하려고 부단히 노력한다. 이 경우에도 언어는 개념 형성의 가능성에 대한 필연적인 조건이다. 따라서 언어는 사고의 조건인 동시에 인간에 있어서의 세계 형성의 가능성들에 대한 조건이 된다. 요컨대 언어는 존재하는 것(Seiendes)을 확실하게 규정할 수 있는 전제조건이기 때문에, 말하자면 어떤 것이 우리에게 특정한 상황과 속성을 지닌 대상으로 나타나게 하는 역할을 하기 때문에 언어는 선험적이다.27)

결국 훔볼트에 있어서 언어는 사고의 객체로서의 대상을 선험적

---

25) Kledzik(1992 : 374 이하) 참조.
26) Burkhardt(1987 : 145) 참조.
27) Burkhardt(1987 : 146) 참조.

으로 형성하게 되는데, 이것은 대상세계를 구성하는 존재론적 기능이 언어에 부여됨을 의미한다. 훔볼트는 사고의 객체를, 성찰이 진행될 때 사고 자체 속에서 유리되는 객체로 해석했다.28)

바야흐로 언어는 사고의 조건이기 때문에 인간에게는 본질적 구성요소이다. 아울러서 언어가 사상형성(Gedankenbildung)을 가능케 하기 때문에, 인간은 인간으로서의 존재가치를 지닐 수 있다. 언어의 현존은 다른 사람들과의 공동체적 사고를 갖기 위해서는 절대적으로 필요하다. 공동체적 사고는 또한 동일한 세계관, 즉 모국어적 세계관이 동일하다는 것을 의미한다. 의심할 여지없이 모국어적 세계관을 지닌 언어를 통해 바야흐로 공동체적 사고가 형성된다. 그러므로 훔볼트에 있어서 원래의 언어구조의 특이성은 민족(언어공동체)의 특이성 이외에는 어떠한 다른 근거도 가질 수 없다.29)

훔볼트에 있어서 언어공동체는 일정한 언어를 통해 그 특징이 표시되는 인류의 정신적 형식인데, 이것은 관념적인 전체성과 관련되어 개별화되어 있다.30) 그에 의하면, 민족의 모든 언어주체들에게는 공통의 생활공간 때문이든, 공통의 문화적, 언어적, 학문적 전통 때문이든 동일한 종류의 주관성이 언어를 통해 작용하므로, 각각의 언어에는 제각기 고유의 세계관이 기초로 설정되어 있는 것이다. 바야흐로 훔볼트에 있어서 언어의 창조는 인류의 내면적 욕구이며, 공동체적 교류의 유지를 위한 외적인 욕구이다. 아울러서 언어의 창조는 인류의 정신적 힘의 발전과 세계관 획득을 위해 인류의 본성 자체에 내재하는 필수 불가결한 욕구이다.31)

---

28) Ramischwili(1979 : 194) 참조.
29) Humboldt(1823 : 15) 참조.
30) Humboldt(1827-1829 : 125) 참조.

훔볼트의 견해에 따르면, "사상을 형성하는 기관"으로서의 언어는 인간과 세계 사이를 중개하는 기능을 지니고 있다. 언어에 의한 이러한 기능의 실현은 객관화(Objektivierung)를 말하는데, 이것은 주관과 주관 사이에서 획득된 간주관적 형성개념을 거쳐 수행된다. 그리고 개개인의 주관적 표상은 언어를 통해 주관성(Subjektivität)으로부터 유리되는 일없이 실제적인 객관성(Objektivität)으로 옮겨지게 된다.32) 이것은 세계에 대한 인간 사고의 방향설정을 의미한다.

언어를 통한 인간의 사고는 다수의 상이한 언어들을 통해 표명된다. 각각의 언어는 물론 동일한 과제를 풀고 있지만, 이것은 각각 다르게 실행된다. 훔볼트의 견해에 따르면, 사고는 언어 전체에 의존하고 있을 뿐만 아니라, 어느 정도까지는 개개인의 특정한 언어에도 의존하고 있음이 분명하다.33)

언어적 세계관은 구체적인 언어의 요소가 아니며, 정신적 영역에 속하는 내면적인 짜임새로 볼 수 있다. 이것은 보편적인 성향에 기초하고 있으며, 한 언어에서 다른 언어로 넘어가는 것을 허용하는 보편적 과제의 해결에 중요한 역할을 한다. 그럼에도 사고 자체는 각각 개별적인 언어에 의존할 수밖에 없다.34)

언어는 인간과 세계 사이에 정주하고 있으면서도 세계인식(Welterkenntnis)의 수단이 되기 때문에, 언어의 경계는 바로 인간세계가 겪게 되는 경계에 해당한다. 또한 각각의 언어마다 특이한

---

31) Humboldt(1830-1835 : 20) 및 7.2. 참조.
32) Burkhardt(1987 : 146) 참조.
33) Trabant(1997 : 91) 참조.
34) Trabant(1997 : 92) 참조.

세계관이 있기 때문에, 말하자면 그 언어를 사용하는 민족구성원들인 개개인들의 세계관이 놓여 있기 때문에 한 언어에서 다른 언어로의 번역은 한 세계관으로부터 다른 세계관으로 옮겨가는 것을 의미한다. 그렇지만 어떤 경우에도 결코 완벽한 일치는 존재하지 않는다. 언어는 자연의 영역을 인간의 세계, 즉 민족 내에서의 개개인의 세계로 변형시킨다. 그렇기 때문에 세계의 이해란, 오로지 언어 속에서만, 그리고 언어를 통해서만 가능한 일이다.35)

개별적 측면에서 보면, 말을 하는 사람들은 결코 동일한 언어로 말을 하고 있는 것은 아니다. 또한 각 사람은 부득이 다른 사람의 말을 자신의 방법으로 해석할 수밖에 없다. 이런 관점에서 우리 모두는 완벽하게 동일한 사유세계에 살고 있는 것은 아니며, 그런 의미에서 각자는 고유의 세계관을 나름대로 구사하고 있다고 말할 수 있다.36)

그러므로 '말을 하는 행위' 및 '이해하는 행위'는 언제나 개별적인 행위들일 수밖에 없다. 개개인은 서로 다르게 조음하며, 다르게 이해한다. 또한 각자는 나름대로 고유한 표상(Vorstellung)들을 지니고 있다. 따라서 언어에 의해서만 중개될 수 있으면서도 언어와 무관한 사상은 존재하지 않는다. '이해하는 행위'란, 역사적으로 전래된 민족의 소유물로서의 언어를 토대로 하는 개별적인 과정이다. 그렇기 때문에 한 언어의 영역 내에서 '이해'란, 대화상대자들에 의한 상상의 방식이 불가분적인 어떤 한 지점에서 일치하는 것이 아니라, 보다 일반적인 부분에서 일치하는 것이다. 말하자면 보다 개

---

35) Burkhardt1987 : 146 이하) 참조.
36) Borsche(1997 : 75) 참조.

별적인 부분에서는 사고의 영역이 합치되지 않는 것을 의미한다.37)

달리 표현하면 '이해'란, 대화상대자들의 사고의 유효범위 내에서만 가능한 것으로 간주될 수 있다. 이 경우에는 인류 전체가 본질적으로는 단 한 개의 언어만을 소유한다는 훔볼트의 인류학적 보편개념에 배치되는 것처럼 보인다. 그러나 이 부분에서는 한 개의 언어가 상이하게 여러 개의 언어들로 나타나고 있는 언어의 보편성과 개별성이라는 변증법적 해석이 필요하다.38)

훔볼트에 의하면, 대화가 진행될 때 사상과 감정이라는 측면에서의 모든 일치는 '이해'의 개별성 때문에 곧바로 파기된다. 그럼에도 불구하고 훔볼트는 '이해'의 행위가 실현되는 경우에도 빈번하게 '몰이해'(Nicht-Verstehen)를 수반하는 언어의 역동적인 본성이 있어서 요컨대 '양해'(Verständnis)가 존재할 수 있는 이유가 된다고 단정했다.39)

언어는 개개인에 구속되어 있는 동시에 개별적인 소유물로 간주될 수 있다. 왜냐하면 언어는 그때그때의 말을 하는 행위에 기초하기 때문인데, 상황에 의존한다고 말할 수도 있다. 언어는 또한 개개인의 지식과 상상을 통해 제약을 받는다. 그럼에도 주체와 주체 사이의 의사소통이 가능한 것은 개인 자체가 인류라는 상위개념(보편성)에 관여되어 있기 때문이다.40)

낱말은 본질상 형식적인 측면이나 내용적인 측면에서 개인 및 그

---

37) 이것은 정보이론으로부터 언어이론에 차용된 교신부호 이론(Kodetheori)에 있어서 '말할이'와 '들을이'가 공유하는 부호의 코드가 서로 정확하게 일치하지는 않는 것과 같은 맥락이다(Werner/Hundsnurscher, 1979 : 27 참조).
38) Humboldt(1830-1835 : 51) 참조.
39) Schneider(1995 : 219 이하) 참조.
40) Burkhardt(1987 : 147) 참조.

때그때의 '말하기'와는 분리될 수 없는 요소이기 때문에, 말을 기본적 단위로 하는 담화에서는 개개인의 특성이 드러나기 마련이다. 또한 언어는 일찍이 집단적인 인식체계와 의사소통 체계로 이용되었기 때문에 오로지 언어만이 개별적인 표현수단일 수 있다. 언어는 말로 표명되고, 개개인들 사이에서 발생하기 때문에, 언어연구에서 '담화'(Gespräch)는 근본적으로 중요한 위치를 차지한다.[41]

앞에서 언급한 것처럼 훔볼트에 있어서 세계는 오로지 언어적으로 가공된 세계, 즉 언어로 개변된 세계로만 다루어질 수 있다. 그렇지만 세계의 형성은 순수 자의적이 아니다. 주관적 활동은 대상들로부터 감성적으로 취해진 인상들을 하나의 통합적인 처리방식을 통해 새로운 객체, 즉 의미가 내포된 명료한 음성형식을 만들게 된다. 이런 관점에서 주관적으로 관련된 부분과 객관적으로 관련된 부분이 하나의 통합체인 전체로서 결합되는 언어의 중개기능이 중요하게 인식된다.[42]

언어는 언제나 개별적으로 실현되지만 이것을 객관화하기 위해서는 다른 사람을 필요로 한다. 언어는 오로지 세계와 인간이 개별적으로 등장하는 모습만을 보여주기 때문에 피상적으로 고찰하면 언어는 언제나 주체 쪽에 구심점을 두는 것처럼 보이는데, 간주관적인 교류가 비로소 이러한 편협한 성향을 막을 수 있다. 훔볼트에 따르면, 궁극적으로 이러한 과정이 수행되는 이상적인 현상이야말로 "전 인류의 주관성이 다시금 그 자체로 객관적인 어떤 것"으로 형성되는 단계라고 규정한 바 있다.[43]

---

41) Burkhardt(1987 : 148) 참조.
42) Kledzik(1992 : 374) 참조.
43) Humboldt(1820 : 27) 참조.

그러므로 훔볼트의 언어이론과 인식이론의 배경에는 '대화'에 바탕을 둔 진리의 개념이 기초로 되어 있다고 보아야 한다. 이러한 진리의 인식, 보다 정확히 말해서 대화의 객관화를 위해서는 다른 사람의 존재가 필연적인데, 인간이 본질적으로 사회생활을 영위한다는 점에서 보면 이것은 자명한 사실이다. 따라서 인간과 인간의 교제를 구체화하고, 행위와 인식에서의 공통점을 실현시키기 위해서는 언어는 대화의 수단으로서 절대적으로 필요한 존재이다.44)

의심할 여지없이 언어와 언어사용자인 인간은 다 같이 교제를 지향하려는 성향을 지니고 있다. 이런 관점에서 보면 세계인식과 세계해석(Weltauslegung)의 수단으로서 객관적인 시각을 획득하기 위해 언어는 필연적으로 다른 대화상대자에 의존하고 있는 것이다.45) 훔볼트는 주관적 활동으로부터 객관적인 인식으로 넘어가는 과정에서 요구되는 언어의 역할을 다음과 같이 서술한 바 있다 :

> "주관적 활동은 사고 내에서 객체를 형성한다. 왜냐하면 어떠한 종류의 표상들도 이미 현존하는 대상을 단순히 수용적으로 음미하는 것으로 간주될 수는 없기 때문이다. 감성의 활동은 정신의 내면적인 행위와 통합적으로 결합되지 않으면 안 된다. 이러한 결합으로부터 표상이 떨어져 나와 주관적 힘에 맞서 객체로 되고, 이 표상은 객체로서 새롭게 지각되어 주관적 힘으로 되돌아온다. 그러나 이를 위해서는 언어가 필수 불가결하다. 왜냐하면 언어에서는 정신적 노력이 입술을 통해 관철됨으로써 정신적 노력의 산물이 자신의 귀로 되돌아오기 때문이다. 그러므로 표상은 실제의 객관성으로 옮겨지게 되는데, 이로 인해 주관성과의 관계가 끊어지는 것은 아니다. 오직 언어만이 이 일을 행할 수 있다."46)

---

44) Burkhardt(1987 : 148) 참조.
45) Burkhardt(1987 : 149) 참조.
46) Subjektive Tätigkeit bildet im Denken ein Objekt. Denn keine Gattung der Vorstellungen kann als ein bloß empfangendes Beschauen eines

5.3. 대화의 이원론

언어능력이란, 인간만이 지니는 고유의 자질에 속한다. 이것이 선험적 능력인지, 아니면 후천적으로 인간에게 습득될 수 있는 능력인지에 대해서는 논란이 계속되어 왔다. 언어를 단순한 의사소통의 수단으로 간주하는 언어관은 인간이 한편으로는 협약에 의거하여 세계 형성적 힘이 없는 다수의 기호들, 즉 많든 적든 미리 주어져 있는 세계를 정확하게 지시하는 데에 쓰이는 기호들로 단순화하는 것을 의미한다. 또 다른 편으로 이것은 언어를 인간에게는 외면적인 어떤 것, 즉 사회적 의사소통에 대한 외적인 욕구 해소의 보조수단으로 사유함을 뜻한다.[47]

그러나 훔볼트는 이러한 극히 제한적인 협약주의적 견해들을 극복하고 있다. 훔볼트에 있어서 언어의 발생은 인류의 내면적인 욕구이며 상호 교류를 유지하려는 외적인 욕구이다. 그 뿐만 아니라 이것은 언어가 지니는 정신적 힘을 발전시키려는 욕구인 동시에, 인간

---

schon vorhandenen Gegenstandes betrachtet werden. Die Tätigkeit der Sinne muß sich mit der inneren Handlung des Geistes synthetisch verbinden, und aus dieser Verbindung reißt sich die Vorstellung los, wird, der subjektiven Kraft gegenüber, zum Objekt und kehrt, als solches auf neue wahrgenommen, in jene zurück. Hierzu aber ist die Sprache unentbehrlich. Denn indem in ihr das geistige Streben sich Bahn durch die Lippen bricht, kehrt das Erzeugnis desselben zum eignen Ohre zurück. Die Vorstellung wird also in wirkliche Objektivität hinüberversetzt, ohne darum der Subjektivität entzogen zu werden. Dies vermag nur die Sprache(Humboldt, 1830-1835 : 55).

47) Cesare(1996 : 278) 참조.

만이 도달할 수 있는 세계관을 획득하려는 욕구, 즉 언어의 본질 자체 내에 놓여 있는 필수 불가결한 욕구이다. 왜냐하면 인간은 다른 사람과의 공동체적 사고를 토대로 자기의 사고를 투명하게, 그리고 확실하게 규정하기 때문이다. 따라서 훔볼트에 있어서 언어는 인간 존재의 내면적인 기관(Organ)이며, 서서히 내면적인 인식에 도달하는 존재 자체이다.48)

의심할 여지없이 언어는 다른 사람들과 함께 참여하는 공동체로부터 생겨나며, 본질적으로 대화에 바탕을 두고 있다. 대화에서 말을 하는 행위는 목하 다른 사람과 함께 있는 것을 의미하며, 다른 사람에 접근하는 행위이다. 훔볼트에 따르면 이것은 '너'(Du)와 인간적으로 관련되어 있는 상태를 표현하고 있는 것이며, 무엇인가에 대해서 자기의 생각을 진술하는 행위인데, 필연적으로 이에 상응하는 것으로서 '이해'를 전제로 한다. 이 경우 다른 사람의 응답 가능성은 대화 참여자들이 공동으로 관여하는 언어적 한계를 통해 제약을 받는다.49) 이에 대해 훔볼트는 다음과 같이 서술하고 있다 :

> "언어의 원초적인 본질 속에는 변경할 수 없는 이원론이 자리 잡고 있다. 그리고 말하기 자체의 가능성은 말을 거는 행위와 응답하는 행위에 의해 제약을 받는다."50)

대화란, '나'와 '너'를 전제로 하는 '말' 행위이다. 대개는 이들 중

---

48) Humboldt(1830-1835 : 14, 20) 참조.
49) Burkhardt(1987 : 149) 참조.
50) Es liegt aber in dem ursprünglichen Wesen der Sprache ein unabänderlicher Dualismus, und die Möglichkeit des Sprechens selbst wird durch Anrede und Erwiederung bedingt(Humboldt, 1827 : 26).

한 사람이 말을 하는 동안 다른 사람은 경청하는 게 일반적이다. 이 경우 '나'와 '너'로 이루어지는 '나-너' 공동체는 여타의 다른 인간관계와는 상당한 차이점을 보여준다. 홈볼트는 1827년에 "Über den Dualis"<쌍수에 대하여>라는 논문에서, 경험상으로 입증이 가능한 언어적, 문법적 사실로서의 이분법을 연구의 기점으로 삼고, 이 문제를 심도 있게 다룬 바 있다.51)

홈볼트에 있어서 이원론(Dualismus)은 모든 사고가 '나'와 '너' 사이의 대화처럼 제시될 수 있다는 가능성에서 출발한다. 그의 명제에 따르면, 언어 속에는 확실히 이원론이 자리 잡고 있으며, 주체만이 홀로 존재할 수는 없다. 말하자면 각각의 사고(Denken)가 다른 사람의 말을 하는 행위와 합치함으로써, 언어의 본질은 언제나 '말을 거는 행위'와 '응답하는 행위'로 사유될 수 있다는 것이다. 이 경우 사고의 주체와 객체가 문제시되는 것은 필연적이다.52)

홈볼트의 이원론에 따르면, 인간의 인식은 '유리된 어떤 두뇌'가 스스로 방해받지 않고, 모든 선입견으로부터 벗어나 그의 사상을 자유롭게 발전시킴으로써 얻어지는 것이 아니다. 오히려 인간은 다른 인간들과 대면하여 어떤 확실한 감정을 얻어냄으로써 인식의 영역에 도달한다. 따라서 이원론에서는 절대권을 가진 주체라는 관념은 파기되고, 사유된 것(Gedachtes)을 계속 다른 사람을 통해 검증하지 않으면 안 되는 불확실한 주체라는 관념이 대두된다. 말하자면 앞에서 언급한 것처럼 인간에 있어서 사고는 본질적으로 사교적일 수밖에 없다. 인간은 육체적, 감성적 관계들을 제외한다면 단순한

---

51) Burkhardt(1987 : 149) 참조.
52) Navarro-Pèrez(1993 : 99, 100) 참조.

사고를 위해 '나'에 상응하는 '너'를 필요로 하고 있는 것이다.53) 그러므로 훔볼트의 이원론에서는 순수한 '나'가 언어보다 선행하는 것이 아니며, 주체와 객체가 포함된 모든 구별들은 대화 상대자와 말을 행할 때 비로소 구체화된다.54)

훔볼트의 언어관에서 이분법(Zweiheit)은 물론 사변적 차원에 속하는 개념이지만, 이것은 인간 자체와 세계에 대한 인간의 언어적 접근을 해명하는 경험적 층위에 속하는 핵심적 개념으로 간주된다. 이것은 불변적인 이원론으로서 대화의 변증법적인 기본관계로서 받아들여져야 한다.55)

훔볼트에 있어서 진정한 의미의 쌍수(Dualis)는 수열에서의 무한히 많은 수들 중의 하나로서의 '둘'이라는 수 개념에 기초하는 것이 아니라 이분법의 개념에 기초한다. 그의 관점에 따르면, 쌍수가 의미하는 것은 '둘'이라는 숫자의 집단이 지시하는 집합적인 단수(Kollektivsingular)를 말한다. 왜냐하면 이 경우 복수는 단지 경우에 따라서만 여러 개로 존재하는 상태를 다시금 단일 상태로 환원시키기 때문이다. 그렇기 때문에 쌍수는 실체 상으로는 분명히 다수의 형식(Mehrheitsform)을 취하고 있긴 해도, 잘 짜여진 전체의 표기라는 점에서 보면 복수의 성질과 단수의 성질을 공유한다고 보아야 한다. 그러므로 쌍수의 개념은 다원성(Vielheit)과 함께 단일성(Einheit)이라는 두 가지 요소를 모두 내포하고 있는 셈이다. 그런 의미에서 '대화'는 다원성 속의 단일성으로 해석될 수 있을 것이다.

쌍수의 기초가 되는 이분법은 자연 속에서만 나타나는 게 아니라

---

53) Navarro-Pèrez(1993 : 101) 및 Humboldt(1827-1829 : 160) 참조.
54) Navarro-Pèrez(1993 : 103) 참조.
55) Riedel(1986 : 207 이하) 참조.

(예 : 하늘과 땅, 낮과 밤, 대칭되는 신체부분들), 인간의 사고에서도 드러난다(명제와 반대명제). 이것은 말이 진행되는 상황 속에서도 발견될 수 있다. 이처럼 얼핏 보아 모순된 느낌을 보여주는 단일성과 이원성의 공존은 자연적인 현실뿐만 아니라 사회적 현실 속에서도 입증되고 있다. 이런 현상은 수많은 언어들에서 문법적인 쌍수형식이 빈번하게 이용되고 있다는 사실에서도 간파된다.

대화에서 정보를 전달하는 역할은 물론 언어가 담당한다. 그렇지만 '나'와 '너'의 관계설정은 언어가 효과적으로 작동되도록 하는 필연적인 요소이다. 쌍수로 통합되어 있는 '나'와 '너'의 대립은 아무 것도 공유하고 있지 않는 '나'와 '그 사람'(Er), '나'와 '나 아닌 사람'(Nicht-Ich)사이의 대립에서 연역된다. 말하자면 '나'와 '나 아닌 사람' 사이에는 현격한 대립만이 존재하고 있지만, 아무런 쌍수적인 공동체는 아니다.[56]

훔볼트에 있어서 '너'는 '나'와 대립되는 '그 사람'이다. '너'는 직접적으로 주체의 자유가 공표되는 선택을 통해 모든 존재의 영역으로부터 도출되어 '나'와 대비된다. 왜냐하면 이 순간 주체가 다른 사람을 '너'로 선택하지 않기 때문이다. '나'와 '그 사람'은 실제로 상이한 대상들이며, 모든 것은 본디 이 개념으로써 완벽하게 설명된다. 왜냐하면 이들은 '나'와 '나 아닌 사람'이라는 다른 낱말로 표현될 수 있기 때문이다. '나'와 '그 사람'은 내적 지각과 외적 지각에 기인하기 때문에 '너'에는 선택이라는 자유의지가 반영되어 있다. '너'는 '나'가 아니기도 하지만 '그 사람'처럼 실재하는 모든 영역에 속하는 게 아니라, 상호작용을 하면서 공통적인 행위를 보여주는 또

---

[56] Burkhardt(1987 : 150) 참조.

다른 영역에 속한다. 이로써 '그 사람' 자체 속에서는 '너 아닌 사람'(Nicht-Du)이 존재하는데, 이 사람은 결코 '나'가 아니다.57)

확실히 '그 사람'(Er)은 내가 아닐 뿐만 아니라 '너'도 아니다. '너'와 '나', 즉 '우리'(Wir)는 대화 속에 존재하며, 말을 걸거나 응답하는 역할을 수행한다. 이 경우 '나'와 다른 사람인 '너' 사이에 맺어지는 언어적 중개를 통해 인간 전체의 관심을 환기시켜 주는 보다 심오하고도 고귀한 감정들이 발생한다. 이 모든 감정들은 우정, 사랑, 및 정신적인 모든 공동체 속에서 당사자인 두 사람을 가장 밀접하게 연결시켜 준다.

의심할 여지없이 대화에서 참된 모습의 인간은 그의 상대방인 '너'를 근거로 형성된다. 이는 훔볼트의 사상이 자연스럽게 대립된 원리들을 통합하고 있는 경향과 맥락이 같다. 대화를 하는 인간은 또 다른 대화상대자가 소속하는 세계의 영역으로 자신을 확대시킨다. 인간은 대화상대자인 '너'를 토대로 규정되는 동시에 완전해진다. 왜냐하면 '너'는 '나'가 아닌 또 다른 '나'로부터 겪게 되는 자발적인 응답을 거쳐서만이 실제로 주체가 될 수 있기 때문이다. '나'는 '너'에 대비되는 것으로 인식될 때만이 이것 스스로가 객체의 세계로부터 뚜렷하게 부각되는 것으로 간주될 수 있다.58)

대화에 있어서의 이러한 관계는 인간이 스스로의 인식방법과 지각방식에 따라 주관적인 방법으로 순수 객관적인 영역에 접근할 수밖에 없다고 보는 훔볼트 자신의 언어관과 맥락이 같다.59) 그런 의미에서 '나'와 '너' 사이에서 행해지는 대화는 순수 개인적 행위로

---

57) Borsche(1997 : 78) 참조.
58) Burkhardt(1987 : 151) 참조.
59) Humboldt(1820 : 27) 참조.

이해되는 것이 아니라, 말을 하는 사람들의 공동의 성과, 즉 공동체적 산물로 인식될 수 있다.

훔볼트에 따르면, 언어는 '나'와 '너'를 연결시키는 매개체인 동시에 양자의 관계를 분리시킨다. 왜냐하면 우리들 주변의 대상들은 그때그때 말을 하는 사람들의 공통 세계를 형성하고 있지만 상이한 관점들에 의해 지각된다고 인식되듯이, '나'와 동등한 사람으로서의 '너'의 인식은 결국 또 다른 '나'로서의 '너'의 이해와 다른 사람의 '너'로서의 '나'의 이해를 포함하고 있기 때문이다. 또한 언어와 결합되어 있는 표상들 역시 주체 위주로 남아 있다. 대화의 측면에서 보면 '나'와 '너'는 상호간에 주체로서 규정된다. 그러나 '나'와 '너'를 결합시켜 주는 언어는 동시에 이들을 개별화시키는 요소인 것이다.[60]

개별적인 '말하기'의 차원에서는 언제나 상호간에 '이해'가 일치하지 않는 부분이 남아 있다. 그럼에도 말하는 사람과 듣는 사람의 사고의 유효범위가 일치하기 때문에 의사소통의 장애는 발생하지 않는다. 인간에게는 실제로 말이 구체화되는 순간에 이와 같은 변증법적인 상호 양해가 이루어졌다고 보아야 한다.[61]

훔볼트는 주체(Subjekt)가 대상세계가 아닌 다른 주체들과의 관계에서 규정된다는 인식을 통해 이미 도이치 관념철학의 선험적·유아론적(transzental·solipsistisch) 사고를 상당한 정도로 앞서 가고 있었다. 이 경우 인간은 고립된 존재로서가 아니라, 모든 관점에서 공동체 위주의 사회적 존재로서 파악된다. 왜냐하면 인간 자체는

---

60) Burkhardt(1987 : 152) 참조.
61) Liebrucks(1965 : 288) 참조.

무엇보다도 우선 공동체로부터 규정되기 때문이다. 그럼에도 의사소통의 구체적인 출발점은 개별적인 '말하기'인데, 이 개념은 아무런 특수한 경우가 아니다. 이것은 일반적인 동시에 구체적으로 언급될 수 있는 언어의 특성에 속한다.

앞에서 언급했듯이 훔볼트에 있어서 대화의 구성적, 쌍수적 요소들은 '나-너'라고 하는 공동체 및 '말걸기'와 '응답하기'의 상호 유희(Wechselspiel)로 간주될 수 있다. '나'와 '너'의 동시성은 본질적으로 모든 다른 관계들과는 엄격하게 구별된다. 왜냐하면 '너'는 '나'와 대립하면서도 원칙적으로 '나'와 동일한 사람이기 때문이다. 그런 반면 사물, 사물관계(Sachverhalt), 심지어는 '그 사람'(Er)과 '그들'(Sie)까지도 대화의 대상물로서 주제가 확정될 수 있는 객체들의 영역에 속한다. 훔볼트는 '나'의 '말하기'와 '너'의 '말하기'의 상호유희로서의 '대화' 개념과 더불어 나중에 대화철학(Dialogphilosophie)에서 뚜렷한 역할을 하는 대화적 원리를 최초로 명백하게 공식화했던 선각자였다. 그에 따르면 '너'는 '나'의 대화상대자이며, '나'와 '너'는 서로서로 조화를 이루면서 말을 하고, 듣는 행위를 실현시킨다. 이들의 의사소통은 '나'의 언어를, 말을 듣는 상대방인 '너'의 언어로 번역하는 것에 기인하는데, 이 경우 '나'는 '너'의 공동체 속에 존재하고 있음을 의미한다.62)

다른 사람들과 나의 '말하기'는 물론 다른 사람들을 겨냥해서 실현시키는 언어행위인데, 이 경우 다른 사람은 내가 '나'로서 존재하고 확인되는 과정인 자기이해(Selbstverständnis)를 위해 필연적이다. 또한 말을 거는 행위에 대한 답변 행위는 '나'를 대화의 상대자

---

62) Burkhardt(1987 : 153) 참조.

로 삼고 있는 '너'로부터 나온다. 결국 대화상대자의 대답은 '나'의 '말하기'를 근거로 하는 '너'의 '말하기'인 것이다. 이러한 관점에서 보면 인간은 자신의 말의 이해 가능성(Verstehbarkeit)들을 다른 사람에게서 시험적으로 검증해 봄으로써만 스스로를 이해한다고 볼 수 있다.63)

의심할 여지없이 자기의식의 형성을 전달하는 매개체로서의 언어는 '이해'를 통해 완성된다. 그러나 만약 '이해'가 듣는 행위에 국한되고 '말하기'와는 대비되는 개념으로 인식된다면, 언어에 대한 요약된 개념은 '지식'(Wissen)의 실현으로 될 수밖에 없다. 말하자면 언어는 단순히 지식 전달의 수단으로 나타나는데, '지식'은 객관적이며, 지식의 보유자와 '지식' 자체의 중개와는 무관하다. 이와는 달리 훔볼트에 있어서 '이해'란, 주체의 활동이며, 필연적으로 다른 주체에 대해 주의를 환기시키는 행위로 인식된다.64)

그렇지만 언어는 개개인과 연관되어 있다는 점에서 언제나 '몰이해' 내지는 부분적인 이해에 그칠 수밖에 없다. 그렇기 때문에 대화는 대립관계 속에서의 동시적 관계로 인식된다. 대화는 주관적 관점을 객관성에 접근시킨다는 동일한 의도를 가진 사람들이 설정한 동시적 관계이다.

훔볼트에 있어서 '개념'(Begriff)은 다른 사람의 사고력에서 나온 반사(Zurückstrahlen)를 통해 비로소 확실성을 얻는다. 이것은 세계가 우선 간주관적으로 이해될 수 있다는 것을 의미한다. 이 경우 세계란, 상이한 주체들이 공동으로 이용할 수 있는 매개체인 언어를

---

63) Humboldt(1827-1829 : 155) 참조.
64) Borsche(1981 : 286 이하) 참조.

통해 의사소통하는 대상에 해당한다. 이것은 또한 진리란, 더 이상 현실 속에 있는 우리의 표상들과 일치하는 것이 아니라는 것을 의미한다. 왜냐하면 그와 같은 표상들은 대상에서 확실성을 얻는 게 아니라, 오로지 다른 주체들에 의해 인정되는 개념 속에서만 확실성을 얻기 때문이다. 인간에 의한 공동의(객관적인) 사고는 공동체적 의사소통과 인식의 매개체인 언어를 통한 중개를 거쳐 논증적으로, 그리고 점점 개선되어 가는 고상한 방식으로 인간과는 무관하게 존재하는 외적 현실에 접근한다.65)

인간 사고의 주관적 형식들은 상대방과의 '대화'를 통해 객관적 타당성을 얻는다. 이러한 '대화' 개념은 본디 선험철학의 독백적인 대화로부터 발전한다. 훔볼트의 언어철학에서 드러나는 실제적인 모티브는 바로 이 부분에서 시사된다.66)

훔볼트에 의하면, '대화'는 주체의 주관적 표상을 다른 사람을 통해 보충하려는 욕구에서 발생한다. 이 경우 '대화'는 성찰행위에 도움이 되는데, 다른 사람이 필연적으로 이야기하려는 것에 대해 서로 존경심을 가지고 편견 없이 대하는 태도는 대화의 전제조건이 된다. 대화에서는 상호간에 논증이 오고 갈 수밖에 없는데, 대화 상대방이 지니는 다른 관점을 일단 용인하는 것도 원만한 '대화'의 조건이 된다. 대화 상대방이 자신의 말이 무조건적으로 통용될 것을 요구한다면, 그 순간 '대화'의 기본이 파괴되는 것은 불가피한 일이다.67)

앞에서 언급되었듯이 훔볼트에 있어서 말을 하는 모든 행위는 '대화'에 근거를 두어야 한다. 따라서 언어는 인간에 의한 자연스런

---

65) Burkhardt(1987 : 154) 참조.
66) Stetter(1989 : 27) 참조.
67) Burkhardt(1987 : 155) 참조.

교제(Geselligkeit)의 표현으로 인식될 수 있다. 또한 인간에 의한 사고의 대화적 본성은 간단한 사고행위의 분석에서조차도 교제의 개념이 포기될 수 없음을 보여 준다.68)

훔볼트의 '대화'는 담화(Diskurs)에 속하며, 플라톤의 '대화편'에서 이에 대한 범례가 발견된다. 이것은 상호간에 관련을 맺으면서 이념과 감정들을 생생하게 실제로 교환하고 있는 문답식 담화이다. 그러나 이것은 어디까지나 이상적인 담화행위이며, 언어적 실제에서는 이에 부합하는 경우가 드물다. 상호간에 성찰행위를 하는 두 명의 개개인 사이에 일어나는 "동시적 행위로서의 대화"라는 개념규정은 훔볼트에 의한 인간 전체의 '교육의 이상'(Bildungsideal)에 대한 어떤 측면을 시사하고 있다. 왜냐하면 그에 있어서 대화적 인간이란, 의식적이든 무의식적이든 다른 사람에게서 교육을 받은 전체 인간이기 때문이다. 그에 있어서 '대화의 이상'이란, 바로 '인간의 이상'(Menschenideal)에 대한 성찰이며, 반대로 '인간의 이상'은 '대화의 이상'에 대한 성찰에 해당한다.69)

훔볼트가 말하는 '나'는 '나 아닌 사람'과 대립되는 절대적인 '나'가 아니라, '너'와의 대화에서 형성되어 전개되는 구체적인 역사적 개체로 인식될 수 있다. 대화란, 바야흐로 객관화하고 있는 주체의 이반현상(Entfremdung)이 일어나는 장소이며, 이를 통해 현상세계의 질료가 형성되는 동시에 주체에 의해 객관화된 세계의 획득과 내면화가 유도된다. 따라서 대화에서 '나'와 '너'의 위치설정은 필연적이다.70)

---

68) Humboldt(1827-1829 : 173) 참조.
69) Burkhardt(1987 : 155) 참조.
70) Cesare(1996 : 281) 참조.

이런 관점에서 대화가 진행될 때 '나'와 '너' 양쪽은 내가 '너'를 통해 '나'로 되고, '너'는 '나'를 통해 '너'로 될 수 있도록 서로를 필요로 한다. 결국 '나'는 '너'에 의해 구별되며, '너'는 바야흐로 '다른 나'로서 인식되는 것이다. 대화에서 '나'와 '너'는 발신자와 수신자의 역할을 표시하기 때문에 3인칭 대명사와는 엄격히 구분된다.[71]

'나'와 '너'는 언제나 말을 하는 사람과 듣는 사람, 읽는 사람과 쓰는 사람에 연관되어 있는 지시적 어휘이다. 그런 반면에 그(Er), 그녀(Sie) 및 그것(Es)은 대개 텍스트에 나오는 지시형식으로 쓰이며, 구체적인 대상들과 연관되어 있는 '말'(Rede)속에서는 오로지 이들 대상을 대리하는 낱말로서만 나타난다. 훔볼트의 관점에 따르면, '나'와 '너'는 대화에서 단순히 각각 한쪽 부서를 맡고 있다고 조망되어서는 안 될 것이며, 인식론적인 기본 현상인 동시에 자기의식(Selbstbewußtsein)의 구성적 조건으로 간주된다.[72]

그러므로 훔볼트에 있어서 언어는 명백히 대화적 특성을 지닌다. 본디 '말하기'란, 한사람이 홀로 행하는 것이 아니라 공동체 내의 다른 구성원들과 함께 행해질 수 있다. 이것은 진리에 대해 공동으로 책임을 지게 되며, 숙명적인 인간관계 속에서 발생하는 동시에 '나'와 '너'의 관계에 대한 구체화를 촉구한다.[73] 대화는 인간의 의사소통뿐만 아니라, 인간의 생활 전반에 기본단위로 자리 잡고 있는데, 이 경우 '나'와 '너'는 특성상 여타의 모든 공동체들과는 구별되는 집단적인 단위를 형성하고 있는 것이다. 그리고 '나'와 '너'는 말을 걸고 응답한다는 이상적인 원칙에 따라 대화를 이끌어 가지만, 대화

---

71) Burkhardt(1987 : 155) 참조.
72) Burkhardt(1987 : 156) 참조.
73) Nosbüsch(1972 : 91) 참조.

는 이러한 이상적인 의사소통 형식만을 갖추는 것은 아니다. 또한 앞에서 언급했듯이 '나'와 '너'는 대화에서 그때그때마다 상대방의 입장에서는 다른 상대방으로 규정됨으로써 그들 스스로를 각각 '나'로 의식하고 있는 것이다.[74]

훔볼트에 있어서 '말하기'와 '이해'의 기능은 개인적인 언어적 활동이라는 점에서 개별적이고 창조적이다. 그렇지만 언어를 통한 주체와 또 다른 주체의 대화는 언어공동체 전체의 객관적 사고로 나아가는 과정이기에, 변증법적인 이원론으로서 훔볼트의 기본적인 언어철학적 범주에 자리 잡고 있는 것이다.

---

[74] Burkhardt(1987 : 156) 참조.

6. 보편적 일치 속에서의 언어의 개별화

6.1. 도입

훔볼트는 언어에 대한 보편적 이론을 명료하게 제시했을 뿐만 아니라, 언어의 '개별성'(Individualität)에 관한 문제에도 적지 않게 관심을 보여주었으며, 그 자신의 특유한 경험적 연구방법을 통하여 언어의 '상이성'(Verschiedenheit)에 대한 연구의 필요성을 제기했던 언어이론가였다. 그의 언어고찰에 따르면, 모든 언어는 각각 고유한 세계관을 지닌다. 언어에 대한 훔볼트의 이와 같은 조망은 의심할 여지없이 언어의 본질적인 실상을 제시했다고 본다. 그의 언어관에서는 언어의 모든 부분들 상호간의 관계 및 민족과 언어 전체의 관계는 매우 밀접하기 때문에, 일단 이러한 상호작용이 일정한 방향을 제시한다면, 그로부터 필연적으로 통용되는 '개별성'이 생겨날 수밖에 없다.[1]

각각의 언어는 명백히 하나의 개체이다. 그렇다면 한 언어의 '개

---

1) Humboldt(1824-1826 : 387) 참조.

별성'이 보여주는 실체는 무엇인가? 훔볼트에 있어서 언어의 단위는 개개 민족들의 '개별성'일 뿐만 아니라, 실제로 행해지는 '개별적인 말'(individuelle Rede)의 '개별성'이기도 하다. 또한 언어는 마치 인간만이 가지는 불가사의한 어떤 기적과 같은 것으로서 개개인에 의해 일정한 소리로 표출되는 개개 민족의 정신적 에네르기이다. 따라서 '민족의 언어'이든 '개별적인 말'이든 언어의 단위가 '개별성'의 개념과 밀접하게 연관되어 있는 것은 자명한 사실이다.2)

이 단원에서는 훔볼트의 언어철학적 사고에서 드러나는 언어의 '개별성'에 관한 본질적인 문제들을 개략적으로 다루어 본다.

6.2. 인류학적 관점에 따른 해석

인류학에 관한 훔볼트의 연구논문은 유럽의 일각에서는 '인류학의 세기'로까지 일컬어졌던 18세기 말엽에 주로 발표되었다. 특히 도이칠란트에서 대략 19세기로 들어서는 마지막 15년 동안은 인류학의 전성기로 인식될 정도로 인간 인식에 대한 관심이 고조되어 있었던 시기였다. 비교적 짧았던 이 기간 동안에 블루멘바흐(J. F. Blumenbach)의 ≪인종의 원초적인 기원≫(1775), 헤르더에 의한 ≪인류의 역사철학에 대한 이념≫(1784-1791), 칸트의 인류학적 경향의 논문들(1785-1788) 및 플라트너(E. Platner)의 ≪의사와 철학자를 위한 새로운 인류학≫(1790)과 같은 중요한 저작들이 출간되었다. 그와 동시에 이 시대에 지속적으로 발전했던 인간의 육체에

---

2) Navarro-Pĕrez(1993 : 168) 참조.

대한 지식과 함께 미지의 다른 민족들에 대한 교류의 증가는 인간에 대한 연구가 관심을 끌었던 동시대의 연구풍토에 새로운 동력을 제공했다. 또 18세기에는 쿠크(J. Cook)의 탐험과 세계여행이 인류학에 중요한 계기를 제공한 바 있으며, 1772년에 실행되었던 쿠크에 의한 두 번째 여행에서는 포르스터(J. R. Forster)와 함께 그의 아들 게오르그 포르스터(G. Forster)도 동참했다. 이러한 일련의 과정은 훔볼트 사상의 연구에서 결코 간과될 수 없는 부분이기도 하다. 왜냐하면 게오르그가 훔볼트 형제3)의 탐구욕에 지속적으로 영향을 끼쳤을 것으로 인식되기 때문이다. 아마도 그는 훔볼트로 하여금 인류학에 대한 관심을 불러일으키게 했던 장본인으로 간주될 수 있을 것이다.

  1790년대에 이르자 훔볼트는 동시대의 연구가들 사이에 공공연하게 알려졌다. 쉬나이더의 견해에 따르면, 무엇보다도 인간학에 대한 훔볼트의 다양한 심층분석에 의해 얻어진 성과는 비교 인류학의 강령을 설정한 것으로 간주될 수 있다. 그와 동시에 훔볼트는 이미 자신을 언어연구 쪽으로 방향전환하게 했던 방법론적인 단서도 보유하고 있었다. 아울러서 훔볼트는 근본적으로 하나의 현상을 올바르게 파악하기 위해서는 이 현상을 각인하는 다양한 형성들을 연구하고, 비교하는 작업이 선행되어야 한다는 것을 확신하고 있었다. 이미 훔볼트는 개별적인 연구대상으로서의 '개별성', 즉 인류학에서 제시되는 인간의 '개별성'을 주요 관심사로 등장시키고 있었다. 그렇지만 그는 언제나 고립된 개체(개인) 그대로를 관심의 대상으로 삼은 것은 아니었다. 오히려 훔볼트는 개개인의 '개별성'과 '보편적인

---

3) 동생 알렉산더 폰 훔볼트는 지리학자였음.

것'(인류) 사이의 관계를 결정적으로 중요시하였다.4)

　비교 인류학의 대상은 전체적인 관점에서 본 인간 자체이다. 그러나 이 경우 훔볼트적 사고의 대상은 요컨대 인간으로서의 인간이라든가 보편적인 면에서의 인간 존재가 아니라, 그때그때 실존하는 개개인이다.5) 따라서 그에 의한 비교 인류학에서는 인간의 개별적인 존재양식을 규정하는 일이 필연적인 선행조건으로 되었다. 훔볼트에 있어서 인간은 단지 보편적인 측면에서만이 다른 인간과 유사한 모습을 지닌다. 각각의 인간은 내면적으로는 각기 고유한 소질, 능력 및 성향을 지니고 있는 상이한 인간들이며, 때로는 흥미를 유발시키기도 하고, 때로는 서로 반발하기도 하면서 자기 자신의 궤도로 굴러간다.6)

　비록 개별적인 인간이 제한된 삶을 영위할 수밖에 없다고 해도, 각각의 인간은 이 고유한 궤도를 통해 인류 전체로 나아간다. 인간의 이러한 개별적인 고유의 양태, 즉 개개 인간이 지향하는 본질적인 특이성은 훔볼트의 철학적 고찰에서 중심적 위치를 차지한다. 쉬나이더에 따르면, 인류학과 관련된 훔볼트의 목표설정이 추구하는 중심사상은 그 자신의 비교 인류학의 구상이 제시하는 두 개의 본질적 양상에 초점이 맞추어져 있다. 먼저 훔볼트는 명백히 인간의 본질을 연구하는 것을 비교 인류학의 목표로 삼는다. 그 다음으로, 훔볼트는 이러한 목표가 구체적으로 실현될 수 있는 방도를 구상한다. 그에 있어서 인류학은 방법론상으로 인간들의 상이성에서 출발하지 않으면 안 되지만, 끊임없이 이 상이성에서 드러나는 인간의

---

4) Schneider(1995 : 60 이하) 참조.
5) Menze(1965 : 54) 참조.
6) Menze(1976 : 152) 참조.

'이상'(Ideal)7)을 전망하지 않으면 안 된다. 물론 인간에 대한 보편적인 것을 인지하는 것이 비교 인류학이 추구하는 본디의 목표이지만, 훔볼트적인 단서의 특수성은 이 보편적인 것이 인간의 본질에 대한 철학적 고찰을 통해 얻어지는 것이 아니라, 바야흐로 노정되고 있는 인간 존재의 상이성들이 보편적인 것 속에서 관찰된다는 데 있다.

훔볼트에 의하면, 인간은 현실적으로는 주어질 수 없는 이중적인 행태를 드러낸다. 우선 인간은 '개별성' 없이 오로지 사고를 통해서만이 얻어질 수 있는 보편적 성향, 즉 인간 존재의 필연적인 조건 속에서 나타난다. 그 다음으로, 인간은 인간 종족으로서의 모든 '개별성' 속에, 즉 동시에 지나가고, 현존하기도 하며, 미래에 다가오는 모든 상황들 전체 속에서 나타난다. 그러나 실제로는 인간은 주어진 장소와 주어진 시간 속에서 이 두 현상의 한가운데에 서 있다. 그러므로 훔볼트에 있어서 인간이 단지 '개별성'으로만 간주된다든가, 혹은 '개별성' 없는 존재로만 간주되는 것은 오로지 철학적인 개념을 통해서만이 가능하다. 훔볼트의 견해에 따르면, 바야흐로 인간이 지니는 특수성은 개개 인간이 스스로 인류라는 개념에 어떻게 접근하고 있느냐에 달려 있는 것이다.8)

훔볼트에 있어서 인간의 '개별성'은 매우 제한된 방식으로만 개개인에게 존재한다. 인간은 개별적인 존재로서 독자적으로 존립하고 있다고 보기보다는 오히려 인간은 나무 전체로부터 힘차게 뻗어나

---

7) 훔볼트의 비교 인류학에서 인류의 '이상'은 오로지 개별적 인간들의 전체성 속에서만 나타나는 이상으로서, 인간의 '개별성'이 지향하는 상위의 목표이다(Zöllner, 1989 : 101 참조).
8) Schneider(1995 : 69) 참조.

면서 다시금 나무 전체와 밀접하게 연관되어 있는 어린 나뭇가지와 비교될 수 있다. 이로써 훔볼트에 의한 보편성 개념이 제시하는 주요한 관점이 뚜렷하게 부각된다. 즉 보편적인 것이란, 그 실체가 개별적인 것의 다양성 속에만 있는 것이 아니라, 상이한 개체들을 하나의 전체로 만들고 있는 일반적 요소이기도 하다.9) 이 명제에 따르면, 전체성의 본질은 모든 개체들이 동일한 방도를 걷고 있다는 데에 있는 것이 아니라, 다른 것에 대한 수용적 태도, 말하자면 상이성들의 전체를 아우르는 데에 있는 것이다.10)

이를테면 오늘날 사용되고 있는 개념인 도이치어 낱말 *Menschheit*는 이 두 가지 측면을 다 포괄한다. 이 개념은 한편으로는 모든 인간들 전체(인류)로 해석될 수 있다. 그러나 다른 한편으로는 인간 내부에 존재하면서 인간을 인간답게 하는 요소(인간성)로도 해석될 수 있다. 이 두 가지 의미의 *Menschheit*를 연구대상으로 삼는 사람은 인간 존재의 한계를 탐구하는 동시에 무엇이 인간들을 하나의 인류로 설정하는가를 인식할 필요가 있다. 훔볼트는 이 두 측면의 구별을 위해 두 가지 용어를 제안한 바 있다. 즉 인간적인 성향에 관한 이야기라면, 훔볼트는 보통 *Menschheit*(인류)로 표기하고, 인간 전체를 표기하는 경우라면 대체로 *Menschengeschlecht*(인간 종족)라는 용어를 사용한다. 이처럼 '보편적인 것'의 개념을 두 가지로 규정하여 구별하는 것이 훔볼트적 비교 인류학의 근본토대이다.

훔볼트에 의한 비교 인류학은 인간 존재의 변화 가능성을 탐구하는 것, 즉 인간 종족을 광범위하게 연구하는 것을 과제로 삼는다.

---

9) Schneider(1995 : 70) 참조.
10) Navarro-Pĕrez(1993 : 38 이하) 참조.

그와 동시에 다양한 상태의 인간들을 전체의 한 부분으로 인식함으로써, 인간들 속에 존재하는 인간성을 파악하려고 시도한다. 이 두 가지 과제야말로 당면하고 있는 훔볼트 연구의 초석이 되는 '기본유형'(Typus)의 개념이 인류학에 도입되는 체계적인 위치를 지정해 준다. 훔볼트의 저작에서 '기본유형'의 개념은 1795년에 발표되었던 "Plan einer vergleichende Anthropologie"<비교 인류학의 구상>에서 처음으로 등장한다. 인류학의 영역에서의 이러한 개념 형성은 나중에 그의 언어이론에서 언어의 '기본유형'으로 광범위하게 수용된다.[11]

훔볼트에 있어서 '기본유형'이란, 초기 및 후기의 논문들에서 다같이 어떤 부류의 실체(Entität)들을 하나로 결합시키는 요소로 해석된다. 그에 의한 '기본유형'은 어떤 부류에서 등장하는 모든 개체들을 실현가능한 것으로 포괄하고 있는 기본형식(Grundform)이라고 말할 수 있다. 물론 훔볼트는 인류학에서 인간의 '기본유형'을 언급하고 있는 것이 아니라, 오로지 인간계층(민족, 종족)의 '기본유형'을 제시한다. 그렇지만 이미 이 낱말에는 본질적 부분이 명백하게 드러난다. 인류학에서 '기본유형'이란, 바야흐로 해당하는 인간 부류의 특성을 형성하고 있는 근본요소로 인식된다. '기본유형'은 본질상 개별적인 인간에서는 나타날 수 없다. 오히려 모든 개별적인 인간이란, '기본유형'의 변종이며, 보편적인 기본모형에서 나온 개별적 형성인 것이다.[12] 따라서 개별적인 인간은 그의 삶의 어떤 시점에서도 그 자체로 이미 완성되어 있는 것은 아니다. 개별적인 인간은 끊

---

11) Schneider(1995 : 70 이하) 참조.
12) Schneider(1995 : 71) 참조.

임없이 변화를 겪기 때문에, 필연적으로 완성되어 있는 상태가 아니다. 개별적인 인간은 자신의 운명을 외부의 영향을 통해 각인시키는 것이 아니라, 자기 자신으로부터 자신의 운명을 발전시킨다.13)

훔볼트에 있어서 '기본유형'은 개개 인간들 사이에 존재하는 잠재적인 보편적 요소로서 통합을 실현시키는 동시에, 변화를 수용하는 동적 구조를 지닌다고 볼 수 있다.14) 그의 비교 인류학에는 민족이나 종족 집단의 '기본유형'을 규정하고, 보편적인 요소의 해명을 통해 요컨대 개별적인 것이 그 자체로 인지될 수 있는 토대를 마련한다는 과제가 부여된다. 그러므로 '기본유형'은 이미 개별적으로 변화되어 있을 때만 경험상으로 인지될 수 있을 것이다. 이로써 인류학의 관점에서 '기본유형'은 개별적인 것의 다양성과 함께 하나의 전체로 결합되어 있는 상태를 보편적인 것으로 간주하는 '보편성' 개념에 상응하는 가치를 지닌다. 따라서 '기본유형'은 오직 개별적인 형성에서 가시화될 수 있기 때문에, 다양한 것의 '상이성'에 대한 끊임없는 고찰이 시도되지 않으면 안 된다.15)

그렇지만 훔볼트의 인류학에서의 '기본유형'이 보편적인 것을 서술하는 유일한 개념이 아니다. 그의 저술을 대하는 사람은 오히려 앞에서 제시한 인류의 '이상'이라는 용어를 훨씬 빈번하게 발견하는데, 이것의 개념을 규정해 보면 '기본유형'의 의미가 무엇인지가 보다 분명하게 밝혀질 수 있을 것이다. 훔볼트에 의하면, '이상'은 바야흐로 개체의 확실성이 없기 때문에 이념상으로 보편성을 띨 수 있는 '사고상'(Gedankenbild)으로 해석된다. 우리가 만약 이것을 '기

---

13) Menze(1976 : 153) 참조.
14) Schneider(1995 : 72) 참조.
15) Schneider(1995 : 71) 참조.

본유형'에 대한 서술들과 비교해 보면, 훔볼트가 동일한 사항을 포괄적으로 언급하고 있다는 느낌이 든다. 아무튼 '기본유형'이든, '이상'이든 각각 어떠한 개별성에 의해서도 제한을 받지 않는 요소라는 점이 중요하다. 그렇지만 '기본유형'은 존재가능한 개체들의 기본모형인 반면에, '이상'은 어떤 한 장르 속에 초개별적으로 존재하는 것의 구현이다. 따라서 이 두 용어는 보편적인 것을 표기하고 있지만 상이한 층위에 존재한다. 즉 '기본유형'은 어떤 한 장르나 부류가 보유하고 있는 공통적인 것에 대한 추상적 개념이며, '이상'은 아무런 개별적인 제한 없이 사유된 공통적인 것에 대해 주어진 바람직한 인격화(Personifizierung)이다.16)

쉬나이더에 따르면, 인류학에서 '기본유형'의 설정은 오히려 방법론적인 필연성이라는 성격을 띤다. 그에 반해서 인류의 '이상'에 대한 인식은 서두에서 제시한 것처럼 인류학적 연구의 본디의 목표이다. 또한 비교 인류학의 조작방식에서는 결코 개개 인간에게는 적합하지 않은 인간의 '이상'이 수많은 개개인들을 통해 어떻게 구현될 수 있느냐를 탐구하는 일이 중요시된다. 따라서 비교 인류학은 개개의 인간들, 즉 경험적 대상들과 관계되는 '이상'을 추구하는데, 바야흐로 이것은 개개인이 접근해야 하는 목표로 간주된다.17)

그러므로 훔볼트의 관점에서 인류의 '이상'은 개체들의 전체성 속에서 인식될 수 있다. 그에 있어서, 인류의 '이상'은 오로지 상호간에 언제나 조화를 이루고 있는 다양한 형식들을 노정하고 있는 것이다. 그렇지만 이 경우 인류의 '이상'은 결코 개체들의 전체가 아니

---

16) Schneider(1995 : 72) 참조.
17) Humboldt(1824-1826 : 388) 참조.

며, 전체 속에서 나타난다는 사실에 주목해야 한다. 인간을 개별적인 제약으로부터 벗어나게 하는 것이 무엇인지의 문제는 바야흐로 인간들의 전체성으로부터 예견될 수 있다. 보다 정확히 말하면 이것은 개체들을 단순히 모아놓은 것으로부터 사유될 수 있는 것이 아니라, 오로지 전체성(Totalität)으로부터 예견될 수 있는 것이다.[18]

결국 '개별성'의 통합이란, 오로지 이념 속에서만 존재하는 하나의 '이상'인데, 이것은 편협한 '이상'이 아니라, 다면성을 필요로 하는 '이상'이다. 왜냐하면 이런 종류의 이념에 대한 서술은 전적으로 하나의 개체를 통해 행해지는 것이 아니라, 여러 개체들의 상호 보충을 통해 이루어지기 때문이다.[19]

훔볼트의 저술에서 되풀이해서 언급되는 전체성의 개념은, 여러 개의 특이성(개별성)들이 다시금 하나의 전체로 결합되는 것으로 해석된다. '개별성'과 '이상'(전체성)의 관계에 대한 훔볼트의 사상을 음미해 보면, 이 두 개념은 외관상으로는 대립된 개념들이지만 통합이라고 하는 보다 높은 차원에서 보면, '이상적인 개별성'(ideale Individualität)의 개념으로 인식될 정도로 밀접하게 결합하고 있는 것이다.[20]

이처럼 인간의 다양함이 하나의 전체로 간주됨으로써, '인류의 이상', 즉 사방팔방으로 확대되어 있으면서 제약을 가하는 갖가지 장애물로부터 벗어나 있는 인간의 본성, 즉 인류의 '이상'이 제시될 수 있다. 만약 이와 같은 '이상'을 개별적인 측면들, 즉 인간이 지니는 개개의 특질로 분해한다면, 미에 대한 감각을 구체화하는 예술가와

---

18) Schneider(1995 : 73) 참조.
19) Navarro-Pérez(1993 : 167) 참조.
20) Hübler(1910 : 60) 참조.

진리의 탐구를 구현하는 철학자가 지니고 있는 순수한 특성과 같은 이상적인 형태들이 드러나게 될 것이다. 그렇지만 이 이상적인 형태들이 바야흐로 존재하고 있는 개체들에 부합하는 것은 아니다. 그것은 단지 인간적인 모든 특성들의 사상적 합일인 '이상'의 부분적인 측면들일 뿐이다. 따라서 '이상'은 인간에게 주어져 있는 가능성들의 투영(Projektion)을 구현한다고 볼 수 있다. '이상'을 해명하려면 먼저 개별적인 제약들이 상존하는 전체성 속에서 '이상'을 인식하지 않으면 안 된다. 또한 그렇게 함으로써 오로지 전체 인간 속에서만 모자이크식으로 실현되어 있는 '이상', 즉 개별적인 제약들로부터 벗어난 '이상'을 예지할 수 있을 것이다. '이상'에 대해 실행할 수 있는 인류학자의 조치는 바야흐로 이런 방식으로 개체로부터 보편적인 것으로의 방향전환을 의미하는데, 이것은 훔볼트적 인류학의 기초가 된다. 물론 이 경우 인류학적 연구의 목표로 인식되는 보편적인 것은 다시금 개체와 연관된다. 왜냐하면 보편적 '이상'은 오로지 개개 인간이 어떤 방향으로 발전할 수 있는가를 제시한다는 이유에서만이 인간 연구의 목표로 설정되기 때문이다.[21]

   '개별성'과 '보편성'의 상호 제약은 아주 분명하다. 우선적으로는 '이상'이란, 개체들에 대한 관찰결과에서 얻어진다. 그러나 그 다음으로 '이상'은 개체의 발전으로는 도달할 수 없지만 추구해 볼 만한 가치가 있는 장기적인 목표로 설정된다. 그러므로 비교 인류학이 추구하고 있는 것은 자연이라는 대상이 아니라, 어떤 조건에도 제한받지 않는 무조건적인 어떤 것, 즉 '이상'인데, 이것은 경험적 대상인 개체들이 필연적으로 접근하는 목표로 간주될 정도로 개체들과 관

---

[21] Schneider(1995 : 73) 참조.

련된다. 이렇게 해서 비교 언어학은 최소한 교육이론이나 또는 도야 이론(Bildungstheorie)22)을 위한 보조학문이 된다. 왜냐하면 훔볼트 가 나중에 단호히 언급하고 있듯이 비교 인류학은 '개별성'의 이념 을 드러냄으로써 도야이론의 필연적인 전제조건을 제시하기 때문이 다. 바야흐로 시간이 경과하면서 인간 형성에 대한 철학적인 이론도 얻어낼 수 있다고 보는 훔볼트의 희망은 오로지 합리적으로 경험할 수 있는 인간에 대한 이해에서 기인한다.23) 훔볼트의 의미에서 도 야(교육)는 본질적으로 인간 내부에 구축되어 있는 능력 자체의 계 발인데, 이 경우 능력이란, 발전과정 속에서 이상적, 일반적 우수성 (Vortrefflichkeit)을 추구하는 보편적 요구에 모순되지 않으며, 각기 개별적인 방식으로 조화를 이루면서 짜임새 있는 전체로 결합되는 자질을 의미한다.24)

또한 '기본유형'의 개념과는 다르게 '이상'의 개념에는 가치 있는 어떤 척도가 주어진다. 즉 '기본유형'은 다양한 것을 파악하기 위한 수단으로 등장하는 반면, '이상'은 인간 발전에 대한 척도로 이용될 수 있다. '기본유형'은 다양한 것의 기본구조를 표기한다. 그에 반해 서 '이상'은 실제로 주어진 것을 넘어선다. '이상'의 경우에는 현실 이 묘사되는 게 아니라, 존재하는 가능성들이 조회된다. 그런 점에 서 '기본유형'의 개념은 인류학적 연구의 경험적인 부분과 보다 밀 접하게 연관되어 있으며, '이상'은 사변적인 부분과 더 많은 연관성 을 지니고 있다. 훔볼트에 따르면, 보편적인 것의 개념은 그것이 '기 본유형'으로 존재하든, '이상'으로 존재하든 다양한 개체들 속에서

---

22) 8.1. 참조.
23) Schneider(1995 : 74) 참조.
24) Menze(1965 : 125) 참조.

끊임없이 나타난다. '개별적인 것'과 '전체적인 것' 사이의 밀접한 연관성은 훔볼트에 의한 인류학의 구상과 일치한다. 말하자면 훔볼트에 있어서 '개별성'의 형성은 구체적인 동시에 보편적이다. 왜냐하면 개별적인 특성과 전체성은 상호간에 규정하고 있기 때문이다. 그러나 현실적인 면에서 개별적인 것과 보편적인 것 사이의 결합을 탐구하는 것은 비교를 통해서만이 가능하다고 볼 수 있다.25)

구체적인 연구성과를 제시한 것은 아니라고 해도, 훔볼트는 아무튼 인류학적 연구에서 '개별성'으로 하여금 새로운 의미를 얻게 해 주었다. 인간의 '개별성'에 대해 훔볼트가 규정한 특별한 가치평가는 부분적으로는 그의 인류학과 도야(교육)이론이 오로지 개별적인 발전과정만을 고찰하는 것인 반면, 인간들 사이의 상호성, 즉 동료로서의 인간이 끼치는 영향을 고려하지 않았다는 비판을 받기도 한다. 그렇지만 쉬나이더는 이와 같은 비판이 편협한 시각일 수 있다고 보고, 훔볼트에 있어서 도야과정에 있는 개개인이 접하게 되는 현실은 언제나 동료 인간들에 의해 인각된 현실로 제시된다는 점을 강조한 바 있다. 훔볼트는 인간을 본성에 입각하여 사교적인 존재로 규정함으로써, '개별성'의 발전이 오로지 상호 접촉 속에서 일어날 수 있다고 보았음이 분명하다. 다만 훔볼트가 바야흐로 그의 인류학적인 논문들에서 동료 인간의 특별한 위치를 거의 강조하지 않았다는 점에 대해서는 의문의 여지가 있다.26) 그러나 훔볼트에 있어서 분리된 것을 연결하고, 이것 자체를 다른 개체들 속에서 인식하려는 욕구는 인간이 지니는 본질적 층위인 언어적 성향과 밀접하게 관련

---

25) Humboldt(1824-1826 : 387) 및 Iñaki Zabaleta-Gorrotxategi(1998 : 35 이하) 참조.
26) Schneider(1995 : 75) 참조.

되어 있다.27) 이 부분이야 말로 '개별성'과 관련된 훔볼트의 언어철학의 결정적 단서라고 볼 수 있다.

6.3. 언어의 개별성과 보편성

6.3.1. 언어적 민족의 고유성

훔볼트에 의하면 개개인뿐만 아니라, 민족도 각각 '개별성'을 지닌다. 비록 말을 할 때에는 본디의 '개별성'이 말을 하는 사람, 즉 실제로 말을 수행하는 개인의 모든 행위와 관련된다고 할지라도, 의심할 여지없이 민족의 언어도 고유의 '개별성'을 지닌다. 오히려 민족의 언어가 말을 하는 사람의 '개별성'을 보다 더 확실하게 규정해 준다고 볼 수 있다. 훔볼트에 따르면, 민족을 인간의 '개별성'으로 인식하는 것은 인류학적 측면에서 보면 하나의 '정신적인 힘의 전개 이론'으로 인식될 수 있다. 이 이론에 의거하면 정신적인 힘은 비록 고립되어 있는 단자(Monade)들은 아닐지라도 다시금 '개별성들'이라고 언급될 수 있는 다양한 형태 속에 수렴된다.28)

훔볼트에 의하면, 민족에는 언어의 경우와 마찬가지로 지적 형식(intellektuelle Form)의 다양성을 야기시키는 인간 정신의 내면적 욕구가 잠재되어 있다.29) 민족은 고유의 사유방식과 행동방식을 지

---

27) Schneider(1995 : 76) 참조.
28) Navarro-Pěrez(1993 : 164) 참조.
29) Humboldt((1810-1811 : 621) 참조.

니고 있는 인류의 일부분으로 해석될 수 있다. 따라서 민족도 내면적으로 특유한 정신적 궤도를 달리는 인간의 '개별성'으로 간주될 수 있다.30) 훔볼트에 의하면 민족이란, 의심할 여지없이 "인간 정신이 개별화되어 있는 형식"으로 인식될 수 있다. 그러나 다른 한편으로, 민족은 특정한 언어를 통해 특징이 부여되어 있는 인류의 정신적 형식이라고 말할 수 있다. 그렇기 때문에 비록 민족의 형성에서 언어 이외의 다른 요인들이 공동으로 작용하고 있다고 할지라도, 정신적 형식의 특수성은 주로 언어 속에서 간파된다.31)

훔볼트는 그의 저술의 여러 부분에서 언어와 민족이 공속하고 있다는 점을 강조한다. 그에 의하면, 언어는 단편적인 소리나 완성된 작품으로서가 아니라, 활동적인 생생한 존재로서 후세에 전해진다. 따라서 언어는 단순히 외면적인 것일 뿐만 아니라, 언어를 통해 비로소 사고와 동일한 맥락이 유지된다는 점에서 내면적인 것이기도 하다. 말하자면 언어는 본질적인 면에서 민족 자체인 것이다. 예를 들어 민족의 개념이 특정한 방식으로 언어를 만들어 구사하고 있는 어떤 인간집단으로 간주된다면, 민족에 대한 정의는 언어의 개념에서 출발하는 것이 매우 효과적일 수 있다. 이 말은 언어가 그때그때의 '개별성'과 분리되어서는 안 된다는 의미를 내포한다. 민족의 관점에서 보면, 민족의 언어는 특히 민족의 활동방식일 뿐만 아니라 언어의 활동방식이다. 언어와 사고의 밀접한 관계를 수용한다면, 훔볼트에 있어서 언어란, 민족의 기본요소이며, 민족의 고유한 사유방식과 지각방식을 표명하는 기관으로 정의될 수 있다. 말하자면 인류

---

30) Navarro-Pĕrez(1993 : 164) 참조.
31) Ramischwili(1984 : 210 이하) 참조.

가 언어들로 분할되는 것은 민족으로서의 분할과 직접적으로 맥락을 같이 하기 때문에 언어와 민족, 보다 정확히 말해서 언어와 민족의 정신 사이에는 어떤 필연적인 상관관계가 존재하고 있다고 말할 수 있다.32)

훔볼트의 단서는 인간에게 일어나는 모든 사건의 해명이 실제적인 힘, 즉 특정한 '개별성'을 기점으로 삼아야 한다는 데 있다. 각각의 인간과 인류의 모든 정신적 형식은 이 속에 내재하는 힘을 통해 이해되지 않으면 안 된다. 말하자면 이 힘은 개인이 지향해 나가는 방향이나, 혹은 궤도라고 볼 수 있다.33)

훔볼트에 의하면, 이 힘은 이것 자체에 가해지는 모든 영향을 관장할 주도적 권한을 가지고 있다. 한 인간이 어떻게 존재하는가는 그에게 영향을 끼쳐 온 일련의 사건들을 재음미하는 것만으로는 충분하게 설명될 수 없다. 오히려 중요한 것은 그가 이러한 영향들에 대해 어떻게 반응할 수 있느냐이다. 이 문제에 대답할 수 있으려면 사람에게 내재하는 힘, 즉 이 사람의 '개별성'을 상상해 보지 않으면 안 된다. 그러나 훔볼트는 이 힘이 육체적인 기원에 예속되는지의 문제는 탐구하기 어려운 부분으로 유보시켜 놓았다. 사실 '개별성'은 훔볼트가 확신하는 가장 오래된 항목 중의 하나였지만, 언제나 모호하면서도 파악하기 어려운 부분으로 남아 있었던 것이다.

훔볼트가 중요시하는 민족과 언어의 개별적인 힘은 의도적인 인간의 활동에서 생겨나는 것이 아니라, 이해할 수 없는 방식으로 인간에게 주어져 있는 요소로 인식된다. 훔볼트에 있어서 언어는 민족

---

32) Ramischwili(1984 : 211) 참조.
33) Navarro-Pĕrez(1993 : 165) 참조.

에 의한 정신적 힘의 작품으로 간주되지만, 역으로 이 정신적 힘은 언어의 구조로부터 인식된다. 왜냐하면 민족의 고유한 힘은 언어의 도움과, 언어를 통한 성과에 의해 발전되기 때문이다. 이 힘은 오로지 언어의 힘 이외에 다른 특징을 지닌다고 볼 수 없다.34)

훔볼트에 따르면, 인간과 민족들에 내재하는 이러한 힘이 바야흐로 정신적 힘이다. 그는 인류가 민족과 종족들로 갈라지고, 언어와 방언들이 상이하게 구별되는 것은 인간에 의한 정신적 힘이 다양하게 표출된 결과라고 생각했다. 따라서 '상이성'과 '개별성'에 관한 문제가 제기될 수밖에 없다. 왜냐하면 정신이 그대로 현현하는 것이 아니라, 다양한 정신적 형식들만이 나타나기 때문이다. 그러나 이러한 '다양성'과는 달리 '개별성들'의 통합은 바야흐로 모든 다른 것이 연역될 수 있는 보편적 개념이 아니다. 오히려 이 경우의 통합이라는 말의 의미는, 인류가 다양하게 분리되어 상이한 모습을 보이지만, 그 본질적 측면에서는 숙명적으로 분리될 수 없는 하나의 개념이라고 하는 내면적인 어떤 신념이라고 말할 수 있다.35)

훔볼트에 있어서 개별화란, 단순히 따로따로 분리된다는 차원이 아니다. 그가 추구하고 있는 것은 인류의 발전에 오로지 적합한 어떤 방도를 해명하려는 것이 아니라, 상이한 측면들의 보편적 완성(allgemeine Vollkommenheit)이라는 소박한 목표에 맞추어져 있다. 따라서 개별화는 분리의 개념으로 해석되어서는 안 된다. 왜냐하면 보편적인 상이성으로부터 전체 속에서의 '개별성들'의 통합이 유추될 수 있기 때문이며, 오로지 상이한 개체들의 순수한 힘으로부터

---

34) Ramischwili(1984 : 212) 참조.
35) Navarro-Pĕrez(1993 : 166) 참조,

인류 전체가 드러나게 되기 때문이다.36) 의심할 여지없이 훔볼트에 있어서 개별화의 개념은 단순히 개별적인 것의 제거를 통해서가 아니라, 개별적인 것 속에 존재하는 일면적인 것의 파기를 통해 전체성이 도입됨으로써 극복될 수 있다는 결론에 도달한다.

6.3.2. '개별적인 말'의 본질 규정

주지하는 바, 언어는 '개별적인 말'(individuelle Rede)을 통해 실현된다. 언어학이 언어를 바라보는 올바른 시각을 얻으려고 한다면, 전체로서의 언어에 있어서의 '개별적인 말'의 가치를 다루지 않을 수 없을 것이다. 무엇보다도 언어학의 목표는 언어에 대한 서술을 체계적으로 제시하는 것이다. 언어학은 언어 전반에 대해, 즉 모든 언어들에 적용된다고 보는 보편적 구조와 규칙들에 대해 탐구한다. 언어학은 또한 방법론적인 수단을 강구하여 이것을 유효적절하게 이용하는데, 이것이 모든 언어들에 적용될 수 있는 한, 방법론적인 측면에서의 통일성이 모색될 수 있어야 한다. 더 나아가서 언어학은 특정한 언어들에 대해 기술하기도 한다. 이 경우 언어학은 특정한 언어들에서 나타나는 일반적 구조와 규칙들을 기술한다.37) 그렇지만 실제로 발생되는 다양한 언어적 사건이나 '개별적인 말'에 대한 성찰이 없는 언어개념은 언어에 대한 아무런 포괄적 개념이 될 수 없다. 언어적 다양성을 개관하는 능력이야말로 언어학의 전제조건이며, 이론적 측면과 방법론적 수단의 근본토대인 것이다.38)

---

36) Humboldt((1797-1798 : 118, 274) 및 Navarro-Pěrez(1993 : 167) 참조.
37) Nowak(1983 : 30) 참조.
38) Nowak(1983 : 10 이하) 참조.

언어학이 경험적 연구에 직면하면, 말을 하고 듣는 사람으로서의 언어학자가 겪는 경험에서 나오는 가정들이 서술의 기초로 된다. 의심할 여지없이 언어학자가 내리는 판단은 이처럼 자신의 경험에 의존한다고 볼 수 있다. 말하자면 언어에 대한 언어학자 자신의 지식과 언어에 대한 성찰에 의존하게 된다는 것이다. '개별적인 말'을 테마로 삼는 것은 이와 같은 배경에 대한 가정을 성찰할 수 있게 해준다. 말하자면 '개별적인 말'과 함께 언어에 대한 모든 가정과 서술의 기초가 되는 경험이라고 하는 배경이 다시금 의식화될 수 있는 동시에, '개별적인 말'과 함께 언어에 대한 언어학적 서술의 추상적, 방법론적 특성이 상세하게 음미될 수 있다. 그러나 다양한 언어학의 연구방향들에서 이러한 작업이 실행되기에 앞서서, 언어학 내에서 차지할 수 있는 위치와 관련하여 '개별적인 말'에 부여된 개념들이 보다 폭넓게 해명되어야 한다. 훔볼트에 있어서는 '개별적인 말'의 개념은 본질상 원초적인 것으로 사유된다. 한 언어의 조립구조(Konstruktionsbau)는 말을 하는 사람의 두뇌 속에 존재하면서 '개별적인 말'로 표현되기 때문에, 개별적인 말의 분석은 "사유된 것에 대한 그때그때의 분절"이라는 훔볼트적 언어관의 필연적인 귀결이다.39)

또한 언어학적으로 사용되는 '개별적인 말'이라는 개념의 구상과 관련하여 제기될 수 있는 원칙적인 두 가지 이의에 대한 적절한 해명이 필요하다. 첫 번째 이의는 언어학이 개념정의상으로는 언어의 일반적인 구조와 규칙들을 다루는 학문분과이기 때문에, '표현된 말'(Äußerung)의 '개별성'은 관심의 대상이 아니라는 견해가 있다.

---

39) Humboldt(1824-1826 : 447, 454) 및 Werlen(1989 : 65) 참조.

이것은 언어학에 대한 편협한 시각에서 나온 것이다. 언어학의 대상인 '개별적으로 말을 하는 행위'가 일반적으로 얼마나 중요한 위치를 차지하고 있는가의 문제는 결코 간과되어서는 안 된다. 언어는 오로지 말을 하는 행위에서 인지 될 수 있으며, '개별적인 말'에 의한 표현은 언어와 언어변천에 지속적으로 영향을 미친다. 보편성의 관점에서 보는 언어는 개별적인 실현 없이는 사유될 수 없는 것이다.

두 번째 이의는 언어학의 관심이 언어에 대한 보편적 서술에 있다는 것이다. 말하자면 '개별적인 말'에 대한 언어학적 개념은 이것이 특수한 언어현상을 언제나 보편적으로만 파악할 수 있다는 점에서 거의 성과를 거둘 수 없다는 것이다. 따라서 '개별적인 말'은 바야흐로 특수성을 비켜간다는 것이다. 그렇기 때문에 '개별적인 말'의 개념을 중요한 것으로 간주하고 이것을 이용하는 언어학적 이론은 '개별적인 말'이 지니는 구체적인 특수성과는 달리 보편성에 머무르고 만다는 것이다. 노바크(E. Nowak)의 견해에 따르면, 이와 같은 이의는 무엇보다도 과거의 전통적 언어학의 관점에서만 '개별적인 말'을 파악하려는 데서 생겨났다고 볼 수 있다. 더 나아가서 두 번째 이의는 바야흐로 특수한 것, 일회적인 것, 즉 개별적인 표현이 보편적인 개념으로 지정됨으로써 발생할 수 있는 문제점도 환기시켜 준다. 부분적으로는 일리가 있는 것 같다. 그렇지만 이러한 이의는 '개별성' 및 '개별적인 말'과 관련될 수 있는 모든 개념에 적용된다고 말할 수 없음이 분명하다. 오히려 이런 식의 대비가 보편적 개념으로써 특수한 것을 파악할 수 있고, 반대로 개별적으로 표현된 특수한 말 속에서 보편적인 것을 이야기할 수 있는 언어의 특별한 능력을 묘사한 것이라고 볼 수 있다.40) 그러므로 '개별적인 말'이란, 그때그때 말을 하고 이해하는 행위의 특수한 형식, 즉 보편적 언어능력이 나타나는 특수한 활동형식이라고 말할 수 있을 것이다.41)

노바크는 한 낱말이나 혹은 개념이 맺고 있는 '보편적인 것' 내지는 '특수한 것'과의 관계에서 보편언어적인 현상이 동일하게 중요시되고 있다는 것에 대한 실례로서 지시적(deiktisch) 표현과 대명사를 제시한 바 있다. 그에 의하면, 지시적 표현은 명백히 특정한 인간을 지시한다. 예를 들어 *dieser!*(이 사람이다!)라고 말했을 때 이것은 *jetzt*(지금)와 같은 일정한 시점과 *hier*(여기)와 같은 일정한 장소를 표기한다. 이러한 표현은 말하자면 손가락으로 대상물을 지시한다고 볼 수 있는데, 순간적으로 해당하는 대상물에 접근하여 의도적으로 사용된다. 그렇지만 이 표현은 특정한 순간만이 아니라 모든 순간, 모든 장소, 모든 대상에 적용될 수 있다. 대명사의 경우에도 유사한 원칙이 적용된다. 앞에서 언급한 바와 같이 훔볼트의 견해에 따르면, 대명사에는 모든 언어의 원형이 드러나고 있는데, 말을 하는 사람인 '나'(Ich)는 대명사로서 말을 듣는 사람인 '너'(Du)와 구별되며, 말을 듣는 사람은 다시금 모든 다른 사람들(Er, Sie, Es)과 구별된다. 즉 '나'(Ich)와 '그 사람'(Er)은 실제로 서로 다른 대상들이며, 본질상 이 두 낱말이면 모든 표현이 가능하다. 왜냐하면 이들은 달리 표현하면 '나'(Ich)와 '나 아닌 사람'(Nicht-ich)을 의미하기 때문이다. 그러나 '너'는 '나'와 마주보고 있는 '그 사람'이다. '나'와 '그 사람'은 내적이면서도 외적인 지각에 기인하는 반면, '너' 속

---

40) Nowak(1983 : 32) 참조.
41) Jäger(1989 : 172) 참조.

에는 선택이라는 자유의지가 포함되어 있다. 명백히 '너'는 또 하나의 '나 아닌 사람'이다. 그러나 '그 사람'처럼 '너'는 존재하는 모든 영역 속에 있는 것이 아니라, 상호작용을 통해 공통적 행위가 야기될 수 있는 영역 속에 있다. 따라서 '그 사람' 자체 속에는 이제 '나 아닌 사람' 외에도 '너 아닌 사람'(Nicht-du)이 자리 잡는다. 그리고 '그 사람'은 이들 중 한쪽뿐만 아니라 양쪽 모두에도 대립된 관계를 유지한다. 이들은 말을 하는 모든 사람에게 이런 식으로 구별되어 사용되기 때문에, 대명사는 지시적 표현과 마찬가지로 고도의 보편성을 유지하고 있으며, 최소한 모호한 상황을 드러내지는 않는다. 노바크는 이 부분에서 개개인에 의한 개별적인 표현뿐만 아니라, 모든 표현에 적용될 수 있는 언어의 능력이 언급될 수 있다고 보았다.[42]

'개별적인 말'이라는 개념의 보편성은 아무런 특수한 경우가 아니며, 이것은 보편적인 동시에 구체적으로 언급될 수 있는 언어의 특징이라고 볼 수 있다. '개별성'은 '개별적인 말'과 마찬가지로 필연적으로 보편적이다. 이것은 단순한 명칭부여와 같은 어떤 구체적인 표현에 머무르지 않는다. '개별성'이라는 개념의 수용능력은 오히려 구체적인 특수성에 머무르지 않으면서 구체적인 대상을 명명할 수 있다는 데에 있다. '개별성'의 개념은 개별적 표현의 특수성을 보편적 현상형식의 특수한 형성으로 인식하며, 이른바 특수한 것과 보편적인 것의 대립을 그 자체 속에 형성하고 있다. 말하자면 '개별성'의 개념은 전체성을 형성한다. 훔볼트는 바로 '개별성'이라는 개념의 이러한 보편성을 지적한 것이다. 그와 동시에 이 '개별성'의 개념을 준

---

42) Nowak(1983 : 33) 및 5.3. 참조.

거로 어떤 특정한 '개별성'의 표현일 수 있으면서도 목적에 따라 각각의 개체가 지니는 표현일 수 있는 언어의 원천적 능력이 명백해진다.43) 따라서 훔볼트에 있어서 전체의 인간 종족에 내재하고 있는 보편적인 언어힘(Sprachkraft)은 개별적인 방향으로 규정되며, 현실 속에서 필연적으로 개별화를 겪고 있는 것이다.44)

매 '개별적인 말'이 다른 모든 개별적인 말들과 구별된다는 것은 자명한 사실이다. 이제 '개별적인 말'의 개념은 언어이론에 있어서의 보편성이라는 차원에서 근본적인 관심사로 떠오른다. 바야흐로 이 개념은 '개별적인 말'에 대한 언어학의 노력이 실현시키지 않으면 안 되는 이론상의 필요조건을 지정해 준다. 그것은 '개별적인 말'의 특수성을 보편적으로 파악하는 것을 의미한다. 학문적 의미에서 정확한 개념을 정립하고, 이에 따른 정의를 얻어내려는 언어학의 모든 시도는 바로 이런 측면을 준거로 하여 평가되어야 한다. 노바크는 '개별적인 말'에 대해 이런 식으로 형성된 개념이 보편타당성에 대한 요구를 충족시킬 것으로 보았다. 아울러서 그는 이 개념이 여태까지의 언어학의 조작에서 전형적으로 나타났던 오류에 빠지지 않을 것으로 판단했다. 말하자면 전통 언어학은 근본적으로 특수한 것을 배제함으로써 이것을 임의적이고 부차적인 것으로 경시했거나, 혹은 특수한 것을 단순히 일반적 현상으로만 파악하려고 했던 것이다. 전자의 경우 언어는 오로지 구조와 규칙적인 도구로만 해석된다. 이 경우에는 본디 한 인간의 말을 하는 행위가 미리 규정되어 있는 준거에 따라 특정한 범주, 구조, 규칙 속에 종속될 수 있는 경

---

43) Nowak(1983 : 34) 참조.
44) Humboldt(1824-1826 : 373) 참조.

우로 간주되거나, 아니면 일정한 구조 혹은 규칙에 대한 예로 간주될 수 있다.45)

이 경우의 의도대로 언어학이 '개별성'을 배제한다면, 언어의 다양한 가변성(Variabilität) 및 개인어(Idiolekt)46) 등을 파악하려는 시도에서 언어는 본질상 불완전하게 표현될 수밖에 없을 것이라는 점을 자인하게 되며, 언어학은 언어의 구조성에 대한 순수한 기술에 국한되고 말 것이다.47) 그렇게 되면 언어학의 성과는 사실상 개별적인 표현 앞에서 더 이상 발전하지 못하고 정체되고 말 것이다. 물론 '개별적인 말'의 개념 속에 조성되어 있는 '특수한 것'과 '보편적인 것'의 긴장관계는 '개인어'라는 개념에서는 존재하지 않는다. 즉 '개인어'의 개념은 개별적 표현의 특수한 것에 대해 일반적인 정의와 규칙을 제시함으로써, 오로지 특수한 것을 일반적으로 구조화하려고만 한다. 따라서 '개인어'는 특수한 것으로서의 개별적 표현을 보편적으로 해석한다는 필요조건을 충족시키지 못한다. 이에 반해 '개별적인 말'의 개념은 보편성을 지니며, 특수한 것에 대해 명백히 개방적 입장을 취하고 있는 것이다. 이 개념은 심지어 특별한 규칙이라고 해도, 특수한 것이나 개별적인 표현에 어떤 규칙을 부여하는 것을 거부한다.48)

주지하는 바, 훔볼트에 있어서 언어는 "분절된 음성이 사상으로

---

45) 전통적인 견해로는 개별적인 말(그때그때 말을 하는 행위)이란, 한 언어의 낱말과 규칙이 적용되는 행위로 해석되어 왔다. 그러나 낱말과 규칙들은 본질적으로 '말을 하는 행위'로서가 아니라, '언어'를 형성하고 있는 결과물로서 평가되어야 한다(Schneider, 1995 : 215 참조).
46) 개인의 특유한 언어습관.
47) Nowak(1983 : 35) 참조.
48) Nowak(1983 : 36) 참조.

표현되기 위한 영원히 되풀이되는 정신의 활동"이다. 엄밀히 말해서, 이것은 '개별적인 말' 행위에 대한 본질 규정이라고 말할 수 있다. 그와 동시에 훔볼트에 따르면, 말을 하는 행위의 전체성만이 진정한 의미에서의 언어로 간주된다.49) 왜냐하면 '개별성'과 '보편성'이 전체성으로 연결되어 있기 때문이다.50) 이로써 훔볼트의 언어사상에서 제기되는 '개별적인 말'이 지니는 중요성이 명백하게 인지될 수 있을 것이다.

6.3.3. 언어의 개별성과 보편성의 관계

인간이 다른 동물과 구별되는 가장 뚜렷한 징표는, 특이한 병적 요인이 없다면 보편적으로 누구나 언어를 구사할 수 있다는 점일 것이다. 용어상으로 다소 말맛의 차이가 있다고 해도, 훔볼트는 일반적으로 언어를 야기시키는 인간의 능력에 대한 표현으로서 *Sprachvermögen*(언어능력), *Sprachanlage*(언어성향), *Sprachfähigkeit*(언어재능) 등을 사용한 바 있다. 이러한 용어들을 주의 깊게 음미해 보면, 그의 언어이론의 상당 부분은 근본적으로 인류학적인 신념에 바탕을 두고 있음을 알 수 있다.51)

훔볼트에 있어서, '언어유형'52)은 개념체계의 측면에서 보면 동의어로 폭넓게 사용되는 이들 용어와 동일한 층위에 자리 잡고 있다. '언어유형'의 개념에서도 언어들의 공통점이 단서로 된다. 그러

---

49) Humboldt(1830-1835 : 46) 참조.
50) Schultz(1929 : 671) 참조.
51) Schneider(1995 : 180) 참조.
52) 유기적으로 조직화되어 있는 언어의 기본유형을 말한다(3.3. 참조).

나 전자의 여러 용어들에서는 인간의 언어적 자질이 매우 보편적으로 표기되고 있는 반면, 후자에서는 이러한 자질이 구체적인 언어현상으로 고정되는 출발점이라고 볼 수 있다. 말하자면 '언어유형'은 개념상으로 전자와 동일하게 취급되지만 동일한 전망을 갖고 있지는 않다. 전자는 인간을 통해 언어를 관조하는 반면, 후자는 언어에서 출발하여 언어를 통해 인간을 관조한다. 따라서 언어학적 방법론의 차원에서 보면, 언어능력은 '언어유형'이 규정됨으로써 구체적으로 탐구된다고 말할 수 있을 것이다. 결국 '언어능력'과 '언어유형'은 분리될 수 없는 개념들이다.[53]

훔볼트에 의하면, 궁극적으로 각각의 언어는 본디 인간의 보편적 특성을 개체화한 것이며, 언어 전반에 딸려 있는 원초적 특질의 모사(Abbild)로 간주된다. 그와 동시에 보편적 언어유형의 개별화는 본질상 언어의 일반적 조작방식이 변형된 것을 의미한다. 이미 1821년에 훔볼트는 개별적인 언어를, 언제나 완전하긴 하지만 동일한 행위를 상이하게 관철시키는 상이한 방법이라고 해석한 바 있다. 이 경우 '행위'(Verrichtung)는 분절된 음성들의 생산에 필연적이며 상이하게 수행되는 소박한 오성의 행위에 다름 아니다.[54] 훔볼트는 이러한 현상을 다음과 같이 서술하고 있다 :

> "인간은 무엇보다도 대상과 함께 살아가는데, 이는 인간의 지각과 행위가 표상에 의존하고, 심지어는 전적으로 언어가 인간에게 대상에 대한 표상을 공급하는 방식대로 생활하기 때문이다. 인간은 그 자신으로부터 언어를 자아내는 행위와 동일한 행위를 통해 스스로 언어 속으로 빠

---

53) Schneider(1995 : 183) 참조.
54) Schneider(1995 : 184) 및 Humboldt(1830-1835 : 256) 참조.

져 들어가며, 각각의 언어는 자신이 속하는 민족이라는 어떤 범주를 에워싸고 있는데, 이 영역을 벗어나는 것은 우리가 동시에 다른 언어의 범주로 넘어갈 때만이 가능하다."55)

훔볼트는 보편적 언어의 개별화가 민족의 차원에서 끝난다고 보지 않았다. 그에 있어서, 언어의 개별화는 결국 모든 개별적인 인간에게까지 이르게 되며, 단계적으로 발생하게 되는 변종으로 파악되었던 것이다. 왜냐하면 훔볼트는 이미 각각의 인간이 개별적인 한 개의 언어를 가지고 있듯이 인간 종족 전체도 오로지 한 개의 언어만을 가진다고 말할 수 있을 정도로 보편적 일치 속에서의 언어의 개별화를 간파하고 있었기 때문이다. 이 부분에서 훔볼트의 언어사상의 확고한 원칙이 드러난다. 말하자면 훔볼트가 언어에 대한 이해에서 그때그때의 '말하기'에 높은 위치가치를 부여한다고 볼 때, 이것은 각각의 인간마다 결국 고유의 언어를 지니고 있다는 그의 관점에서 비롯된 것임이 틀림없다. 그에 있어서는 바로 '개별성'이 일정하게 유지되는 '말하기'와 '사고'만이 오로지 언어의 개별화 원리로서 간주될 수 있다. 그러나 구체적 언어연구에서 언어학자는 본질상 언어적인 민족을, "언어를 야기시키는 하나의 개체"로서 연구대상 속에 설정하지 않을 수 없다.56) 왜냐하면 민족은 하나의 존재양

---

55) Der Mensch lebt mit den Gegenständen hauptsächlich, ja, da Empfinden und Handeln in ihm von seinen Vorstellungen abhängen, sogar ausschließlich so, wie die Sprache sie ihm zuführt. Durch denselben Akt, vermöge dessen er die Sprache aus sich herausspinnt, spinnt er sich in dieselbe ein, und jede zieht um das Volk, welchem sie angehört, einen Kreis, aus dem es nur insofern hinauszugehen möglich ist, als man zugleich in den Kreis einer andren hinübertritt(Humboldt, 1830-1835 : 60).
56) Schneider(1995 : 185) 참조.

식일 뿐만 아니라 개별적인 존재이며, 일정한 언어를 통해 특성이 표시되는 인류의 정신적 형식인 동시에 관념적인 전체성과 관련되어 개별화되어 있기 때문이다.57)

이제 이와 같은 사상이야말로 보편적 '언어유형'과 개별 언어마다 상이한 '세계관'58)이라고 하는 외관상 보여주는 상이한 개념들이 하나로 결합하는 근거를 제공한다. 즉 훔볼트에 있어서 보편적 일치 속에서의 개별화는 '기본유형'과 '세계관' 개념이 오로지 언어의 보편성과 개별성 개념의 두 가지 극에 불과하다는 것을 명백히 밝혀준다.59)

모든 언어의 기저에는 한편으로는 오성의 소박한 행위과정이라는 보편적 '기본유형'이 자리 잡고 있는데, 다른 한편으로, 이 오성의 행위는 서로 다른 언어적 '세계관'이라고 표명될 수 있을 정도로 상이하게 전개된다. 그러므로 보편적 '기본유형'은 진행과정의 기본모형(Grundmuster)일 뿐이며 구체적인 실행방식이 아니다. 오히려 '기본유형'의 본질적 개념 속에는 '기본유형'이 상이하게 실현됨으로써 개별화된다는 사실이 확고하게 자리 잡고 있다. 주지하는 바 훔볼트는 언어의 '세계관'을 한 언어의 의미 구성으로 보았을 뿐만 아니라, '말결합'(Redefügung)의 방식으로 인식하기도 했다. 훔볼트는 이미 그의 논문 〈일반적 언어유형의 개요〉(1824-1826)에서 '말형성'(Redebildung)의 개별적인 형식을 각각의 언어가 지니는 '말 구

---

57) Humboldt(1827-1829 : 125) 참조.
58) 각각의 언어마다 모국어라는 안경을 통해 현상세계를 사유세계로 바꾸어 놓을 수 있는 고유한 시각을 가지고 있다는 것인데, 훔볼트는 이것을 언어의 '세계관'이라고 명명했다(Humboldt, 1827-1829 : 179 이하 및 7.2. 참조).
59) Schneider(1995 : 185) 참조.

성'(Redekonstruktion)의 '기본유형'으로 인식했다. 그에 의하면, 언어를 분석하고 그 구조를 연구하기 위해서는 우선 '말 구성'의 '기본유형'을 언급하는 것과, 이로부터 개개의 '말' 부분들이 지니는 속성을 연역해 내는 일이 중요하다. 왜냐하면 훔볼트는 '말'이 낱말보다 우선권을 갖게 되는 자연 자체의 순리에 따를 때만이 개개 언어의 특이성이 인식된다고 보았기 때문이다. 이 경우 '말' 구성의 '기본유형' 및 '말'의 요소들의 분리는 여타의 문법적인 세부항목들을 주로 규정하게 된다. 따라서 문법적인 '개별성'도 존재하는데, 언어의 '개별성'은 어휘의 영역뿐만 아니라, 가시적인 문법적 형식들에서도 인식되고 있는 것이다.60)

훔볼트에 있어서는 바야흐로 '말' 구성의 '기본유형'이라는 개념과 함께 일단은 보편적 '언어유형'에 대한 상세한 설명이 필요하며, 다른 한편으로는 이 '기본유형'에서 궁극적으로는 민족의 세계관이 드러나는 개개 언어의 특이성에 대한 검증이 요구된다. 이제 개별적인 언어들이 보편적 '언어유형'의 상이한 실현들로 제시된다면, 언어들의 '개별성'이 궁극적으로는 무엇에 기초하고 있느냐의 문제가 제기된다. 물론 훔볼트는 개별화를 수행하는 '언어힘'(Sprachkraft)에 관해 언급한 적이 있다.61)

훔볼트에 의하면, "각각의 언어는 정신적 개별성과 함께 내적인 원리로 충만되어 있는 유기체인 동시에 활동하는 힘"으로 정의된다.62) 따라서 언어의 개별성에서는 이러한 '언어힘'의 기초에 대해서도 다루어져야 한다. 물론 훔볼트는 정신적 기질의 상이성의 원인

---

60) Liebrucks(1965 : 209) 참조.
61) Schneider(1995 : 186) 참조.
62) Schultz(1929 : 660) 및 Humboldt(1797 : 332) 참조.

에 대해 전반적으로 서술하는 것을 기피했다. 그의 견해에 따르면, 정신적 기질이 민족마다 다르다는 것은 바야흐로 언어가 서로 다르다는 것으로 인식된다. 그에 있어서, 민족의 상이성은 언어의 상이성이 표출되는 자연스런 형태이다. 그러나 이 속에는 질료적 측면뿐만 아니라, 지적 측면에서의 상이성도 존재한다. 그런 의미에서 언어의 상이성은 불가피하게 나타나는 자연사적 현상이며, 민족의 분리라고 말할 수 있다.63)

훔볼트에 있어서, 언어의 상이성은 음성형식에 국한되는 것이 아니라, 정신이 감성에 비해 어느 정도까지 비중을 차지하고 있느냐에 달려 있다. 그에 따르면, 내적인 감각은 '원초적인 복합적 힘'이라는 에네르기를 가지고서 음성에 영향을 끼치며, 다양한 뉘앙스를 지니고 있는 음성을 사상에 대한 생생한 표현으로 삼는다. 이 에네르기는 훔볼트의 사상에서 매우 중요하다. 그렇지만 이것은 도처에서 동일할 수는 없으며, 동일한 강도와 활동성 및 동일한 법칙성을 노정할 수는 없는 것이다.64)

"언어란, 일정한 목적을 지향하는 정신활동"이라는 목적론적 언어고찰은 언어들 사이의 상이성에도 등급이 있다는 명제를 야기시킨다. 왜냐하면 이런 식의 목적에 실제로 도달하는 정도는 미진할 수도 있고, 보다 차원이 높을 수도 있기 때문이다. 이에 따라 언어의 상이성이란, 인간들 속에 보편적으로 내재하는 말(Rede)의 힘이 많든 적든 정도의 차이를 노정하면서 적절한 표현을 분출하려고 하는 노력으로 간주될 수 있다. 이 경우 민족들에 내재하는 정신의 힘은

---
63) Liebrucks(1965 : 46) 및 Humboldt(1820 : 7 이하) 참조.
64) Navarro-Pĕrez(1993 : 171) 참조.

보편적인 말의 힘에 도움이 될 수도 있고 장해가 될 수도 있다. 이런 식의 서술에는 개별 언어의 모든 조건으로부터 벗어날 수 있는 언어의 선험적 부분이 존재한다는 것이 명백하게 드러나고 있다. 물론 훔볼트는 때때로 이 선험적 부분의 역할을 언어의 '개별성'이 무색할 정도로 매우 강조하기도 했다.65)

훔볼트는 여러 번 암묵적으로 시사한 적이 있는 선험적 부분의 의미가 구체적으로 무엇인지에 대해서 일목요연하게 설명하지는 않았다. 그에 있어서 공통적인(보편적인) 부분은 언어 자체 속에서보다도 인간 속에 훨씬 더 많이 존재한다. 이것은 정신적 힘의 전개가 진행되는 궤도들이 비록 서로 다를지라도 상호 조정될 수 없는 것은 아니라는 것을 시사한다. 이것은 한 언어로부터 다른 언어들이, 혹은 어떤 개별적인 것으로부터 다른 개별적인 것들이 해석될 수 있다는 것을 의미한다. 훔볼트는 모든 인간들에게 공통적인 것의 기원을 언어능력의 동일성에서 찾았다. 그렇지만 이것은 개별 언어들이 보편적 규칙을 적용하는 특수한 경우들이라는 뜻이 아니다. 그에 있어서 개별 언어들은 변종을 무한하게 허용하는 인간의 언어행위의 통합체로 인식된다.66)

훔볼트는, 민족 및 언어의 정신적 기질이 서로 다른 것은 각기 서로 다른 상황에서 비롯된 것이 아니라, 이미 이러한 상이성이 원초적으로 인간 속에 자리 잡고 있다는 데서 기인한다고 보았다. 이와 같은 확신은 그의 작품 전반에 걸쳐 되풀이되는데, 이를테면 "언어고안에서의 민족의 기질," "민족적 특이성의 원초적 기질"이라는

---

65) Navarro-Pěrez(1993 : 172) 참조.
66) Navarro-Pěrez(1993 : 173) 참조.

훔볼트의 표현에서 간파될 수 있다. 심지어 훔볼트는 언어와 육체적인 혈통과의 밀접한 관계까지도 언급한 바 있다. 말하자면 그는 교양인이든, 비교양인이든 모국어는 외국어보다 훨씬 더 강한 힘과 내적인 결속력을 지닌다는 점에서 육체적 혈통이라는 원천성이 인식될 수 있다고 본 것이다. 그러므로 훔볼트는 보편적 언어능력과 '개별성'을 야기시키는 '언어힘'을 구별하고 있는 것이 아니라, 다양한 양식의 원초적 언어성향(이미 원천적으로 개별화되어 있는 언어유형)이라는 관념 속에서 두 가지 양상들을 결합시키고 있는 것이다.67) 물론 언어형성에 있어서 개별화를 실행시켜 주는 요소가 상이한 언어힘으로 표기되느냐, 혹은 상이한 언어성향으로 표기되느냐는 중요한 문제가 아니다. 훔볼트에 있어서 개별화는 최소한 다양한 외적인 영향들을 통해서만 생겨나는 것이 아니라, 원래부터 민족적인 상이점들이 존재하고 있는 것으로도 인식된다.

각각의 언어는 언어가 민족을 통해 형성되어 있다는 차원에서 이해되어야 한다. 또한 각각의 언어가 보편적 완성을 추구한다면, 언어는 이 일을 상이한 측면과 다양한 궤도들을 통해 수행하게 된다. 왜냐하면 어떠한 목표도 말을 할 때에 미리 규정되어 있는 것이 아니며, 민족에 의한 사고행위의 필요성을 유발시키는 것은 말을 하는 행위의 고유활동이기 때문이다. 일정한 언어 속에 성공적으로 형성되어 있는 언어구조는 이러한 목표에 도달했다고 볼 수 있다. 왜냐하면 이 언어구조는 이념들의 명확성, 확실성 및 활동성을 야기시키기 때문이다. 따라서 "분절된 음성을 사상의 표현으로 만들어 낼 수 있다"고 하는 언어의 목표야말로 언어적인 순화과정 내지는 형성과

---

67) Schneider(1995 : 187) 참조.

정의 과제인데, 이러한 과정의 실체는 언어가 순수하고도 독자적인 사유법칙을 따른다는 것이 아니라, 언어가 언어 전체를 통해 열려져 있는 순수한 사고의 궤도들 중의 하나를 선택한다는 것이다. 그러므로 언어의 조망을 사고의 유기체로부터 설정하고 있는 언어의 문법적 구조는 각각의 언어영역에서 사고의 의미가 무엇이며, 사고의 활동이 어떻게 전개되는지를 결정하게 된다. 그렇기 때문에 한 언어의 실제적인 우선권은 사고의 순수한 법칙들을 따르는 데에 있는 게 아니라, 활동적인 인간의 모든 지적인 능력이 지속적으로 유지된다는 데에 있는 것이다.68)

훔볼트에 의하면, 개개의 말소리들이 명백히 실제로 구현되는 마지막 현상이라고 해도, 언어의 통합성, 즉 매 순간마다 언어로 사유되는 모든 것은 언어 전체로부터 유래한다. 이와 같은 명제로부터 명백히 음성적인 면에서만이 아니라, 이념적인 면에서도 언어의 통합성에 기반을 둔 '개별성'과 같은 것이 야기될 수밖에 없다. 이 '개별성'은 알파벳으로부터 세계관념(Weltvorstellung)에 이르기까지 모든 면에서 나타나고 있다. 따라서 음성적인 면뿐만 아니라, 문법적인 면, 통사적인 면 및 의미적인 면에서도, 말하자면 각각의 언어에서 나타나는 모든 요소들은 개별적이라고 말할 수 있다.

훔볼트는 지적인 것을 감성적인 것과 분리시키는 것은 전통적 언어관에서 나온 결과라고 보았다. 그에 따르면, 비가시적인 정신 활동에서 '표기를 실행하는 것'(음성)과 '표기의 대상을 형성하는 힘'은 근원적으로 결코 분리된 채로 사유되어서는 안 된다. 이 둘

---

68) Navarro-Pěrez(1993 : 175 이하) 참조.

은 보편적인 언어능력을 하나로 결합하여 포괄하고 있기 때문이다. 그러므로 훔볼트에 있어서, 지적인 활동과 언어는 하나이며 상호 분리될 수 없는 것인데, 결코 전자는 생성활동을 수행하는 것으로, 후자는 생성된 것으로 인식될 수는 없다.69)

언어 내지는 민족의 '개별성'이라는 명제는 중심점을 더 이상 의미의 이론에 두고 있는 것이 아니라, 말을 하고 이해를 하는 개별적인 행위에 두고 있는 언어관에 속한다. 그렇기 때문에 언어의 상이성을 다루는 문제는, 민족에 의한 언어의 상이성이 개별적인 언어의 상이성의 특수한 경우로 간주될 때 결정적인 전환점을 맞이한다.70)

훔볼트는 그의 인류학에서 각각의 인간이 근원적으로 어떤 '개별성'을 갖고 있다는 것을 확신했음이 분명하다. 이런 관점에서 언어들의 상이성이 또한 원초적인 인간의 상이성으로 이해되는 것은, 훔볼트의 언어학에서 일관성을 가진다. 또한 훔볼트의 언어고찰의 최종 단계는 민족어들의 '개별성'이 아니라 말을 하는 사람들의 '개별성'이다. 그에 있어서는 개개인이야말로 본디 말을 형성하는 힘이다. 참다운 '개별성'이란, 오로지 매번 말을 하는 사람에게 존재하며, 언어는 개개인에게서 비로소 최종적인 확실성을 얻는다.71)

그러므로 언어에 대한 훔볼트의 사상을 이해하려면, 언어가 하나의 공통적 '기본유형'으로 결합된다고 보는 그의 신념과, 언어의 상이성(개별성) 자체가 서로 대립되는 개념이 아니라는 점을 인식

---

69) Navarro-Pérez(1993 : 177) 참조.
70) Navarro-Pérez(1993 : 178) 참조.
71) Humboldt(1827-1829 : 182 이하) 참조.

할 필요가 있다. 훔볼트는 바야흐로 언어의 상이성이 인간에 의한 서로 다른 세계관을 의미하기 때문에, 이것은 언어적 사고에서 인류에게는 불리하게 작용하는 것이 아니라, 유리한 입장을 제공한다고 보았던 것이다.[72]

---

[72] Schneider(1995 : 188) 참조.

7. 언어의 세계관에 대한 본질 규정

7.1. 도입

훔볼트에 의하면 언어란, 인간이 대면하는 모든 영역의 대상들이 인간의 정신적 소유물로 재창조되는 과정에서 결정적 역할을 수행하는 도구로 인식된다. 그의 언어사상에서 표출되는 가장 핵심적 요소들 중의 하나는 언어의 '세계관'(Weltansicht) 개념이다. 그동안 이 개념에 대한 본질 규정이 용어상으로 오랫동안 논란의 여지를 남겨 놓았던 것은 부인할 수 없는 사실이지만, 일반적으로 신낭만파(Neuromantiker)의 그룹에 속하는 의미론자들에 의해 전폭적으로 수용되면서 '낱말밭'[1]의 이론과 같은 유용한 방법론을 창출하는 근거를 제공했다.

훔볼트에 따르면, 개개 민족(언어공동체의 구성원)들은 전통적으로 문화가 서로 다르고, 사물을 관조하는 언어적 현상도 저마다 상이하다. 따라서 언어를 통해 세계를 비리보는 관점(언어의 세계관)

---

1) 7.3. 참조.

이 서로 다르기 때문에 민족과 민족 간의 완벽한 상호 이해는 거의 불가능하다고 말할 수 있다. 훔볼트의 이 고유한 세계관 개념은 그의 다른 주요 개념들(이를테면 에네르게이아, 내적 언어형식 등)처럼 그 다음 세대에서는 시대적인 상황으로 인해 그 중요성에 상응하는 대우를 받지 못했다. 그럼에도 1930년대부터는 바이스게르버(L. Weisgerber), 기퍼(H. Gipper)를 비롯한 도이칠란트의 언어내용 연구가들에 의해 크게 주목을 받으면서 이 개념에 대한 보다 심도 깊은 고찰이 거듭 시도되었다.

이 단원에서는 언어의 '세계관'의 본질에 대해 보다 구체적으로 개진해 보는 동시에, 이 이론의 효과적인 응용방법으로 간주되는 '낱말밭'의 이론의 효용성을 부각시킨다. 아울러서 음성 위주의 일방적인 측면에 초점을 맞추는 모국어 교육의 부적절한 방향설정들을 바로잡아 모국어의 정신세계를 소중히 여기는 참된 인간교육의 실천방안을 환기시켜 보는 데에 의의를 둔다.

7.2. 세계관 개념의 이해

언어와 인간의 사고 및 지각행위가 상호간에 밀접하게 연관되어 있다고 보는 견해는 역사의 진행과정에서 되풀이해서 주제로 다루어져 왔던 인류의 오랜 인식에 속한다. 이 경우 보편적인 것으로서의 언어보다도 개별 언어(그리스어, 도이치어 등, 즉 드 소쉬르의 의미에서의 랑그)의 작용을 보다 구체적으로 서술한 것은 무엇보다도 훔볼트의 공적이라 해도 과언이 아닐 것이다. 오늘날 언어들은 음운적·억양적(phonologisch·intonatorisch) 층위 및 형식적·문법적 층위에서 뿐만 아니라, 무엇보다도 의미적 구조의 층위에서도 상호간에 구별된다. 또한 후자에 대한 심도 있는 연구는 전자 못지 않게 중요하다고 본다. 왜냐하면 언어는 각각 개별 언어공동체의 사고와 지각행위의 규정에 결정적으로 관여하고 있기 때문이다.[2] 훔볼트는 이와 같은 현상을 다음과 같이 서술한 바 있다 :

> "사상과 낱말의 상호 의존성을 통해 언어는 본디 이미 인식된 진리를 재현하기 위한 수단이 아니라 그 이상의 것, 즉 이전에는 인식되어 있지 않은 진리를 발견하기 위한 수단이라는 것이 분명해진다. 언어의 상이성이란, 소리나 기호의 상이성이 아니라 세계관 자체의 상이성이다. 이런 점에 언어연구의 동기와 그 궁극적인 목적이 포함되어 있다."[3]

앞의 인용문은 훔볼트의 언어관의 핵심 부분인 '언어의 세계관'을 구체적으로 언급하고 있는 대표적인 문구들이다. 훔볼트에 의하면, 각각의 언어는 명백히 인식으로 가는 주관적인 방도에 속한다. 훔볼트는, 적어도 이론상으로는 가능한 많은 주관적인 방도들에 대한 의미심장한 연구들이 진행된다면 인간의 인식에 대한 보다 고차적인 객관성이 얻어질 수 있을 것으로 보았던 것 같다. 이와 같은 훔볼트 사상의 기저에는 인간에 대한 전체적인 인식은 불가능하며, 다만 전

---

[2] Humboldt(1820 : 27) 및 Hoberg(1987 : 217) 참조.
[3] Durch die gegenseitige Abhängigkeit des Gedankens und des Wortes von einander leuchtet es klar ein, daß die Sprachen nicht eigentlich Mittel sind, die schon erkannte Wahrheit darzustellen, sondern weit mehr, die vorher unerkennte zu entdecken. Ihre Verschiedenheit ist nicht eine von Schällen und Zeichen, sondern eine Verschiedenheit der Weltansichten selbst. Hierin ist der Grund, und der letzte Zweck aller Sprachuntersuchung enthalten(Humboldt, 1820 : 27).

체성에 접근할 수 있도록 상이한 전망들을 인식하고, 비교할 수 있게 하는 부분적인 인식들만이 가능하다는 신념이 자리 잡고 있었다. 왜냐하면 훔볼트에 의하면, 인간의 의해 인식가능한 것을 한데 모아 정리하는 일은 인간의 정신에 의해 다루어질 수 있는 영역으로서, 모든 언어들 사이에 존재하면서도 이들 언어와는 무관하게 중립적인 위치에 자리 잡고 있기 때문이다. 따라서 인간은 자신의 인식방법과 지각방식에 따라, 말하자면 주관적인 방법으로 순수 객관적인 영역에 접근할 수밖에 없는 것이다.[4]

훔볼트는 의심할 여지없이 개개의 언어들이 각각 일정한 세계관을 지니고 있다고 보았다. 그에 의하면, 인간의 개성이야말로 각각 세계관이라는 고유한 관점이라고 말할 수 있다. 그것은 바로 주관성 없는 객관적인 지각은 존재하지 않는다고 보기 때문이다.[5] 따라서 훔볼트에 있어서 "언어가 상이하다"는 말의 의미는 사물을 표기하는 기호들이 서로 다르다는 뜻이 아니라, 사물을 바라보는 민족의 관점, 즉 언어의 '세계관'이 각각 다르다는 것을 의미한다. 이와 같은 사상은 이미 훔볼트의 초기 논문 〈바스크족에 대한 전공논문의 단편들〉(1801-1802)에서 이미 구체적으로 표명된 바 있다 :

"여러 개의 언어들은 사물에 대한 그 만큼 많은 명칭들이 아니다. 그것은 동일한 사물에 대한 상이한 견해들이다."[6]

훔볼트에 의하면, 인간은 언제나 모국어의 영역 속에 포획되어

---

4) Hoberg(1987 : 218) 참조.
5) Hennigfeld(1976 : 437) 참조.
6) Mehrere Sprachen sind nicht ebensoviele Bezeichnugen einer Sache ; Es sind verschiedene Ansichten derselben(Humboldt, 1801-1802 : 602)

있다. 인간은 다른 언어와 세계관으로 옮겨가는 것이 아니라면 모국어 바깥에서는 아무런 자유로운 관점을 획득할 수 없다. 그렇지만 다른 언어의 영역으로 넘어간다고 해도 인간은 다시금 매우 일정한 관찰방식에 구속될 수밖에 없다. 인간은 세계 속에 존재하는 여러 사물들 및 빈번하게 일어나는 다양한 사건들에 직접적으로는 접근할 수 없으며, 오로지 '언어적 중간세계'(sprachliche Zwischenwelt)[7]를 통하여 간접적으로 접근할 수 있는 것이다. 훔볼트적 관점에서 보면 각각의 언어는 사건과 사물들에 대한 우선적인 해명과 질서를 제공하며, 이것은 세계에 대한 '사전이해'(Vorverständnis)에 해당한다.[8]

개개 인간은 태어나면서부터 일정한 언어공동체의 구성원으로서 일정한 모국어 속에 편입되며, 모국어 속에 미리 주어져 있는 '세계이해'의 구속을 받는다. 또한 개개인은 해당하는 언어공동체의 구성원으로 남아 있는 한, 일반적으로 생애의 마지막까지 철저하게 모국어의 영향을 받는다. 이러한 '세계이해'는 해당 언어공동체가 지니는 사회적, 역사적 기능으로 간주된다. 그와 동시에 이 '세계이해'는 언어적 진술을 통해 재구성됨으로써 오로지 개개 구성원들의 개별적인 언어재(Sprachbesitz) 속에서 부분적으로 입증될 수 있다. '세계이해'는 바야흐로 훔볼트의 '세계관'과 동의어로 인식될 수 있다. 이 경우 *Weltansicht*라는 합성어의 앞쪽 성분인 *Welt*는 인간 외적인 세계와 인간 내적인 세계를 포괄하고 있는 것이다.[9]

---

[7] 바이스게르버의 표현이며, 훔볼트가 직접 제시한 용어는 아니다. 그러나 훔볼트의 작품에는 이미 이것을 시사하는 다양한 단서들이 드러나고 있다 (209 쪽 참조).
[8] Luther(1954 : 9 이하) 참조.
[9] Luther(1967 : 515) 참조.

현대 언어학에서 바이스게르버는 의심할 여지없이 훔볼트의 단서들에 대한 진정한 계승자로 평가된다. 그는 훔볼트의 언어철학에서 제시되는 핵심적 사항들을 현대 언어학과 언어철학에서 가장 폭넓게 반영시켰던 연구가로 평가된다. 그는 다양한 관점에서 훔볼트의 사상을 사려 깊게 고찰했을 뿐만 아니라 각각의 경우마다 수반되는 난해한 과제들에 대한 해명을 매우 효과적으로 제시해 주었다. 바이스게르버의 언어관은 본질상으로는 1924년부터 전개되었으며 그의 초창기 주요 저작인 *Muttersprache und Geistesbildung*《모국어와 정신형성》(1929) 속에 이미 구체적으로 반영되어 있다. 이 책은 상당 기간 도이칠란트의 언어학에서 새로운 국면을 야기시켰으며, 점차로 일군의 언어연구가들로 하여금 언어의 내용연구 쪽으로 관심을 돌리게 했다. 그 결과 그때까지 편협하게 수행되어 왔던 외적 언어형식 위주의 언어연구를 탈피할 수 있는 계기가 조성되었다고 볼 수 있다. 바이스게르버에 의한 언어고찰의 중심에는 언어의 '세계상'(Weltbild)이라는 개념이 자리 잡고 있다. 그는 언어를 성능10)의 관점에서 고찰함으로써 훔볼트가 제시한 언어에 대한 동적인 개념규정을 구체화하려고 했다. 바이스게르버는 한 언어공동체의 언어로서의 모국어는 이 공동체가 소속하는 각각의 구성원들에게 분절되어 있으며, 질서 잡힌 세계상의 형태로 일정한 '세계이해'를 제공한다는 점을 강조했다. 그에 의하면, 개개 언어들의 세계상은 상이하기 때문에 인간은 모국어의 습득을 통해서 일정한 세계상, 즉 현존

---

10) 바이스게르버에 의해 제시된 언어연구의 네 단계 중 세 번째 단계인 성능 중심 고찰의 핵심개념이다. 이 단계에서는 언어가 인간에 의한 언어힘(Sprachkraft)의 다양한 전개방식으로 인식되는 언어의 동적인 전망이 중요시된다(Weisgerber, 1963 : 93 참조).

하는 수많은 세계상들 중의 하나를 획득하게 된다. 따라서 우리가 활용하고 있는 개념과 사유형식의 모든 영역은 어떤 개인의 능력이 아니다. 그것은 언어공동체의 고유한 창조로서, 해당하는 언어공동체 이전부터 존재했던 모든 구성원들이 겪었던 경험과 정신적 성과물을 총괄하고 있는 것이다.[11]

모든 언어적인 것은 그때그때 분리되어 있는 영역들로 따로따로 진출하고 있는 것은 아니다. 오히려 언어는 생활의 기본단위들을 총체적으로 접하고 있으며, 인간에 의한 의식된 행위의 형성에 필수적인 한, 언어는 그것들을 포함시키고 있는 전체적인 것으로 간주된다. 말하자면 언어 전체는 생활 전체를 포함하고 있는 것이다. 어떠한 삶의 영역도 언어로부터 동떨어져 있지는 않다. 바로 이 언어 전체가 본질상으로 '세계상'이라고 표기될 수 있을 것이다.[12]

바이스게르버는 개개 언어공동체가 사용하는 언어의 본질을 '사회적 인식형식'으로 규정했다. 의심할 여지없이 언어공동체의 어떠한 구성원도 해당 언어공동체의 자연스런 구속을 벗어날 수는 없다. 한 구성원은 다른 구성원들과 공생하는 동료로서 모국어의 세계상에 의해 형성되고, 그 자신의 인식 행위뿐만 아니라 실제적인 행동에서도 이 세계상에 의해 철저하게 영향을 받는다. 따라서 근본적으로 모든 민족들이 동일한 방식으로 사유하고 단지 그들 사상의 외피, 즉 외적 언어형식만이 상이하다고 보는 일부 언어사상가들의 견해는 철저히 거부된다. 비록 보편적 인간의 언어능력이 전체 인류를 포괄한다고 할지라도, 언어능력은 모든 인간들을 포괄하는 유일한

---

[11] Luther(1954 : 11) 참조.
[12] Weisgerber(1953 : 20) 참조.

언어의 형태로 실현될 수 있는 것이 아니라 다양한 형태의 개별 언어들로 구체화된다.13) 말하자면 개개 언어는 '사회적 인식형식'으로서 개개 언어공동체의 구성원들의 사고를 일정한 방향으로 동일하게 이끌면서 무엇보다도 동일한 종류의 사고와 상호 이해를 가능하게 해준다.14)

언어공동체란, 바야흐로 동일한 언어를 사용하는 인간의 집단인데, 모국어와 언어공동체는 분리될 수 없는 하나의 전체를 형성하고 있기 때문에 모국어 없는 언어공동체는 상상하기 어렵다.15) 개개의 언어는 그 나름대로 고유한 '세계상'(세계관)을 가지고 있으며, 이 세계상 속에 언어공동체의 정신이 담겨져 있는 것이다. 모든 언어공동체는 시대의 흐름에 따라 모국어의 '세계상'을 획득해 나가는 한편, 처음부터 모국어에 의한 정신적 작용의 영향을 받고 있기도 하다. 바이스게르버는 양자의 관계를 다음과 같이 서술한 바 있다 :

> "이것은 모국어의 작용과 함께 언어공동체의 모든 구성원들이 정신적으로 서로 접할 수 있는 공통의 층위로 나아가는 것을 의미한다. 모국어의 법칙에 따라 언어공동체의 구성원들 모두는 아주 이른 어린 시절에 모국어적 사고세계에 편입되는데, 이 일은 구성원들이 사고세계를 자명한 것으로 간주할 정도로 지속적으로 행해진다."16)

---

13) Ramischwili(1985 : 248) 참조.
14) Luther(1954 : 11) 참조.
15) Weisgerber(1967 : 14 이하) 참조.
16) Das besagt, daß mit der Wirksamkeit der Sprache alle Glieder der Sprachgemeinschaft auf die gemeinsame Ebene treten, auf der sie sich geistig treffen können. Gemäß dem Gesetz der Muttersprache werden sie alle in frühester Kindheit in die muttersprachliche Denkwelt eingegliedert, so nachhaltig, daß sie diese Denkwelt für selbstverständlich halten(Weisgerber, 1964 : 121).

바이스게르버에 있어서 비교 언어학의 주요 과제는 언어의 동일한 계보관계를 역사적으로 추구해 나갔던 19세기 말의 연구방향과는 결코 동일하지 않다. 그에 의한 비교 언어학의 실행과정은 개개 언어에 있어서의 정신적(언어적) 중간세계와 이것을 형성하고 있는 힘들을 연구한 다음에, 나름대로 고유한 특성과 내적 형식을 지닌 상이한 세계상들을 조명한다. 그런 다음 여기에서 도출되는 공통점과 상이점들을 본질적으로 비교해 본다. 물론 이 경우의 연구방향은 어휘와 '말결합'(Redefügung)이라는 언어의 두 영역에 맞추어진다.[17] 이와 같은 견해 속에는 이미 언어유기체의 구조와 언어의 특성을 상호 비교하는 것을 목표로 삼는 훔볼트의 사상이 수용되어 있다고 보아야 한다.[18]

바이스게르버는 각각의 언어 속에는 독자적인 성능으로서의 어떤 특별한 '세계상'이 포함되어 있으며, 이것이 개개인의 '말하기'와 '쓰기', '사고'와 '행위'에 결정적으로 영향을 미친다는 근본적인 사상을 연구의 출발점으로 삼았다. 그와 동시에 그는 보다 포괄적인 연구계획 속에서 모국어와 문화 전체 사이의 연관성을 실증적으로 해명하려고 시도했다.[19] 물론 바이스게르버에 있어서 모국어는 언어공동체가 소유하는 최고의 문화재이다. 무엇보다도 모국어에는 문화를 창조하는 공동체 생활에서의 성과들이 체계적으로 부과되어 있기 때문이다. 따라서 문화창조에 있어 모국어적 '세계상'의 성과는 먼저 이 '세계상' 자체를 인식할 때만이 통찰될 수 있다. 그렇게 볼 때 문

---

17) Luther(1954 : 11 이하) 참조.
18) Trabant(1986 : 172) 참조.
19) Luther(1954 : 12) 참조.

화영역에서의 모든 창조가 언어사용과 결부되어 있다고 단언하는 것도 무리가 아닐 것이다.[20]

바이스게르버는 의심할 여지없이 훔볼트의 주요 사상을 전적으로 수용하였다. 그는 나름대로의 고유한 언어사상 속에 훔볼트의 심오한 사상을 접목시켜 보다 실제적이고도 구체적인 방법론을 얻어내려고 시도했다. 이 과정에서 바이스게르버는 '세계관'이라는 훔볼트의 용어를 '세계상'으로 대치하려고 했다. 그렇지만 일군의 학자들에 의해 이 부분에 대한 몇 가지 이의가 제기되었다. 즉 '세계상'이라는 낱말은 전문용어 면에서 보면 이미 바이스게르버 이전에 철학을 비롯한 몇몇 다른 분과들에서 개념상으로 상당히 다르게 규정되어 왔다는 것이다. 이를테면 프톨레마이오스에 의한 지구 중심의 세계상, 코페르니쿠스에 의한 태양 중심의 세계상, 고전 물리학의 세계상을 예로 들 수 있다. 이 개념들은 체계적인 고찰에 근거한 과학적 연구를 통해 얻어진 세계의 전체 모습을 우주로 표기했다. 또한 신화시대의 세계상들에는 언제나 질서 있게 하나의 전체상이 배경으로 주어져 있는데, 이것은 보통 천국, 현세, 지옥으로 나뉜다. 아무튼 문화사적 관점에서 보면, 각각의 세계상마다 알려져 있는 모든 사물들과 사건들을 파악해서 정돈하려는 체계화의 노력이 엿보인다. 그 결과 모든 세계상들에는 궁극적으로 고정된 틀처럼 핵심적인 체계의 기본개념들을 통해 형성되는 잘 짜여져 있는 영역이 부가되어 있다고 말할 수 있다. 물론 세계상은 주어진 범위 내에서 확대될 수 있으며, 그 연구가 진척됨에 따라 세부적으로 변화될 수도 있다. 그러나 이것은 우리가 세계상을 전체로서 인정해야 하는 경우에만 가능

---

[20] Weisgerber(1964 : 99) 참조 .

하다. 만약 새로운 체계를 형성할 정도로 세계상의 근본토대가 뒤엎어진다면 세계상 자체가 부인될 수 있을 것이다.

그렇지만 이와 같은 완결된 세계상들의 특성은 민족 고유의 언어 속에 미리 주어져 있는 '세계이해'로 해석되는 훔볼트적 언어의 '세계관'에는 적합하지 않다. 왜냐하면 후자는 의식적으로 창조되지도 체계적으로 구성되지도 않기 때문이다. 훔볼트의 의미에서 언어의 '세계관'은 언어공동체의 역사적 개변에 근거한 역사적 등급으로서 항상 변화를 겪고 확대될 수 있도록 개방되어 있다. 우리들 이전에 살았던 세대들이 언어의 '세계관'의 유지에 기여하였듯이 미래의 사람들도 계속해서 기여할 것이며, 부분적으로는 창조적인 개개인들이 전체의 견해표명에 따라 이것을 수정할 수도 있는 것이다.[21]

훔볼트의 작품들에서 '세계관'이라는 용어는 그 어떤 부분에서도 일목요연하게 정의되어 있는 것은 아니다. 또한 훔볼트에 의해 비슷한 의미로 사용되고 있는 '세계표상'(Weltvorstellung), '세계직관'(Weltanschauung), '세계파악'(Weltauffassung) 등의 낱말들도 함께 등장한다. 우선 형이상학적인 뉘앙스를 염두에 두지 않고 이 낱말들이 의미하고 있는 것을 추론해 보면, 이들은 인간이 스스로 지닌 감수성에 힘입어, 말하자면 단순한 직관을 통해 인간을 에워싸고 있는 주변 세계에 대한 형상을 포괄적으로 얻게 된다는 의미로 해석될 수 있다. 한 언어의 어휘 속에 담겨져 있는 이러한 직관들은 두 가지 사항에 의존한다. 하나는 확정되어 있는 객관적인 관점인데, 주체(인간)는 지속적으로 활동하는 동안에 이러한 관점을 받아들인다. 또 하나는 주체의 개별성이 현상들과 대비되는 방식인데, 이것은 주

---

21) Luther(1967 : 513) 참조.

체 속에 이미 구축되어 있다.22)

　이와 같은 해석에 따른다면, 바이스게르버가 제안한 용어인 '세계상'이 혼동의 여지를 주고 있다고 보는 루터(W. Luther)의 견해가 올바른 것 같다. 이미 바이스게르버는 훔볼트의 용어인 '세계관'에 대해 이의를 제기한 바 있다. 그는 이 용어 속에는 언어의 영역이 이미 형성되어 있는 정적인 체계인 에르곤(Ergon)으로 이해될 수 있는 요인이 존재한다고 보았다. 그렇기 때문에 바이스게르버는 훔볼트가 초기 논문에서 제시한 '세계관'이라는 정적인 개념을 동적인 개념, 즉 '내적 언어형식'(innere Sprachform)의 개념으로 대치했다고 추론한 것 같다. 그렇지만 루터는 이점에 대해 반론을 제기한다. 루터에 의하면, 의심할 여지없이 훔볼트의 나중의 논문들에서도 세계관의 개념은 결코 기피되지 않았으며, 오히려 언어의 동적인 측면과 관계되고 있음이 드러난다는 것이다. 또한 루터는 훔볼트가 마지막에 남긴 미완성의 위대한 작품인 <카비어-서문>에서도 최소한 네 차례 등장하고 있으며, 이와 비슷한 의미의 용어들도 여러 차례 등장했다는 사실을 이에 대한 반증으로 제시하였다. 세계관의 개념은 처음부터 내적 언어형식의 개념보다도 오히려 훔볼트의 언어철학적 사고를 더욱 뚜렷하게 각인한다고 볼 수 있다. 이 점은 앞에서 서술한 세계관에 대한 정의에서도 어느 정도 드러나고 있다.23)

　훔볼트의 작품에서 '세계관'은 정확히 칸트에 의한 철학적 구성에서의 직관에 해당한다. 언어 속에 일정한 세계관이 담겨져 있다면 그것은 칸트적 의미에서 감각기능들의 수용에 기인한 것이다.24) 의

---

22) Heeschen(1977 : 166) 참조.
23) Luther(1970 : 86) 참조.
24) Heeschen(1977 : 168) 참조.

심할 여지없이 훔볼트의 언어철학의 보편적 요구에는 칸트철학의 인식론적 배경이 함께 하고 있다. 훔볼트가 모든 인간들이 예속되어 있는 사유법칙을 말할 때에는 언제나 칸트의 선험주의가 반영된 것으로 볼 수 있다.[25]

칸트에 의하면, 인간의 인식은 감성과 오성의 범주(Kategorie)[26]에 의해 이루어진다. 어떤 대상(물체)은 일단 감성의 형식들인 시간과 공간을 통해 받아들여지고, 이렇게 수용된 대상은 오성이 선험적으로 지니고 있는 12개의 범주들을 통해 판단된다.[27] 칸트에 의하면, 이것들은 지식에 의한 경험 이전에 인간의 이성이 간직하고 있는 순수한 개념들이다. 따라서 이러한 범주들은 경험에 의해 영향 받을 수 없는 불변적인 요소로서 인간의 이성은 이 범주들을 통해서만 보편적 사유를 전개시킨다는 것이다. 다시 말하면 선험적인 순수 개념들인 범주들이야말로 인간 인식의 구성적 역할을 수행한다는 것이다.[28]

따라서 칸트적 의미에서 오성의 선험적 형식인 범주는 경험보다 먼저 있어야 하고 경험에 좌우되는 것이 아니라 경험을 선도하고 있다고 볼 수 있다. 세계관의 본질에 대한 훔볼트의 서술에서도 칸트의 선험적 주체가 연관되고 있음을 볼 수 있다. 칸트에 따르면, 선험적 주체(인간)는 감성형식을 거쳐 사물 자체로부터 공급되는 다

---

[25] Gipper(1965 : 4) 참조.
[26] 칸트가 제시한 선험적인 것 중에는 직관형식 이외에도 선험적 개념이 있으며, 이것이 곧 범주이다. 그는 이것을 3단 논법의 형식으로 유도해 내고 있는데, 이 범주는 다음과 같이 세 개씩 네 부분으로 구분된다 : 1. 양-단일성, 다수성, 전체성 2. 질-실재성, 부정성, 제한성 3. 관계-실체와 우연성, 원인과 결과, 상호성 4. 양상-가능성, 현존성, 필연성(최민홍, 1993 : 984 참조).
[27] 이규호(1974 : 85) 참조.
[28] 이규호(1974 : 86) 참조.

양한 종류의 질료를 창조적인 상상력을 통해 대상들의 통합체로 결합하고 대상에 맞는 합법적인 현상세계를 창출한다. 훔볼트는 오로지 칸트의 이 선험철학적 도식에다 '순수 직관형식'이나 '순수 오성개념' 및 '범주' 대신에 언어를, 보다 구체적으로 말하면 각각의 민족어를 설정한 것이다.29)

칸트가 그의 순수 이성비판에서 이성의 기관으로서의 언어를 고려하지 않은 것은 그가 자율적 이성에 의한 보편적 사유를 절대화했기 때문이며, 결국 그의 위대한 철학도 시대적인 제약을 벗어나지 못했다고 볼 수 있다.30) 만약 칸트가 훔볼트의 언어연구를 참조할 수 있었다면 순수 오성의 선험적 '범주'가 '언어'로 대치되었을 것이라고 가정해 볼 수 있을 것이다.

훔볼트에 의해 초창기에 뚜렷이 강조되었으며, 비판의 대상이 된 바 있는 언어관념론적인 경향은 후기에 발표된 논문들에서는 상당부분이 완화되고 있음을 볼 수 있다. 이를테면 훔볼트의 "Über den Nationalcharakter"<언어의 민족적 특성에 대하여>(1822)라는 단편에서는 언어가 지니는 표시기능(Bezeichnungsfunktion)의 특징을 더 이상 대상형성의 의미에서 규정하지 않고, 다만 언어가 대상들을 표기하며 불분명한 사고에다 형태와 특징을 부여한다고 기술한 바 있다. 훔볼트는 이미 언어가 오로지 의사소통의 수단으로만 존재하는 것은 아니라고 봄으로써 언어의 사교적 목적에 대한 정당성을 일단 인정하고 있음을 알 수 있다. 그러나 다른 한편으로 보면, 그가 언어의 특성을 '정신의 복제', '말을 하는 사람의 세계관'으로 묘

---

29) Luther(1970 : 87) 참조.
30) 이규호(1974 : 87) 참조.

사하고 있는 부분은 주관적이며 관념론적인 견해표명으로 인식될 수 있다.

또한 훔볼트에 따르면, 여러 개의 언어들은 여러 개의 세계관들이기 때문에 각각의 언어는 각기 어떤 개별성을 드러내게 된다고 한다. 바야흐로 "이 개별성이야말로 공동체 상으로 모든 사람에게 가로 놓여 있는 영역을 정신의 소유물로 개조하는 힘"이라고 주장한 그의 서술은 완화된 관념론적 경향을 보여준다고 말할 수 있다. 아울러서 훔볼트의 논문 <일반적 언어유형의 개요>(1824-1826)에서는 '창조'가 '개조'로 바뀌었는데, 이것은 언어가 주어진 현실과 대면할 때 시도하는 개변을 의미한다. 이런 맥락에서 볼 때, 훔볼트는 그의 언어관에서 관념적 요소들을 점차로 보다 구체적 서술을 통해 대치하려는 의도를 가지고 있었다고 단언할 수 있을 것이다.[31]

우리는 훔볼트를 순수 관념론자로 평가해서는 안 된다. 왜냐하면 인간이 대면하는 현상세계가 언어를 통해 창조된 것이 아니라, 단지 객관적 세계를 정신의 소유물로 개조하는 것을 말하고 있기 때문이다. 이에 따르면 현실세계에도 대상구성의 일정한 몫이 부여되어야 한다. 아울러서 추론할 수 있는 것은 언어의 세계해명적 기능이다. 왜냐하면 언어 자체는 정신으로 하여금 세계의 개념과 분리될 수 없는 관계라는 인식을 가능하게 하기 때문이다. 의심할 여지없이 훔볼트에 있어서 언어는 사상에 대한 표현을 야기시키는 정신활동이다. 그렇지만 언어의 정신활동은 언제나 이미 주어져 있는 어떤 사물에 방향이 맞추어져 있는 것이어서 순수 생산적인 것은 아니며 개별적이다.[32] 그러므로 인간은 단지 언어를 통해서만이 인간다운

---

31) Humboldt(1822a : 420) 및 Luther(1970 : 87) 참조.

것이며, 세계가 언어적으로 구성되어 있는 한에서만 세계 자체를 세계로서 파악할 수 있게 된다는 결론에 이른다.33)

훔볼트는 인간이 지배를 받고 있는 언어영역을 일단 패쇄적이며, 외부와는 격리되어 있다고 해석한다. 인간은 명백히 다른 언어를 습득해서 다른 언어영역으로 넘어가지 않으면 그의 언어영역에서 빠져나올 수는 없다. 물론 다른 언어를 습득함으로써 인간은 그때까지의 세계관 내에서의 어떤 새로운 입장을 취하게 된다. 그러나 이제 다시금 이 새로운 입장의 구속을 받지 않을 수 없게 된다. 이 부분에 대해 루터는 부분적으로 문제점을 지적한다. 즉 훔볼트가 고유의 시야를 통해서 다른 조망들을 배제하고, 오로지 한 가지 세계경험만을 규정하는 언어적 세계관을 주장함으로써 세계관 개념이 너무 편협하게 정의되었다는 것이다. 루터는 외국어를 습득한 후에도 개개인은 여전히 모국어적 세계관의 관할 영역에 머무르게 되며, 이 경우 모국어의 세계관은 오로지 다른 언어의 관찰방식과 언어관습을 통해 풍부하게 확대될 수 있다고 보았던 것이다.34)

물론 루터의 견해가 어느 정도 일리가 있다. 그러나 그의 견해에 동의할 수는 없다. 왜냐하면 어떤 사람이 외국어를 장기간 구사함으로써 모국어보다 오히려 외국어의 세계관에 포획된다고 한다면, 그 사람은 이미 모국어가 아닌 새로운 모국어적 세계관의 지배를 받는 역현상이 가능하기 때문이다. 그렇지만 루터의 견해는 일반적인 외국어 습득에는 적용될 수 있을 것이다. 말하자면 세계관은 미래의 세대들이 이것을 개조하고 확대할 수 있다는 점에서, 이른바 '개방

---

32) Luther(1970 : 88) 참조.
33) Cesare(1996 : 279) 참조.
34) Luther(1970 : 88) 참조.

된 한계영역'의 특징을 지니고 있는 것이다.35)

앞에서 언급한 바와 같이, 그 개념이 명백하게 제시된 것도 아니고 완벽하게 정의되어 있는 것도 아니지만, 훔볼트의 글 속에는 언어적(정신적) 중간세계로서의 세계관의 존재가능성이 이미 시사된 부분들이 발견된다 :

"언어는 상호 의사소통을 위한 교환수단일 뿐만 아니라 정신이 그 힘의 내면적 활동을 통해 자신과 대상 사이에 설정하지 않으면 안 되는 실제의 세계인데, 만약 이런 감정이 진실로 마음속에서 생겨난다면, 바야흐로 이런 마음은 언어 속에서 점점 더 많은 것을 발견하는 동시에 더 많은 것을 언어 속에 할당하려는 실질적인 도상에 있다."36)

"언어의 특이성은 언어가 인간 및 외부의 대상들 사이를 중개하면서 사유세계를 음향과 결합시킨다는 데에 그 본질이 있다."37)

인용된 훔볼트의 글 속에는 언어의 중개기능이라고 하는 지극히 보편적인 개념이 함축되어 있는 동시에, 그 핵심부에는 나중에 중간세계의 개념으로 전개될 수 있는 토대가 이미 구축되어 있는 것을 볼 수 있다. 훔볼트는 한 걸음 더 나아가서 '언어'와 '세계'를 비교하고, 자연과 인간 사이에 설정되는 '세계관'과 '언어'를 비교함으로

---

35) Luther(1954 : 13) 참조.
36) Wenn in der Seele wahrhaft das Gefühl erwacht, daß die Sprache nicht bloß ein Austauschungsmittel zu gegenseitigem Verständnis, sondern eine wahre Welt ist, welche der Geist zwischen sich und die Gegenstände durch die innere Arbeit seiner Kraft setzen muß, so ist sie dem wahren Wege, immer mehr in ihr zu finden und in sie zu legen(Humboldt, 1830-1835 : 176).
37) Die Eigentümlichkeit der Sprachen besteht darin, daß sie, vermittelnd, zwischen dem Menschen und den äußeren Gegeständen eine Gedankenwelt an Töne heftet(Humboldt, 1824 : 110).

써 진일보된 사유단계를 제시하고 있을 뿐만 아니라 '세계관' 자체를, 다른 언어의 습득을 통해서만 벗어날 수 있는 질서 잡힌 시야를 지닌 궁극적인 범주로 해석했다.38) 바야흐로 훔볼트에 의하면, 언어는 감각과 감정을 거쳐 사고의 기관으로서 특유하게 마련된 음성들의 영역으로 현실세계의 인상(Eindruck)을 인도한다. 또한 이렇게 함으로써 비로소 세계와의 연관성이 명백하게 드러나는 명백한 순수 이념들과 대상들의 연결이 가능해진다.39)

이런 관점에서 볼 때 20세기의 언어사상가 바이스게르버에 의해 제시된 정신적(언어적) 중간세계의 이론이 훔볼트의 사상을 통해 크게 영향을 받았다고 보는 것은 논란의 여지가 없다. 바이스게르버는 이 사상을 대상구성에 대한 칸트의 개념과 연관시킨다. 그는 언어와 무관한 순수 직관형식과 칸트적 의미에서의 오성 개념의 위치에 개개 모국어를 설정하고, 여기에 "대상을 구성하는 기능"을 부여한다. 그에 의하면, 우리 주변의 현실세계는 모국어를 통해 정신적으로 개변되는데, 바야흐로 현실세계는 모두 이런 방식으로 우리의 의식에 접근하게 된다. 이 경우 현실세계는 언어적 세계형성의 과정에서 중간세계(중간층)를 횡단하지 않으면 안 되는데, 이 속에서 현실 자체도 인간을 위한 '의식된 존재'로서의 존재양식을 갖추게 된다.40)

그러므로 정신적 중간세계의 구성과 실재(Wesenheit)는 미리 주어져 있는 외부세계와 인간의 만남으로부터 이해될 수 있다. 물론 이 경우 인간은 인류, 공동체의 구성원 및 개개인이라는 세 가지 형태로 관여한다. 왜냐하면 공동체의 역할은 일정하게 드러난 어떤 특

---

38) Luther(1970 : 92) 참조.
39) Humboldt(1827-1829 : 179 이하) 참조.
40) Luther(1970 : 92) 참조.

색을 보편적으로 인류에게 가능한 것으로부터 역사적 사실로 옮겨 놓고, 이것이 그때그때 공동체에 속하는 개개인들에게 구속력을 갖게 하기 때문이다.41)

바이스게르버의 견해에 따르면, 훔볼트가 제시하는 "언어의 세계관은 성과, 즉 언어적 성분의 문법적 확증으로서 본 언어의 정신적 영역이고, 내적 언어형식은 실제의 생활, 즉 언어공동체를 통한 세계의 언어적 동화과정(Anverwandlung)으로서 본 언어의 정신적 영역"으로 간주된다.42) 이와 같은 서술은 언어의 '세계관'은 정적인 층위에, '내적 언어형식'은 동적인 층위에 자리 잡고 있다는 것을 시사하는 듯하다.

루터는 이와 같은 바이스게르버의 개념규정이 수정될 필요가 있다고 주장한다. 훔볼트의 말대로 현실세계를 정신의 소유물로 개조하는 힘이 세계관 속에 내재한다면, 현실세계를 개변하는 일에, 그리고 언어공동체의 구성원들이 세계 속의 사물 및 사건에 반작용하는 방식과 이들이 느끼고, 바라며, 행동하는 일에 세계관이 결정적으로 영향을 미친다고 볼 수 있다. 그렇게 보면 '세계관'에 동적인 기능이 부여된다고 보는 루터의 견해는 정당성을 얻게 된다. 그렇지만 훔볼트의 글43) 속에는 세계관의 정적인 특성이 부각되는 부분들도 있기 때문에 루터는 실제로는 세계관을 정적인 동시에 동적인 것이라고 표현할 것을 주장한 바 있다. 언어의 '세계관' 연구에 전념

---

41) Weisgerber(1962 : 51) 참조.
42) Weisgerber(1954 : 574) 참조.
43) 이를테면 훔볼트에 의해 언급된 "언어의 일부 고정적인 면", "낱말들의 저장과 규칙들의 체계"는 '말하기'(에네르게이아)의 결과(에르곤)에 해당할 수 있다(Humboldt, 1830-1835 : 63 및 1827-1829 : 180 참조).

한 바 있는 루터는 앞에서도 언급한 것처럼 이미 바이스게르버의 *Weltbild*(세계상)라는 용어에 이의를 제기했다. 그 뿐만 아니라 루터는 훔볼트의 *Weltansicht*(세계관)라는 합성어의 뒷부분인 *Ansicht*가 한편으로는 오해를 불러일으킬 수 있다고 보았다. 예를 들면 이것을 "어떤 것에 대한 견해"의 뜻으로 이해할 가능성이 있어서 본질적 의미가 잘못된 방향을 추구할지도 모른다는 것이다. 또한 눈으로 본다는 시각적인 의미영역을 일방적으로 복속시키는 것도 이 개념이 뜻하는 것의 본질에 부합하지 않다는 것이다.

루터는 언어가 모든 감각들, 그 중에서도 특히 귀를 통한 청각에 의존하는 면이 강하다는 점을 그 근거로 제시한다. 이러한 고찰을 토대로 루터는 이미 1935년에 '세계의 사전이해'라든가 '미리 주어진 세계이해'라는 표현을 사용한 바 있다. 그렇지만 루터는 이들 용어와 병행하여 '세계관'도 용어로서 계속 사용했다. 궁극적으로 그는 훔볼트의 개념이 지니는 위대한 발견을 고려하지 않을 수 없었기 때문일 것이다.[44] 의심할 여지없이 훔볼트의 언어관에 입각한 언어 연구의 본질은 바로 언어 속에 내재하고 있는 언어의 '세계관'을 해명하는 일이라고 정의할 수 있을 것이다.

7.3. 모국어적 세계관 해명의 방법론

훔볼트는 개개 민족의 세계관에 대한 개념규정을 언어의 개념규정과 동일시했다. 그에 의하면 "각각의 개념은 언어를 통해서 포착

---

[44] Luther(1970 : 94) 참조.

될 수 있어야 하므로 언어가 세계의 규모와 동일하다는 이유에서 뿐만 아니라, 언어가 대상과 함께 행하는 개변이 비로소 정신으로 하여금 세계의 개념으로부터 분리될 수 없는 관계라는 것을 인식시킬 수 있다는 이유에서 세계관'은 바로 언어인 것이다."45) 따라서 그의 언어연구에서 '세계관' 연구는 필연적이다. 또한 개개 언어의 '세계관'을 연구하기 위한 방법론은 '낱말밭'(Wortfeld)의 사상이며, 어휘가 지니는 분절구조에 대한 연구라고 볼 수 있다. 바야흐로 분절구조의 문제는 필연적으로 언어내용 연구의 핵심문제로 자리 잡고 있다.

의미의 연구 분야에서 효과적인 방법을 제시한 도이칠란트의 어휘 연구가 트리어(J. Trier, 1894-1970)는 자신의 대학교수 자격논문 *Der deutsche Wortschatz im Sinnbezirk des Verstandes. Die Geschichte eines sprachlichen Feldes* ≪오성의 의미영역에서의 도이치어 어휘≫(1931)에서 '낱말밭의 이론'46)의 결정적인 기초를 마련함으로써 언어학, 특히 의미론의 역사에서 일약 세계적인 명성을 얻었던 탁월한 언어이론가로 간주된다. 그는 동시대에 제안되었던 여타의 '밭' 개념들이 주는 시사적인 측면과는 달리 어휘의 내용적인 분절구조를 의미심장하게 효과적인 방법으로 해명하려고 시도했던 최초의 인물이었다.

주지하는 바 지난 19세기부터 20세기 초까지만 해도 언어학에서는 일반적으로 언어의 재료적인 면, 즉 음성적인 면에 우위를 두는

---

45) Humboldt(1827-1829 : 179 이하).
46) 이 이론은 언어학자 허발이 처음으로 도이칠란트로부터 수용하여 구체적으로 소개한 바 있는데, 가장 일반적으로 사용되는 우리말 '낱말밭'이라는 용어는 그의 표현에 따른 것이다(허발, 1981 참조).

개별 낱말들에 대한 역사적·비교적 연구가 관심사였다. 이에 따라 의미론의 경우에도 개별 낱말에 대한 언어사적인 비교의 연구가 시도되었다. 그렇지만 이 전통적 의미론에서는 의미의 층위에서의 언어변화를 기술할 수 있는 적절한 방법론이 결여되어 있었다.[47]

트리어에 의해 1931년에 제시된 '낱말밭' 이론의 근간이 되는 기본 명제에 따르면, 한 언어의 모든 낱말들은 오로지 전체로서의 언어에 의해서만 인식될 수 있을 정도로 유기적인 분절관계 속에 있다. 그와 동시에 어휘란, 언어 내적인 법칙에 맞게 분절된 조직이며, 개개의 낱말들은 이 조직 속에서 마치 건축물에서의 개개 구성물들처럼 교묘하게 맞물려 있다. 따라서 한 언어의 낱말들은 서로 관계없이 독립된 개체로 유리된 상태로 병렬되어 있는 것이 결코 아니다. 각각의 낱말은 유사한 내용의 다른 인접어들에 의해 규정된다.[48]

바야흐로 트리어에 의해 제시된 이 분절사상은 구체적인 어휘연구에서 논란을 불러일으키는 중요한 계기를 마련해 주었다. 그렇지만 트리어가 '밭'이론의 선도자로 인식된다고 할지라도 그의 개념의 상당 부분은 이미 트리어 이전에 제시되었다는 점 또한 간과되어서는 안 된다. 그 스스로도 다른 언어학자들로부터 자극을 받은 적이 있다고 진술한 적이 있다.[49]

이미 1896년에 뽀크로프스키(Pokrovskij)는 주어진 어떤 낱말이 지니는 의미의 역사를 알려면 먼저 공시적 관계에 있는 다른 낱말들, 무엇보다도 동일한 개념영역에 속하는 낱말들과 비교해야 한다고 언급한 바 있다. 뽀크로프스키는 낱말의 역사에 관심을 가졌고

---

47) Höfer-Lutz(1994 : 76 이하) 참조.
48) Trier(1931 : 3) 참조.
49) Höfer-Lutz(1994 : 86) 참조.

공시적 언어고찰을 주장한 것이 아니기 때문에 그의 생각과 트리어의 '밭'이론 사이에서 직접적인 연관성을 찾는 것은 다소 무리가 있을지도 모르지만 트리어의 핵심개념에 매우 유사한 것은 사실이다.50) 또한 유명한 로만어 학자인 마이어(R. M. Meyer)는 언어연구의 음성적·형식적 기준들을 도외시하고 낱말들은 내용상으로 공속하는 집단 속에서 결합한다고 봄으로써 '밭'사상에 결정적인 토대를 예비한 것으로 평가된다.51)

Feld(밭)라는 명칭은 입센(G.Ipsen)의 Bedeutungsfeld(의미밭)에서 연원하는데, 이 사상은 본질적인 측면에서 보면, 드 소쉬르(F. de Saussure)에서 유래한다고 보아야 한다. 루터의 견해에 따르면, 트리어는 아마도 1918년에 드 소쉬르의 제자들에 의해 사후에 발간된 ≪일반 언어학 강의≫(1916)를 접했을 것으로 추론되는데, 이 책이 트리어의 이론적 기본 구상에 결정적인 영향을 미쳤다고 단언할 수 있을 것이다.52) 실제로 트리어 자신도 이에 대해서 다음과 같이 서술한 바 있다 :

"의미밭이라는 낱말은 군터 입센이 최초로 공공연하게 사용했다. 내가 밭 고찰에 대한 이론을 오로지 드 소쉬르에 힘입어 전개했는지, 아니면 입센에 의해 표명된 12행의 짤막한 글도 나에게 함께 영향을 미쳤는지에 대해서는 더 이상 말할 수 없다. 내가 최초로 밭에 관해 이야기한 사람은 아니다. 그러나 이 연구의 테마와 이것을 실제로 다루는 방식은 1923년부터 나에게 명백히 존재했었다고 단언할 수 있다. 이 테마를 다루는 방식 속에 이미 밭의 이념이 주어져 있다. 전반적인 견해로 나 스스로는 페르디난트 드 소쉬르로부터 가장 강하게 영향을 받았다고 생각

---

50) Kertscheff(1979 : 36이하) 참조.
51) Gewehr(1974 : 12) 및 허발(1981 : 25-27) 참조.
52) Luther(1954 : 13) 참조.

한다."53)

드 소쉬르에 의하면, 한 언어의 낱말은 개별어로서가 아니라, 오로지 체계적으로 정리되고 잘 짜맞추어진 어휘의 부분성분으로만 인식된다. 말하자면 언어는 체계이고, 이 체계의 구성요소들 모두는 상호간에 서로 제약을 하고 있으며, 체계 내에서의 어떤 구성요소(개개의 낱말)와 그 가치는 다른 구성요소들이 현존함으로써 생겨난다는 것이다. 개개 낱말의 위치가치는 전체 어휘체계의 영역 내에서 규정되어 있는 것이다.54)

그렇지만 트리어는 드 소쉬르와는 달리 낱말이 직접 어휘의 전체로부터 분절되어 나오는 것이 아니라, 언어 내부에는 어휘를 전체로서 형성하는 부분적인 전체들의 단계적 순서가 존재한다고 보았다. 말하자면 트리어에 따르면 '낱말밭'이란, 개별어들과 어휘 전체 사이에 현존하는 언어적 현실들인데, 이것들은 낱말의 관점에서 보면 분절되어 있다고 볼 수 있으며, 어휘의 관점에서 보면 전체로부터 분리되어 나온다고 기술될 수 있다. 예를 들면 트리어에 있어서 *gescheit* (분별 있는)란 낱말은 확실히 어휘 전체로부터 분절되지만, 직접적으로 어휘 전체에서 분절되어 나오는 것은 아니다. 이 낱말은 일단 보

---

53) Das Wort Bedeutungsfeld hat Gunter Ipsen als erster öffentlich gebraucht. Ob ich die Theorie der Feldbetrachtung allein mit Saussures Hilfe entwickelt habe oder ob die kurzen 12 Zeilen bei Ipsen miteingewirkt haben, kann ich nicht mehr sagen. Ich bin nicht der erste, der von den Feldern redet. aber ich darf feststellen, daß das Thema dieser Arbeit und die Form seiner praktischen Bearbeitung mir seit 1923 deutlich waren. In der Form der Bearbeitung ist die Idee des Feldes schon gegeben. Im ganzen der Auffassung fühle ich mich am stärksten verpflichtet Ferdinand de Saussure(Trier, 1931 : 11).
54) Saussure(1916 : 136 이하) 참조.

다 상위에 있는 중간 단계의 전체로부터 분절되는데, 이 부류에는 *gescheit* 이외에도 *weise*(현명한), *klug*(영리한), *schlau*(교활한), *gerissen*(약삭빠른), *gewitzig*(약아빠진), *gelehrt*(박식한), *erfahren*(노련한), *gebildet*(교양있는)와 같은 낱말들이 소속하고 있다. 이 중간 단계인 전체는 다시금 그 나름대로 이보다 상위 단계인 전체로부터 분절되는데, 여기에는 부분적인 '전체' 외에도 윤리학적, 미학적, 사회학적 특성과 행동방식들이 관여하고 있다.55)

모든 밭들을 포괄하는 단일성과 전체성이 바로 어휘이다. 트리어에 의하면, 개별 낱말은 자신이 지니는 내용을 독자적으로 얻는 것이 아니며, 이 낱말이 사용되는 그때그때의 문맥으로부터 얻는 것도 아니다. 개별 낱말의 가치는 전적으로 개념이 유사한 낱말들로부터 체계적으로 분절된 보다 상위의 밭으로부터 얻어진다. 낱말내용들은 '밭' 안에서 상호 의존하고 있는 동시에, 상호간에 경계를 설정한다. 의미의 역사와 명칭의 역사는 개별 낱말에서 얻어지는 것이 아니라, '낱말밭'의 역사와 관련된다. 트리어에 따르면, 한 낱말이 지니는 개념의 변화는 오로지 밭의 분절이 바뀐 결과로 사유되거나,56) 또는 '밭' 전체 내에서 새로운 방향으로 개념이 설정된 결과로 볼 수 있다. 결국 트리어에 있어서는 오로지 전체적인 고찰만이 인정되며 근본적으로 개별적인 고찰의 범례들은 기피된다.

트리어는 한 편으로는 언어의 체계사상에 관한 이론을 수용하면서 다른 편으로는 통시적 고찰과 공시적 고찰의 엄격한 분리를 주장했다는 점에서 드 소쉬르의 이론과 유사한 맥락을 보여준다. 트리

---

55) Trier(1934 : 132) 참조.
56) 허발(1981 : 37 이하) 참조.

어가 제시한 성적평가의 낱말밭은 언어밭의 상태를 일목요연하게 보여주는 적절한 보기이다. 만약 한 학생이 그의 성적표에서 어떤 과목에 대해 *mangelhaft*(부족한)라는 평점을 받았다고 가정하자. 이 경우 낱말 그 자체만의 뜻에 의거하여(어원론적 관점) 그의 능력이 부족한 것으로 판정된다면, 그것은 옳지 않을 것이다. 왜냐하면 우수한 학생이라도 부족한 점이 있다는 것은 자명한 사실이기 때문이다. 또한 이 평가체계가 몇 단계인지에 따라 이 학생의 실력은 보통의 수준으로 평가될 수도 있기 때문에 개개 낱말만으로는 아무런 의미를 갖지 못한다. 여기서는 오직 '밭' 전체에 의해 그 가치가 규정되고 있는 것이다.57)

말하자면 "개개의 낱말들은 전체 '밭' 속에서의 수와 배치를 통해 서로의 의미를 상호간에 규정하고 있으며, 개개의 낱말의 이해에 대한 정확성은 '밭' 전체와 그 특수한 구조가 마음속에 현존하고 있다는 것에 의존하고 있는 것이다."58) 트리어의 관점에서 보면, '밭' 내부에는 아무런 고립된 현상들이 존재하지 않으며 어휘 전체는 '밭' 속에 빈틈없이 분절되어 있기 때문에, 각각의 낱말들이 '밭'을 통해 내용상으로 규정되는 것은 필연적이다.59)

이러한 초기의 개념규정이 의미론의 분야에서 크게 주목받은 것은 부인할 수 없다. 그렇지만 또한 이 이론은 그 경직성으로 인하여 부분적인 측면에서 샤이드바일러(F. Scheidweiler)와 도른자이프(F. Dornseiff)를 비롯한 여러 연구가들에 의해 비판을 받을 수 있는 여지를 남겨 놓았던 것도 사실이다. 트리어는 바야흐로 언어의 경직된

---

57) Gipper(1984 : 443) 참조.
58) Trier(1931 : 7) 참조.
59) Hoberg(1970 : 66) 참조.

체계화를 주장함으로써 바람직한 양상을 보여 주었던 그의 획기적인 언어관을 다소 과장시켰던 것으로 추정된다. 실제로 모국어는 오로지 체계적으로만 분절되어 있는 것은 아니다. 고정된 체계화는 과학기술 분야의 전문용어나 또는 일정한 목적으로 사용되는 인공어 및 특수어들이 보여주는 체계적인 구조에만 적용될 뿐이다. 자연어의 경우에는 '낱말밭'을 통해 성취되는 사물영역이 어떤 식으로든 이미 원래부터 체계적으로 분절되어 있어서 질서가 잡혀 있는 경우에만 그러한 구조가 존재한다.60)

'낱말밭'이란 이처럼 자연스럽게 분절되어 있는 사물영역에 대해 마치 사진을 찍듯이 행해지는 정교한 복제가 아니다. 오히려 분절되어 있는 자연의 다양성이 '낱말밭'을 통해 축적되어서, 일정한 질서 속에서 개관될 수 있게 만들어지는 방식은 모국어 내지는 그 이면에 놓여 있는 언어공동체 고유의 시각에 의존한다. 언어는 자연 속에서, 이를테면 느슨하거나 빈틈이 있는 구조로 구성되어 있는 영역들에 대해서는 거의 체계적으로 분절되어 있지 않은 '낱말밭'을 형성한다. 도른자이프는 "Das Problem des Bedeutungswandels"<의미변화의 문제>(1938)라는 논문에서 이미 이 경직되어 있는 '밭'사상에 대해 이의를 제기한 바 있다.

또한 귄터르트(H. Güntert)도 '개념밭'(낱말밭)에 대한 트리어의 지적-추상적 해석을 경계한 바 있다. 그는 한 언어의 낱말내용들이 상호간에 밀접한 관계를 유지하고 있다는 사상이 그 자체로는 물론 올바르다고 해도, 이것이 일방적으로 과장되어서는 안 된다고 생각했다. 무엇보다도 그는 '밭'에 소속하는 낱말들이 마치 작은 모자이

---

60) Luther(1954 : 14) 참조.

크들처럼 '낱말밭' 내에서 빈틈없이 분절되어 있다고 보는 트리어의 사상에 이의를 제기한 바 있다.61)

또한 샤이드바일러도 1942년 트리어에 의한 낱말밭 개념을 비평적으로 분석하고, 이웃하는 낱말들이 동일한 '밭' 내에서 예리한 윤곽에 의해 구획되는 경우는 아주 드물며, 대개의 경우 내용상으로 겹쳐지고 있다는 것을 입증하는 논거를 제시했다.62)

그러나 우리는 트리어가 나중에 이와 같은 근거 있는 비판을 수용했다는 점을 간과해서는 안 된다. 그는 대부분의 낱말들이 내용상으로 상호간에 예리하게 경계를 지닐 정도로 분리되어 있는 것은 아니며, 대부분은 내적으로 느슨하게 연결되어 있다고 언급함으로써 초기의 견해를 수정한 바 있다.63)

훔볼트의 개념정의에 따르면, 현실세계가 일정한 방법의 개념화를 통해 사상으로 바뀌어져 있는 것이 '분절'이다. 바야흐로 훔볼트는 언어 전체를 통한 주도적 원리를 분절의 원리로 인식했는데,64) 이것은 물론 '낱말밭'의 원리와 밀접한 연관성을 가진다. 또한 앞에서 언급했듯이 그에 있어서 언어의 주요한 본질 중의 하나는 본디 '유기체' 사상이다. 왜냐하면 언어는 명백히 내면적인 체계의 짜임새를 지닌 유기적 존재이기 때문이다.

훔볼트에 의하면, 세밀하게 조직되어 있는 언어의 유기체는 본질상으로 단일성과 전체성에 맞추어져 있다. 그에 있어서, 인간은 단지 한 마디의 낱말을 올바르게 이해하기 위해서라도 이미 언어 전

---

61) Luther(1954 : 15) 참조.
62) Scheidweiler(1942 : 249-272) 참조.
63) Trier(1968 : 460) 및 허발(1981 : 59) 참조.
64) Humboldt(1820 : 17) 참조.

체를 인간의 내면에 존속시키지 않으면 안 되었다. 언어에서는 정도의 차이가 있긴 해도 각각의 부분은 다른 부분들과, 모든 부분들은 전체와 밀접하게 관계를 맺고 있다. 따라서 언어는 하나의 거대한 조직체로 제시된다. 그러므로 언어 속에서 개별적인 것은 아무 것도 없으며, 각각의 언어요소는 오로지 전체의 부분으로만 나타난다. 언어는 분절되어 있는 완전한 유기체이며 분리될 수 없다. 아무튼 각각의 부분기능 속에는 전체가 함께 작용하고 있는 것이다.65) 트리어도 또한 언어 속의 모든 낱말들이 오로지 전체로서의 언어에 의해 인식될 수 있는 상호 유기적인 분절관계 속에 있다고 언급한 바 있는데, 이는 훔볼트의 영향을 받은 것으로 추측된다.

훔볼트의 '분절' 사상에는 초기에 언급된 트리어의 빈틈없는 '분절' 사상과는 달리 확고하게 짜여진 '고정된' 분절과 '느슨한' 분절이 병행한다. 1824년 이후부터 훔볼트는 느슨한 분절사상을 보다 폭넓게 제시한다. 또한 훔볼트는 그의 작품에서 기계주의적인 언어관을 거부하고, 언어 속에 존재하는 필연적인 것의 영역 외에 임의적인 것의 영역에도 나름대로의 의미를 부여했다. 그에 따르면, 언어에서는 변칙성과 규칙성이 내면적으로 상호간에 관통하고 있는 것이다. 1827부터 1835년 사이에 나온 훔볼트의 후기 논문들66)에서는 유기체 사상이 점점 뒷전으로 물러나거나, 혹은 완화된 형식으로 등장한다. 이것은 아마도 이 시기에 언어의 동적인 측면이 더욱 부각된 것과 연관이 있는 것 같다.67)

---

65) Humboldt(1820 : 14 이하) 및 Luther(1954 : 16) 참조.
66) Humboldt(1827-1829), Humboldt(1830-1835).
67) Luther(1954 : 17) 참조.

8. 언어와 교육

8.1. 도 입

　19세기는 유럽 사회의 각 분야에서 사상적으로 수많은 변혁과 갈등이 야기되어서 다소 혼란스러운 양상까지 보여주기도 했던 격동의 시대였다. '신인문주의'(Neuhumanismus)는 이 시기에 태동한 다양한 사상들 중의 하나로서 자리매김하고 있었다. 그러나 이 사상은 18세기에 풍미했던 극단적 이성주의를 표방한 계몽사상에 대한 반동으로 인식될 수 있었다. 보다 구체적으로 말하면, 계몽주의가 지나치게 이지적이고, 합리적이면서 공리적이어서 인간을 기계화했음에 반해, 신인문주의는 그리스 문화를 다양한 방식으로 해석하는 가운데 인간성의 원만한 발달을 도모하고, 인간 스스로의 근원적인 힘의 표출을 통한 조화로운 인간상을 추구하고 있었다. 따라서 역사와 민족에 중점을 두는 것은 필연적이었다. 이러한 인간주의적 사상은 철학과 문학의 분야에서 낭만주의로 구현되었는데, 결국 교육 분야에까지 확대되어 신인문주의 교육운동으로 전개되었다.[1]

15-16세기 르네상스의 핵심적인 문예사조였던 '구인문주의'가 나중에는 '키케로의 언어주의'라는 고전의 모방에 그치는 편협한 의미의 인문주의로 전락한데 반해, 19세기의 신인문주의는 새로운 의미의 인간중심 사상이었다. 이것은 북유럽, 특히 도이치 민족에 의해 시작된 운동이요, 도이칠란트의 사상적 흐름을 배경으로 했기 때문에, 프랑스에서 개화된 라틴적인 계몽문화에 대한 도이치 민족의 반항이기도 했다.[2] 이 부류에 속하는 사람들은 라틴 문학에 대한 단순한 모방을 탈피하여 그리스에 대한 새로운 이해를 과감하게 시도하였던 괴팅엔-대학의 교수인 게스너(G. M. Gesner)를 비롯하여, 하이네(Ch. G. Heyne), 볼프(A. Wolf), 훔볼트(W. v. Humboldt), 괴테(J.W.v. Goethe), 쉴러(F. Schiller), 헤겔(G.W.F. Hegel), 쉴라이어마허(F.D.E. Schleiermacher), 페스탈로찌(J. H. Pestalozzi), 헤르바르트(J. F. Herbart) 등이며, 이들은 도이칠란트의 대표적인 신인문주의적 사상가들로 평가되었다.[3]

언어이론가이자 교육사상가였던 훔볼트에 의하면, 인간의 발전이 지향하는 목표는 추상적으로 모든 인간에게 공통적인 완전성의 추구가 아니라 '개별성'의 완성으로 인식된다. 이 경우 '개별성'의 완성이란, 각각의 시대 및 민족정신을 자기 안에 끌어들임으로써 보편화되는 것이지만, 이것은 그 자체 내에서 통일되고 조화를 이루어 '전체성'으로 형성되지 않으면 안 된다. 말하자면 '개별성'(특수성)으로부터 다양성을 거쳐 '전체성'(통일과 조화)에 이르는 전개과정을 의미한다.[4] 교육이론적인 측면에서 보면, 인간이 지니고

---

1) 강기수(1998 : 322) 참조.
2) 김재만(1983 : 191) 참조.
3) 이기용(1981 : 112) 참조.

있는 '개별성'이야말로 훔볼트적인 도야이론5)(Bildungstheorie)의 출발점이 된다. 궁극적으로 이것은 훔볼트의 교육이념에 따른 인간성의 실현과도 관계된다.

주지하는 바, 언어는 바로 기본적인 인간 교육의 주요 수단이자, 인간 욕구에 상응하는 현실화의 매개체이다. 이 단원에서는 훔볼트의 언어사상을 토대로 하여 언어와 인간 교육의 본질적 관계를 규명하는 일에 중점을 둔다.

8.2. 작용하는 인간의 힘

훔볼트는 젊은 시절에 이미 심도 깊은 내적 관찰력을 통해 인간의 본질에 대한 해명을 시도한 바 있다. 이에 따라 훔볼트는 "Plan einer vergleichenden Anthropologie"<비교 인류학의 구상>(1795)이라든가, "Theorie der Bildung des Menschen"<인간의 도야이론>(1793)과 같은 논문들을 발표했는데, 이 속에는 나중에 작성된 작품에서 개진되는 그 자신의 인간론에 대한 기본적 시각이 이미 드러나 있었다. 또한 훔볼트는 고인이 되기 얼마 전에도 인류학적 탐구의 단서를 제시한 적이 있었다.

그의 인류학적인 관점에 따르면, 인간이 처해 있는 모든 상황을 적절하게 해명하기 위해서는 우선적으로 '개별성'을 형성하는 인간

---

4) 김재만(1983 : 193) 참조.
5) 훔볼트에 있어서 도야는 원초적으로 잠재하고 있는 인간의 힘(능력)이 조화롭고 균형 있게 점진적으로 발전해 나가는 것을 의미한다(박종대, 2001 : 109 참조).

의 실제적인 '힘'에 대한 규정이 필연적으로 요구된다. 왜냐하면 인간의 '힘'(Kraft)과 '개별성'이야말로 훔볼트가 추구하는 인류학과 교육이론의 핵심적 용어에 속하기 때문이다.6) 훔볼트는 인간에 대한 정의를 '힘'의 개념에서 도출해 냈는데, 그것은 인간을 본디 인간답게 만들어 주는 것이 바야흐로 '힘'이라고 인식했기 때문이다. 훔볼트에 있어서 이 '힘'이란, 순수한 실행 그 자체로 인식되며, 자기활동(Selbsttätigkeit)에 속하는 인간의 내면적인 '힘'인 동시에 정신활동에 속한다.7) 따라서 훔볼트의 관점에서 보면, '힘'이라는 용어는 '활동성'과 거의 동의어이며, 인간의 내부에서 활동하고 있는 에네르기였던 것이다.8) 이미 이러한 간략한 개념규정에서도 인간의 본성은 인간이 지니는 고유의 속성들에 의해서가 아니라, 행동할 수 있는 능력을 통해 해명되어야 한다는 점이 시사되고 있다.9)

주지하는 바, 훔볼트에 있어서 인간의 정신은 정적으로(statisch) 완성되어 있는 상태가 아니라, 생동하는 '힘'이다. 이것의 형성에는 무한하며, 최종적인 목표점으로 될 만한 거점이 존재하지 않는다. 따라서 인간 정신은 자유로운 창조력으로서 어떤 제한을 받고 있는 것이 아니다. 오히려 인간 정신의 작용방식은 형성하는 '힘'으로 표출되고 있는 것이다.10)

의심할 여지없이 훔볼트는 기본적인 '힘'을 설정함으로써 동적(dynamisch) 과정에 초점을 맞추고 있다. 그에 따르면, 정적인 것은

---

6) Schneider(1995 : 62) 참조.
7) Menze(1988 : 307) 참조.
8) Humboldt(1797 : 330) 참조.
9) Schneider(1995 : 62) 참조.
10) Borsche(1981 : 130) 참조.

당연히 '힘'을 필요로 하지 않는다. 이것은 활동이 아니라, 상태일 뿐이며, 단순히 존재하고 있는 것에 불과하다. 물론 '생동하는 것'도 언제나 일정한 상태 속에 있는 것은 마찬가지이다. 그러나 '생동하는 것'은 일정한 상태에 구속되어 있는 것은 아니며, '힘'이라는 에네르기를 통해 변화된다. 정적인 상태는 바야흐로 '생동하는 것'이 아니다. 왜냐하면 '생동하는 것'은 죽어 있는 것과는 결코 일치하지 않으며, 상태를 야기시키는 '힘'이기 때문이다. 따라서 이것은 그때그때의 상태 속에서 소모되는 것이 결코 아니다.11)

훔볼트에 있어서 이 '힘'은 모든 인간적 작용의 바탕을 형성한다. 이 '힘'의 근거는 명확하게 인식될 수는 없지만 인간의 모든 행동에 대한 원인이 된다. 이와 같은 훔볼트의 기본신념은 언어이론에도 그대로 적용된다. 왜냐하면 언어도 그 활동성으로 인해 오로지 힘으로, 말하자면 역동적인 힘으로 묘사되기 때문이다. 인간은 정적으로 파악될 수 없기 때문에, 인간의 특징을 드러내는 중요한 요소인 언어도 정적일 수는 없다. 이러한 훔볼트의 사상은 활동적인 것을 '작용하는 힘'으로 규정함으로써 그 당시 널리 알려져 있던 라이프니츠(G. W. Leibniz)의 철학적 신념12)과도 연관된다.

훔볼트에 의하면, 개체는 보편적인 법칙 하에서 개별적인 존재로 나타날 뿐만 아니라, 근본적으로 그 자체를 실존케 하는 고유의 법칙이다. 따라서 본디의 '개별성'은 언제나 불분명하고, 파악하기 어려운 것으로 남게 된다. 훔볼트는 이러한 법칙과 실존을 개체 자체

---

11) Menze(1965 : 97) 참조.
12) 라이프니츠는 모든 '개별성' 속에서 변화를 야기시키는 활동적 성향인 원초적 힘을 가정하는데, 그의 '단자론'(Monadologie)에서는 단자들의 이러한 내재적인 잠재능력이 언급된다(Schneider, 1995 : 63 참조).

의 특징으로 해석함으로써, '개별성'을 '활동하는 힘'으로 파악했던 것이다.13) 훔볼트에 따르면, 인간의 활동 속에서 야기될 수 있는 변화들은 이미 '힘' 속에 내재하는 것으로 인식된다. 왜냐하면 생동하는 '힘' 속에서 일어나는 모든 것은 오로지 그 자신의 고유한 내적 에네르기의 작업이기 때문이다.14)

훔볼트에 있어서 이러한 '힘'의 설정은 필연적인 전제조건이지만 수수께끼같은 존재로 남아 있으며, 이성과 직관을 통해서도 쉽게 접근할 수 없다.15) 그렇지만 훔볼트는 '세계'의 개념을 도입하여 인간에 있어서의 '힘'의 중요성을 거듭 강조했다. 말하자면, 그에 있어서 인간의 본질은 외적인 상황들을 통해 자극을 받게 된다는 것인데, 그 이유는 인간의 '힘'이 오로지 활동 속에서만이 전개될 수 있으며, '힘'의 바깥 쪽에 있는 어떤 것, 즉 세계 속에서만 활동적으로 될 수 있기 때문이라는 것이다. 따라서 세계와의 대면과 결합은, 인간의 '힘'이 전개됨으로써 인간이 계발될 수 있는 과정인데, 이것은 개별적인 방식으로 수행될 수밖에 없다.16)

훔볼트에 의하면, 인간은 물론 세계에 의존하여 단순히 자신의 바깥 쪽만을 내다보고 있는 것도 아니다. 오히려 인간은 필연적으로 창조의 고유한 존재물로서 스스로를 규정하고, 스스로를 발견하지 않으면 안 된다.17) 이 일을 위해서 인간의 '힘'의 작용은 필연적이다. 결국 훔볼트는 인간의 본질을 '힘'으로 규정하고, 이 '힘'을 완전

---

13) Borsche(1981 : 136) 참조.
14) Schneider(1995 : 64) 참조.
15) Menze(1965 : 64) 참조.
16) Schneider(1995 : 64) 참조.
17) Benner(1990 : 97) 참조.

하게 각인시키는 것은 각자에게 주어진 임무라고 보았기 때문에, 필연적으로 세계와 인간의 관계를 언급하지 않으면 안 되었던 것이다. 왜냐하면 어떠한 '힘'도 단지 그 자체에 의해서 규정될 수는 없기 때문이다. 오히려 인간은 세계, 즉 자신을 에워싸고 있는 대상들을 통해 분리될 필요가 있다. 왜냐하면 훔볼트에 있어서, 모든 '도야'(Bildung)는 오로지 내면적인 마음속에 그 기원을 가지고 있으며, 외적인 실행을 통해서는 단지 동기만 부여되기 때문이다.[18]

개별적인 '힘'들의 형성에서는 일종의 순환과정이 중요시된다. 우선 기본적인 '힘'이 세계에 연결되어 다양한 개별적인 힘들로 나누어지고, 이것들이 외적인 것에 작용함으로써 도야될 수 있다. 또한 이렇게 전개된 '힘'들은 다시금 상호 관련될 필요가 있는데, 본디 상이한 측면들에 해당하는 개별적인 '힘'들이 결합되어 조화를 이루면서 기본적인 '힘'으로 결합된다. 그러므로 훔볼트에 의한 '힘'의 발전과정에서 개별적인 것의 도야와 전체의 결합은 가장 중요한 작용방식들이다.[19]

훔볼트에 의하면, 개별적인 '힘'은 다른 '힘'들과의 대면에서 하나의 통일체를 형성하기 때문에, 고유의 '개별성'이라는 한계를 이미 벗어난다. 이에 대해 훔볼트는 "어떤 사람의 개별적인 '힘'은 다른 모든 사람의 '힘'과 동일한 것"이라고 언급한 바 있다. 그런 의미에서 보면, 모든 '힘'들은 근본적으로 오로지 한 개의 '힘'으로 간주될 수 있다.[20]

훔볼트의 관점에서 보면, 인간이 지니는 개개의 '힘'들이 세계 속

---

[18] Menze(1965 : 133) 참조.
[19] Schneider(1995 : 65) 참조.
[20] Borsche(1981 : 137) 및 Humboldt(1806 : 139) 참조.

에서 활동하면서 도야되고 강화될 수 있는 것은 분명하다. 그러나 보다 어려운 문제는 세계와의 대면에서 이 '힘'들의 결합이 어떻게 이루어지느냐의 문제이다. 훔볼트는 나중에 그의 언어철학에서 핵심적 항목으로 등장하는 '세계관' 개념을 도입함으로써 이 문제의 해결 가능성을 제시한다. 그에 의하면, 인간은 본질적으로 인간의 모든 작용이 생겨나는 어떤 관점(세계관)을 얻음으로써 개별적인 '힘'들을 하나로 수렴할 수 있게 된다.[21]

앞에서 언급했듯이 인간이 지니는 '개별성'은 이미 언어와는 무관하게 '세계관'이라는 고유의 관점으로 간주될 수 있다. 그렇지만 인간의 '개별성'은 주로 언어를 통해 '세계관'으로 형성된다. 우리는 세계 속에 존재하는 사물이나, 일어나는 사건들에 직접 접근할 수는 없으며, 언어라는 매개체를 통하여 이들을 인식한다. 말하자면 우리는 언어 속에 생생하게 자리 잡고 있는 '정신적 중간세계'(geistige Zwischenwelt)[22]를 통해 간접적으로만 접근할 수 있는 것이다. 이러한 중간 영역이야말로 다양하게 얽혀 있는 세계의 맥락을 개관하고 그 속에서 올바른 길을 찾도록 해주는 지표가 된다. 그러므로 훔볼트는 이 중간 영역을 '세계관'이라고 명명했던 것이다.[23]

훔볼트는 '세계관'의 개념에서 인간 규정에 대한 두 가지 기본적 동기들을 연관시키고 있다. 즉 인간의 '힘'은 '세계관'을 획득함으로써 계발되는데, 이것은 개별적인 방식으로 수행된다. 왜냐하면 개개

---

21) Schneider(1995 : 65) 참조.
22) 정신적(언어적) 중간세계란, 인간의 정신이 외부 세계와 만나는 장소인데, 이곳에서 언어적 창조가 수행된다(Weisgerber, 1962 : 38 및 Humboldt, 1830-1835 : 176 참조).
23) Luther(1954 : 9 이하) 및 7.2. 참조.

의 인간은 각각 고유하고도 새로운 인상을 받아들이기 때문이다. 따라서 인간에 의해 획득된 '세계관'은 인간의 '개별성'에 대한 표명이다. 이 경우 각각의 인간이 지니는 특별한 의미는 '개별성'이라는 각인을 통해 다른 경우라면 존재하지 않았을 법한 고유의 '세계관'을 드러내고 있는 것이다. 각각의 인간은 인간의 '세계관'에 어떤 새로운 것을 부여할 수 있다. 그렇기 때문에 개개 인간의 도야는 중요하다. 훔볼트는 후에 언어를 언어공동체의 '세계관'으로 기술함으로써 인간의 세계관 사상을 언어와 연관시키고 있다. 말하자면 그의 언어이론의 중심사상은 바야흐로 인류학적인 층위에 자리 잡고 있다고 보아야 한다.[24]

인간의 정신이 지니는 '힘'들이 개별적으로 작용한다는 관점에서 볼 때 훔볼트적 사고의 대상은 전체적 인간으로서의 인간, 즉 보편적인 인간 존재가 아니라, 그때그때마다 실존하는 개인으로서의 인간이다. 이 경우 개인은 인간이라는 동료 전체에 대해 구속되어 있다는 관점에서 고찰되는 것이 아니며, 개인을 각인하고 있는 개성, 즉 개인의 본질적인 특이성이 고찰의 대상으로 된다. 따라서 개개인 모두에게 보편적으로 형성될 수 있는 '개별성'의 원리, 즉 모든 사람에게 해당할 수 있는 그때그때의 특수성에 대한 근거를 묻는 것은 아니다. 오히려 개별적인 면을 구성하고 있는 이 특수성의 존재양식, 즉 개인을 개인으로서 나타나게 하는 특이성을 묻는 것이다.[25]

인류학적인 관점에서 훔볼트는 그의 교육과정을 한 편으로는 원초적인 인간의 '힘'에 대한 계발로, 다른 한 편으로는 원초적인 '개

---

24) Schneider(1995 : 66) 및 7.2. 참조.
25) Menze(1965 : 54) 참조.

별성'에 대한 계발로 설명한다. 이 경우 두 측면들 사이의 조화는 필연적이다. 왜냐하면 훔볼트의 관점에서 보면, 기본적인 '힘' 자체는 모든 인간에게 동일하지만, 이것이 반영되어 개개 인간에게 나타나는 '힘'들은 개별적으로 상이한 것으로 간주되기 때문이다.[26] 훔볼트의 관심사가 궁극적으로 특수한 것, 개별적인 것으로 향했다는 것은 분명하다. 아울러서 그는 개개인의 '개별성'뿐만 아니라 언어를 소유하는 인류라고 하는 '개별성' 전반(Gesamtindividualität)과, 민족 및 민족어의 '개별성'까지도 염두에 두었던 것 같다.[27]

훔볼트의 인간상은 한편으로는 모든 인간들이 스스로의 활동을 야기시키는 원초적 '힘'을 갖추고 있다는 점과, 다른 한편으로는 인간의 '개별성'이 현실과의 관계에서 필연적으로 분할되지 않으면 안 되는 개개 '힘'들의 조성 속에서 나타난다는 사실에 기인하고 있다. 그러나 비록 훔볼트가 원초적인 '개별성'에서 출발하고, 교육과정의 목표가 다시금 '개별성'을 추구한다고 할지라도, 후자에서는 질적인 도약이 일어날 수 있다는 점에서 전자와의 차이점이 간파될 수 있다. 훔볼트의 관점에 따르면, 목표로서 공식화된 '개별성'은 원초적 '개별성'과는 달리 일반적 요인을 동시에 보유하게 된다. 이것은 '이상적인 개별성'(ideale Individualität)이라고 명명될 수 있다. 인간은 그 자신의 '힘'들을 도야할 뿐만 아니라, 인류를 대표함으로써 '이상적인 개별성'을 얻는다. 인간은 자신이 인류라는 개념에 존재를 부여할 때, 비로소 자신의 '개별성'을 이상화할 수 있으며, 이 후에야 비로소 그의 교육목표에 도달하게 된다.[28]

---

26) Schneider(1995 : 66) 참조.
27) Gipper(1976 : 212 이하) 참조.
28) Schneider(1995 : 67) 참조.

그러므로 '개별성'과 '이상성'(Idealität)은 당연히 하나의 맥락 속에 있는 것이다. 그러나 전자가 후자를 포함할 정도로 공속하는 것은 아니다. 훔볼트에 있어서 각각의 '개별성'은 특정한 어떤 형식으로서 언제나 이미 인류라는 종을 대변한다. 왜냐하면 모든 '개별성'은 '개별성' 자체로서 인류의 '이상'에 대한 특별한 묘사이기 때문인데, 이러한 '이상'은 오로지 개별적인 것의 도야에서 보다 분명하고도 광범위하게 드러난다.[29]

8.3. 인간 교육의 척도이자 수단으로서의 언어

오늘날 도이칠란트에서 교육에 관한 토론이 전개될 때는 종종 훔볼트의 교육사상이 언급되곤 한다. 이것은 물론 교육 분야에 끼친 훔볼트의 지대한 영향 때문이기도 하겠지만, 무엇보다도 교육은 언어개념과 함께 훔볼트 사상의 핵심적 영역에 속하기 때문일 것이다.

멘체(C. Menze)에 따르면, 훔볼트에 대한 현대의 교육학적 논구에서는 종종 젊은 시절에 훔볼트에 의해 서술된 인류학과 교육이론이 주된 테마로 다루어졌다. 그러나 그의 언어철학적, 언어인류학적 저술들은 상대적으로 미약하게 주목받아 온 것으로 인식된다. 상당수의 연구가들에게는 외관상 언어와 관련된 이러한 논구들이 교육학적인 문제와는 거의 연관될 수 없는 항목으로 인식되어 왔다. 그러나 바야흐로 20세기 후반에 다시금 훔볼트의 언어철학적 연구의 핵심 부분들이 여러 연구가들에게 대두되면서 유익한 몇 가지 연구

---

29) Menze(1965 : 60) 및 6.2. 참조.

방향들이 제시된 바 있다. 그런 반면 오로지 인류학과 교육이론에만 초점을 맞춘 일부 교육학적 논술들은 언어학에서 발생한 훔볼트-르네상스와는 달리 훔볼트의 업적에 대해 평가절하의 계기를 주었다고 볼 수 있다. 또한 교육학적 연구에서 진보적 입장을 취하는 사람들이 훔볼트의 생애와 이론을 비판하고, 역사발전에서 드러나는 훔볼트적 사고의 단서들에 매우 시대착오적인 위치를 부여하고 있는 것도 그 증거의 하나인 듯하다.30)

　교육분야에서 훔볼트에 의해 촉구되었던 일반 교육과 특수 교육(직업 교육)의 분리 역시 현실에 맞지 않는다는 비판을 야기시켰다. 미헬젠(U. A. Michelsen)에 따르면, 이와 같은 견해는 리트(Th. Litt)의 논문 "Das Bildungsideal der deutschen Klassik und die moderne Arbeitswelt" <도이치 고전주의의 교육 이상과 현대의 연구 분야>(1958)에 근거하고 있는데, 여기서 리트는 훔볼트의 교육이념과 인간성이념(Humanitätidee)이 인간중심의 사고방식의 극단적 표현이며, 이러한 편협한 사고방식의 조장이야말로 경제적, 사회적 발전과 점점 더 심하게 대립될 것이라는 견해를 피력한 바 있다. 리트는 또한 현대의 세계가 공교육 제도로부터 오랫동안 동떨어져 있게 된 책임과, 일반 교육 및 직업 교육이 오늘날까지도 상호간에 접합점을 찾을 수 없었던 것에 대한 원인이 훔볼트에 있다고 비난했다.31)

　아울러서 클라프키(W. Klafki)도 당시의 교육상황에 대해 언급한 몇몇의 저술에서 훔볼트의 교육개념에 대한 비판을 제기한 적이 있

---

30) Menze(1963 : 475) 참조.
31) Michelsen(1987 : 237) 참조.

다. 클라프키는 훔볼트의 교육개념이 고도로 산업화되고 민주적인 방식이 주도하는 사회, 그리고 점점 더 과학화가 뚜렷하게 진행되는 현대 사회에는 부합될 수 없다고 생각했다. 그와 동시에 그는 훔볼트의 교육개념이 시류에 적합한 교육제도의 발전에 장애가 되었으며, 교육의 기회균등과 현대적인 교안작성의 구체화를 막았다고 주장한다. 아울러서 그는 이에 대한 몇 가지 근거도 제시한다. 즉 훔볼트에 있어서는 교육이 주로 미학적·문학적 교육으로 이해된다는 것이며, 교육에 관한 그의 관념도 고전적인 전통에 의해 편협하게 규정되어 있다는 것이다. 또한 훔볼트의 교육개념은 개인주의적이며, 동포나, 사회 및 국가와는 아무런 관계를 맺고 있지 않으면서 오로지 조화로운 인간상(Menschenbild)만을 추구하고 있다는 것이다. 또한 훔볼트의 교육개념은 원래 귀족주의적으로 사유된 것이었는데, 나중에 중산계층의 시민계급이 누리는 특권으로 전환되었으며, 오늘날에는 그다지 흥미를 끌지 못하면서 잘못된 의식으로 남게 되었다는 것이다.[32] 말하자면 훔볼트적 교육이념의 필요성은 그가 오로지 엘리트 교육을 중시했기 때문에 귀족주의라는 비난을 받은 것이다.[33]

멘체에 따르면, 훔볼트의 인류학과 교육이론에 대해 비판적으로 제기되었던 최초의 이의들은 제1차 세계대전 이전에 쉬프랑어(E. Spranger)가 베를린에서 출간한 두 개의 저술들을 근거로 한 것이었다. 비록 논쟁적인 의도에서 제기된 것은 아닐지라도, 이러한 비평들을 통해 훔볼트 이론의 근본적 특징이 어느 정도 부각된 것도

---

32) Michelsen(1987 : 238) 참조.
33) Menze(1963 : 476) 참조.

사실이었다.34) 그러나 이러한 비평들은 주로 교육정책적인 측면에서 훔볼트의 사상을 다룰 때 행해진 것이었으며, 그로 인해 훔볼트적 사고의 가치가 평가절하되고 매도된 것으로 추론된다. 멘체는 쉬프랑어를 거듭 인용하면서 그와 같은 견해가 결코 설득력이 없음을 입증하려고 노력했다. 그 결과 멘체는 쉬프랑어의 글만을 보고 훔볼트를 비판하는 사람은 훔볼트의 사상을 올바르게 통찰할 수 없다는 결론을 내린다. 왜냐하면 그는 20세기 초에 활동했던 쉬프랑어가 그 당시의 연구경향으로 인해 언어철학과 언어인류학 분야에서 나중에야 명성을 얻었던 훔볼트의 업적을 의도적으로 제외했을 수 있다고 보았기 때문이다.35)

의심할 여지없이 훔볼트에 대한 연구의 역사에서 획기적인 전환점이었던 쉬프랑어의 의미심장한 연구들은 훔볼트의 사상을 전체적으로 사려 깊게 기술한 것은 아니었다. 물론 쉬프랑어 스스로도 훔볼트적 사고에서 이 분야(언어영역)의 중요성을 알고 있었으며, 교육학적인 의의와 연관지어 볼 때에도 훔볼트의 언어이론적인 연구들을 포함시키지 않고서는 그에 대한 포괄적 판단이 불가능하다는 것을 인식하고 있었을 것으로 추론된다. 그럼에도 이와 같은 쉬프랑어의 인식이 그의 작품들에서 전혀 반영되지 않은 것은 일종의 수수께끼로 남는다.36)

아마도 쉬프랑어는 훔볼트의 사고에 대해 오로지 교육학적 측면에만 치우쳐 비판한 나머지 그와 같은 편협한 시각을 드러낸 것이라고 볼 수 있다. 멘체에 따르면, 훔볼트에 대한 비판은 훔볼트 스

---

34) Menze(1963 : 476) 참조.
35) Michelsen(1987 : 238) 참조.
36) Menze(1963 : 476) 참조.

스로에 의해 간행되지 않았거나, 혹은 출판을 위해 준비되고 있었던 작품들에 의거하지 않았다고 볼 수 있다. 비판가들은 단지 단편적이고 다양하게 해석될 수 있는 부차적인 문헌들만을 참고함으로써 홈볼트의 업적을 왜곡시키는 결과를 초래했던 것이다.37)

일반적으로 교육과 훈련의 모든 형식은 언어를 전제로 하며, 역사적으로 생성, 발전된 모국어라는 매개체를 통해 이루어진다. 또한 인간의 정신교육은 동시에 언어교육으로 간주될 수 있다. 왜냐하면 언어적 구성요소들 역시 교육과정 속에 함께 주어져 있을 뿐만 아니라 가정 교육, 학교 교육, 직업 교육 또는 청소년 교육 등에 의해 중개되는 모든 교육내용들은 전반적으로 언어의 구속을 받기 때문이다. 언어와 교육의 밀접한 공속성은 신인문주의로부터 현대에 이르기까지 교육에 대한 개념정의에서 전반적으로 인식될 수 있다.38)

언어는 바로 기본적인 교육의 수단인 동시에, 인간의 욕구에 상응하는 현실화의 수단이다. 홈볼트의 주장과 명제들은 이러한 기본적인 단서들을 토대로 할 때만이 이해될 수 있다. 따라서 우리가 그의 교육이념의 바탕을 인식하려면, 홈볼트의 언어이론에 익숙하지 않으면 안 된다.39)

홈볼트의 교육이념을 한정된 영역에 고정시킴으로써 일어날 수 있는 부적절한 사태는 언어적 영역과 직접적으로 연관되어 있는 실제적·사회적인 전체 맥락이 간과되는 경우이다. 왜냐하면 언어이론에 관한 홈볼트의 연구는 그의 사고의 핵심문제들과 분리해서 다룰 수 없는 밀접한 연관성을 갖고 있기 때문이다. 따라서 홈볼트의 언

---

37) Michelsen(1987 : 238) 참조.
38) Luther(1967 : 503) 참조.
39) Raith(1973 : 278) 참조.

어철학적 고찰을 출발점으로 삼아 교육이론에 대한 그의 시각과의 인과적 관계를 제시함으로써 그의 교육개념에 대한 일부의 비판을 전반적으로 가라앉히거나 최소한 상대화시키는 것이 바람직할 것이다.40)

훔볼트에 의하면, '일반 교육'과 '특수 교육'이라는 두 부류의 교육은 상이한 원칙에 따라 유도된다. '일반 교육'을 통해서는 인간 스스로의 힘들이 강화되고, 순화되는 동시에 조절되어야 한다. 그러나 '특수 교육'을 통해서는 인간은 오로지 이 힘들을 사용할 수 있는 재능만을 확보하게 된다. 그러므로 '일반 교육'에 있어서는 논리정연하게 펼쳐진 배경에 대한 완벽한 통찰을 거치거나, 혹은 보편타당한 직관(수학적, 미학적 직관 등)으로의 상승을 통해 사고력과 상상력을 증진시키지 못하는 모든 지식과 능력은 비생산적인 것이 된다. 또한 훔볼트에 따르면, '특수 교육'의 경우에는 종종 기본적인 측면에서 잘 이해되지 않는 결과에 만족하지 않으면 안 된다. 왜냐하면 그 경우에는 개인적인 능력은 틀림없이 유지되고 있는데, 통찰을 위한 여유나 자질이 부족한 것으로 나타나기 때문이다. 이를테면 돌팔이 외과 의사들이나, 수많은 제조업자들의 경우에 나타날 수 있다. 그러나 훔볼트에 있어서 '일반 교육'의 주요 목표는 거의 모든 직업 활동에 적용될 수 있는 보편적 능력이 반영되는 길을 예비한다고 볼 수 있다.41) 따라서 훔볼트에 있어서 개개 인간에 대한 '직업 교육'은 '일반 교육'이 우선적으로 실시된 다음에 실행되지 않으면 안 된다.

---

40) Michelsen(1987 : 238 이하) 참조.
41) Humboldt(1809 : 277) 및 Michelsen(1987 : 239) 참조.

'일반교육'의 의도된 목표에 도달하기 위해서는 오로지 기계적인 그 어떤 것도 제거되지 않으면 안 된다. 그리고 늘상 왜 그렇게 되어야 하고, 달리 행해져서는 안 된다는 명백한 의식이 배우는 사람들에게 전달되는 것이야말로 가르치는 모든 행위의 근본원칙이다. 훔볼트는 이와 같은 과정의 본질을 "Bericht der Sektion des Kultus und Unterrichts an den König"<왕에 대한 문부성의 보고서>(1809)에서 적절하게 설명하고 있다. 그에 의하면, 어린아이가 셈을 헤아릴 때 종래의 교육방식은 셈을 하는 방법의 직접적인 근거를 아주 간단하게 제시하거나, 종종은 그 자체의 원리를 언급하지 않고서 계산이 이렇게, 저렇게 행해지는 방식만을 알려준다. 그러나 이러한 방법과는 달리 어린아이로 하여금 거의 모든 셈하기가 가능하게 되는 수관계(Zahlenverhältnis) 전반을 신속하고도 명확하게 인식하도록 교육한다면, 그것은 '일반 교육'의 전형이라고 할 수 있다. 전자의 경우, 어린아이는 오로지 실제로 습득된 계산만 숙지하게 된다. 만약 조금이라도 변화가 주어진다면, 그는 더 이상 발전할 수 없으며, 꾸준한 연습이 없다면 그것 자체도 잊어버리고 말 것이다. 더욱이 그는 오성(Verstand)이 보다 폭넓게 작용하는 일 없이 단지 개별적인 하나의 계산능력만을 보유하게 될 것이다. 이와는 달리 새로운 수업방식에 의해 교육받은 학생은 도처에서 셈의 근거가 되는 방식을 알게 됨으로써, 계산법을 결코 잊어버리지 않을 수 있다. 왜냐하면 그는 실제로 아무 것도 암기하고 있는 것이 아니며, 실제적인 수의 관계를 인식할 수 있는 힘을 획득하고 있기 때문이다.42)

---

42) Michelsen(1987 : 240) 참조.

근원적인 어떤 원리로부터 모든 것을 도출해 내는 것이야말로 의미심장하다. 습득하는 모든 행위에서 나타나는 주된 어려움은 규칙들을 통해 적시에 기억에 도움이 될 수 있는 원리가 제시될 수 있느냐의 문제에 있다. 훔볼트에 있어서 '일반 교육'은 더 이상 인간에게 단순히 개별적인 지식을 얻기 위해서나, 또는 사용도구를 마련해 주는 방식으로 진행되는 것이 아니다. '일반 교육'은 오로지 보편적으로 허용되는 인식을 통해서만 중개될 수 있으며, 이것은 인간의 사유능력에 기초하고 있는 것이다.43)

인간의 사유능력은 지적 활동으로 나타난다. 이 부분에서 훔볼트의 교육개념과 언어개념의 연관성이 뚜렷하게 인식된다. 훔볼트는 사유능력의 표출인 지적 활동과 언어에 대해 다음과 같이 서술하고 있다 :

> "언어는 사상을 형성하는 기관이다. 지적 활동은 철저하게 정신적으로, 그리고 내면적으로 거의 흔적도 없이 사라지는데, 이것은 음성을 통해 말로 나타나게 되며, 감각으로 지각될 수 있다. 그 때문에 지적 활동과 언어는 하나이며 서로 분리될 수 없다."44)

바야흐로 훔볼트에 있어서, 언어와 사고는 결코 서로 분리될 수 없을 정도로 밀접하게 연결되어 있는 공생관계(Symbiose)에 있다. 사고는 언어를 중개로 생겨나는 것이며, 언어는 사고를 만드는 본질

---

43) Humboldt(1793 : 286 이하) 및 Michelsen(1987 : 240) 참조.
44) Die Sprache ist das bildende Organ des Gedankens. Die intellektulle Tätigkeit, durchaus geistig, durchaus innerlich und gewissermaßcn spurlos vorübergehend, wird durch den Laut in der Rede äußerlich und wahrnehmbar für die Sinne. Sie und die Sprache sind daher Eins und unzertrennlich von einander(Humboldt, 1830-1835 : 53).

적인 기관으로 정의된다. 인간은 오로지 언어로 사유하며, 언어로 자각하면서 살아간다. 따라서 훔볼트에 있어서, 인간의 지적 활동과 언어는 하나이며 서로 분리될 수 없는 것이다. 이 경우 결코 전자는 생산활동을 수행하는 동인으로, 후자는 생산된 결과물로 간주될 수 없다. 왜냐하면 양자는 끊임없이 상호 관계하면서 완성되는 동시에 지적, 감성적 힘을 보유하기 때문이다. 훔볼트에 있어서 언어는 정신의 물결이 밑바탕으로 삼아 당당하게 계속 전진해 나갈 수 있는 강바닥과 같은 존재로서, 정신이 외적으로 발현하는 현상이라고 볼 수 있다.45) 요컨대 "언어는 분절된 음성을 사상의 표현으로 만들 수 있는 영원히 반복되는 정신활동"인 것이다.46)

훔볼트의 관점에서 보면, 언어 없이는 개념의 형성이 불가능하므로, 진정한 의미에서의 모든 사고도 불가능한 것이다. 왜냐하면 바람직한 언어구조만이 지성의 힘, 즉 논리적 배열의 투명성을 보증하기 때문이다. 물론 훔볼트는 언어가 사고에 미치는 영향의 본질적 규명은 계속해서 연구해야 할 과제임을 간파하고 있었다. 그는 언어의 기원에 관한 해명47)에서, 인간의 내적 세계에 존재하면서 언어에 상응하고 있는 '인간힘'의 표출을 가정한다. 말하자면 앞에서 언급한 것처럼 '인간힘'은 본디 인간을 인간답게 만드는 힘이므로, 이것은 인간의 본질에 대한 소박한 정의로 간주될 수 있는 것이다. 인간이 개념들을 쪼개고 낱말들로 분해하는 데에는 한계가 있으며, 이런 식으로 본디 사상이 낱말과 어떻게 결합되어 있느냐의 신비로움에 접근하는 것은 결코 쉬운 일이 아니다.48)

---

45) Humboldt(1830-1835 : 164, 251) 및 Michelsen(1987 : 241) 참조.
46) Humboldt(1830-1835 : 46 이하) 참조.
47) 1.2. 참조.

훔볼트에 의하면 언어란, 직접 인간의 내면세계에 설정되어 있는 것으로 인식된다. 왜냐하면 그에 있어서, 언어는 명확한 의식 속에서 형성된 인간의 오성에 의한 작품으로서 철저하게 수수께끼 같은 존재이기 때문이다. 그러므로 훔볼트에 있어서 언어는 인간에 의해 고안된 것이라고 볼 수 없다. 왜냐하면 언어의 고안은 이미 언어 자체를 전제로 하기 때문이다. 언어는 인간 자체에 속하며, 인간의 본질이라는 것 이외의 어떠한 근거도 발견되지 않는다. 만약 언어가 인간에게 영향을 미친다고 말한다면, 그것은 오로지 인간이 언어를 통해 점점 활동의 범위를 넓히고 다양하게 상호 교류하면서 의식되는 것을 뜻한다.[49] 이런 관점에서 "언어의 기본유형(Typus)이 이미 인간의 오성에 현존해 있지 않다면, 언어는 고안될 수 없을 것이다"라는 훔볼트 명제는 언어가 필연적으로 인간의 본성에서 생겨났다는 것을 시사한다.[50]

그러므로 언어가 인간 외부에 존재하는 것이 아니라 이미 인간 내부에 존재한다고 가정한다면, 언어의 발생은 내부에서 일어나는 욕구이다. 왜냐하면 일단 첫 번째 낱말을 입 밖에 내는 사람은 우선 인간으로 격상된 상태에 있기 때문이다. 훔볼트에 따르면, 인간은 성찰을 행하고, 끊임없이 심사숙고하다가 별안간 정지상태에 놓이며, 어떤 대상을 자신에게 대비시키고 음미할 수 있다는 생각으로 놀라게 되었다. 그리고 인간은 그 순간에 말을 하기 시작했다. 그러므로 '말하기'의 시작은 인간의 원초적 능력과 연관되어 성찰될 수 있다. 이 부분은 언어기원과 인간 존재 사이의 불가분적 관계를 시

---

48) Humboldt(1830-1835 : 25, 26, 171) 및 Michelsen(1987 : 241) 참조.
49) Michelsen(1987 : 242) 참조.
50) Humboldt(1820 : 14) 및 1.3. 참조.

사한다. 또한 이와 같은 암시는 "인간은 오로지 언어를 통해서 인간이지만, 언어를 고안하기 위해서는 인간은 이미 인간이지 않으면 안 될 것이다"라는 훔볼트의 언어기원론에서도 명백하게 드러난다.[51]

훔볼트는 지적 활동을 통한 '말하기'에서 드러나는 언어형성의 동적 측면을 정신활동으로 간주하고, 그의 언어관의 전면에 내세운다. 그에 있어서 언어는 결코 종결된 상태로 존재하는 것이 아니라, 끊임없이 새롭게 생성되는 정신적 과정이다. 보다 구체적으로 말하면, 언어는 주어진 양의 낱말과 규칙들로 놓여 있는 소재(Stoff)가 아니라, 실행이며 정신적 과정이다. 언어 속에서 정적인 것은 아무 것도 없으며, 모든 것은 동적이다. 인간 내부에서 형성되는 어떠한 관념도 이미 현존하는 대상을 단순히 수용적으로 음미하는 행위로 간주될 수 없다. 오히려 감각의 활동은 정신의 내면적 행위와 결합되지 않으면 안 된다. 이를 위해서 언어의 역할은 필수 불가결하다.[52]

훔볼트는 언어교육에서 습득된 지식을 단순히 기계적으로 앵무새처럼 말하는 것에 대한 위험성을 경고한다. 그에 있어서는 피교육자에게 중개되는 내용에 대한 올바른 이해가 대단히 중요하다. 언어 자체는 오로지 서서히 인간의 사고에 맞게, 인간의 사고를 통해 어렵사리 형성되어 왔기 때문에, 매번 언어에 대한 실제적인 이해는 '표현된 말'(Äußerung)에 대한 새로운 각인(Prägung)을 의미한다. 그에 의하면, 이 경우 언어의 형성과 언어의 관습으로 바뀌는 것은 필연적으로 대상들에 대한 모든 종류의 주관적인 지각방식이다. 낱말은 이러한 지각행위로부터 발생한다. 낱말은 대상 자체의 복제가

---

51) Humboldt(1820 : 15), Michelsen(1987 : 242) 및 1.2. 참조.
52) Humboldt(1830-1835 : 55) 및 Michelsen(1987 : 243) 참조.

아니라, 대상에 의해 마음속에서 생성되는 형상(Bild)에 대한 복제이다.53)

낱말에 대한 이러한 개념규정은 훔볼트에 의한 언어의 두 가지 중개기능과 관련된다. 그에 있어서 언어는 먼저 무한한 자연과 유한한 자연 사이의 중개(세계중개적 기능)로, 그 다음에는 개인과 다른 개인 사이를 중개하는 매개체(간주관적 기능)로 인식된다. 이 말의 뜻은 훔볼트의 교육이론을 칸트의 이성개념과 이성비판을 연관시켜 설명할 수 있음을 뜻한다. 칸트의 용어를 빌리면, 무한한 자연은 지적 세계에 해당한다. 그러므로 이것은 시간과 공간이라는 직관형식 속에 주어져 있는 게 아니라, 모든 경험 이전에 전제로 되어 있는 사물 자체의 세계를 가리킨다. 이와는 달리 유한한 자연은 경험세계나, 현상세계와 같은 것을 의미한다. 언어가 유한한 자연과 무한한 자연 사이의 중개자라는 것은 현상세계와 지적 세계가 결코 중개되지 않고 대립되어 있는 것이 아니라, 언어를 통해 중개되어 있음을 뜻한다.54)

세계중개적 기능은, 엄밀히 말하면 언어가 개인과 다른 개인 사이를 중개하는 간주관적 기능을 지니고 있기 때문에 가능하다. 언어가 무한한 자연과 유한한 자연 사이의 매개체로 제시되는 세계중개적(weltvermittelnd) 기능은 언어적 중개로서 끊임없이 말을 하는 주체에서 출발하여 말을 듣는 객체(상대방) 쪽으로 향한다. 이 경우 개인은 말하는 사람의 입장에서 보면 자발적으로, 듣는 사람의 입장에서 보면 수용적으로 행동한다고 볼 수 있다. 우리는 가끔 우리 스

---

53) Humboldt(1830-1835 : 59 이하) 및 Michelsen(1987 : 244) 참조.
54) Benner(1990 : 125) 참조.

스로의 사고에 귀를 기울이고 있기 때문에, 우리 자신이 '너'가 될 수 있다. 그렇지만 우리는 동시에 다른 사람들에게서 이해될 수 있을 때만 우리 스스로에 대해 이해할 수 있을 것이다. 그러나 참된 의미에서 보면 다른 사람들이 우리의 말 속에서 행해진 세계내용(Weltinhalt)들의 중개를 나름대로 무한한 세계와 유한한 세계의 중개로서, 그리고 상대방(너)의 말로서 해석할 수 있을 때만이 우리는 그들에게 이해될 수 있는 존재로 된다.55)

이런 관점에서 그 어떤 낱말도 쉽사리 형성되지는 않는다. 물론 낱말은 오직 개념에 대한 질료적 기호로 사용되어야 할 것이며, 개개인들의 관념 속에는 동일한 방식으로 수용되어야 할 것이다. 그렇긴 해도 바야흐로 낱말에 있어서 아무도 다른 사람이 생각하는 것과 정확하게 일치하는 것을 사유하지는 않는다. 물속에서 일어나는 소용돌이처럼 미세한 차이점조차도 전체 언어를 통해 계속 진동할 수 있다. 그렇기 때문에 훔볼트는 인간의 "모든 이해는 동시에 몰이해(Nicht-Verstehen)이며, 사상과 감정에서 나타나는 모든 현상은 일치하는 동시에 또한 분리를 의미한다"라고 언급한 바 있다. 그러므로 훔볼트 있어서 낱말을 단순히 기호로 간주하는 것은 언어학 전반과, 언어에 대한 올바른 평가를 저해하는 기본적인 오류에 속한다. 왜냐하면 언어는 정신의 복제이며, 말을 하는 사람의 세계관에 대한 복제이기 때문이다. 그에 있어서, 언어란, 인간이 실제의 세계로부터 받아들이는 인상(Eindruck)에 맞게 인간 스스로에 의해 객관화된 두 번째 세계인 것이다.56)

---

55) Benner(1990 : 127) 참조.
56) Humboldt(1830-1835 : 72) 및 Michelsen(1987 : 244) 참조.

앞에서 언급했듯이 홈볼트에 의하면, 모든 객관적인 지각 속에는 필연적으로 주관성이 혼합되어 있기 마련이다. 그렇기 때문에 각각의 인간은 '개별성'을 지니며 이것은 언어와는 무관하게 '세계관'이라는 고유의 관점으로 된다. 그렇긴 해도 이러한 인간의 '개별성'은 주로 언어를 통해 '세계관'으로 형성된다.57) 의심할 여지없이 말을 하는 사람들은 세계와의 교류에서 다양한 상황을 통해 자극받는다. 그런 측면에서 '개별성'은 다양한 '세계이해'(Weltverständnis)를 야기시킨다. 물론 좀 더 세밀하게 고찰해 보면, 이런 식으로 이해된 '개별성'은 공통적 행위에 대한 사회적 컨센서스를 불가능하게 만들 수도 있을 것이다. 그렇지만 궁극적으로 자기중심적이면서 사회적 관심사에서 동떨어져 있는 개인주의는 바야흐로 홈볼트의 언어이론적 단서로부터 배제된다. 따라서 홈볼트의 관점에서 보면, 모든 언어들의 일반적 관계에 대한 가설적인 수용을 포기할 만한 아무런 필연적 근거가 존재하지 않는다. 물론 언어는 현실 속에서는 오로지 다양한 모습으로 나타난다. 그렇지만 결코 직접적으로나 간접적으로 유대관계가 없는 상이한 계보의 언어들도 명백히 그 구조면에서는 일정한 유사성을 띠고 있다는 점이 자연스럽게 '인간의 본성'과 '언어'라는 인간의 도구(Werkzeug)가 동일한 기원을 가지고 있음을 시사한다.

홈볼트에 의하면, 사고의 법칙은 모든 민족에게 동일하며, 문법적 형식도 이 법칙에 의존하기 때문에 오직 일정한 범위 내에서만 상이할 수 있다. 문법적 형식의 동일성은 언어가 오로지 한 종류라는 생각을 필연적으로 야기시킨다. 즉 언어는 본디 하나인데, 지상의

---

57) Humboldt(1830-1835 : 60) 참조.

수많은 사람들에게 상이하게 현현한다는 것이다. 따라서 언어는 보편적인 친족성을 가진다고 말할 수 있을 것이다.58)

훔볼트에 있어서, 언어의 본질은 인간의 보편적 성향에 속한다. 그렇기 때문에 모든 사람들이 언어의 이해를 위한 열쇠를 지니고 있음이 분명하다. 훔볼트는 인간들이 그 정신적 성향 면에서 서로 다르다는 견해를 인정하지 않았다. 그는 이런 식의 사고를 신중하지 못한 백인 위주의 편견에서 나온 것으로 간주했다.59)

아울러서 훔볼트는 모든 언어의 공통적 기질을 확신하고 있었음이 분명하다. 이와 같은 가정은 "전체의 인간 종족은 단지 한 개의 언어만을 소유하고 있다"라는 그의 말 속에서 추론될 수 있다. 말하자면 언어들은 본질적인 면에서는 일치한다는 것이며, 모든 인간에게 전체적인 모습으로 존재한다는 것이다. 물론 이 경우 한 개의 언어란, 인간이 지니는 언어능력에 대한 형이상학적인 분석으로부터 설명되어야 한다. 물론 보편적 인간의 언어능력이 전체 인류를 포괄한다고 해도, 언어능력은 모든 인간을 포괄하는 유일한 언어의 형태로 실현되는 게 아니라, 다양한 개별 언어들로 구체화된다.60)

앞서 언급한 것처럼 언어는 '나'와 '너' 사이뿐만 아니라, '나'와 '세계' 사이를 중개한다. 언어는 동료 인간 및 세계에 대한 관계뿐 아니라, 양자 간의 이해를 규정하는 본질적 수단으로 인식된다. 그러나 인간이 오로지 언어로만 의사소통하고, 세계를 오로지 언어를 통해 해명한다고 한다면, 언어의 상실은 동시에 인간이 지니는 이해 능력의 상실이며, 세계의 상실을 의미한다. 또한 이것은 언어와 사

---

58) Michelsen(1987 : 245) 참조.
59) Michelsen(1987 : 246) 참조.
60) Humboldt(1830-1835 : 51,57) 및 Ramischwili(1959 : 24) 참조.

고의 상호 구속성 때문에 사고능력과 통찰능력의 상실에 속하며, 결국은 인간이 무교육(Unbildung) 상태에 빠지는 것을 의미한다. 이와는 달리 언어획득은 세계를 확대하는 것이며, 매번 세계를 추가로 획득함으로써 인식의 발전을 수반하게 된다. 언어는 세계와 인간의 상호관계를 가능하게 하고, 이로써 교육 전반에 대한 전제조건을 마련하는 매개체가 된다. 언어는 인간이 자기 스스로와 세계를 동시에 형성하거나, 오히려 세계를 자신과 분리함으로써 자신을 의식하게 해주는 매개체이다.61)

훔볼트는 사유활동 및 세계활동(Welttätigkeit), 즉 사고하는 사람이 행하는 '자기 자신'에 대한 활동적 관계와 세계에 관여하는 '나'의 활동 사이에 언어의 중개기능을 부여한다. 피히테(J. G. Fichte)에 의한 선험적 유도방법의 영향으로 훔볼트는 먼저 자기 자신을 규정하는 '나'의 개념으로부터 언어를 도출해 내려고 했다. 그 다음으로 그는 사고, 세계경험과 함께 본디의 언어의 동일한 기원성(Gleichursprünglichkeit)이라는 보다 폭넓은 고찰에서 결정적인 기본 전제를 얻게 된다. 결국 훔볼트는 한편으로는 인간적 활동의 성과로서의 언어를, 사유활동과 세계활동에 의해 터득하는 인간 자신의 경험을 표시하는 기호로 보고, 다른 한편으로는 그와 같은 기호들에 대한 인간의 탐색을, 그 어떤 것을 찾는 행위로 보지 않고 언제나 '세계'와 '나'의 중개를 구하는 과정에서 이미 언어적으로 선행되고 있는 행위로 인식했던 것이다.62)

훔볼트가 이 부분에서 '세계'라는 개념을 우회적으로 표현하려고

---

61) Humboldt(1800 : 196) 및 Michelsen(1987 : 246) 참조.
62) Benner(1990 : 121) 참조.

하는 것은, 우선 현실 자체의 상황이 다양하면서도 무수히 많은 우연한 사건들로 제시된다는 데에 있다. 인간의 정신은 다양한 사건들을 대상으로부터 연역하여 소박한 이념을 만들어 낸다. 이러한 의도로 인간의 정신은 대상들의 집단을 스스로 끌어들임으로써, 형성된 질료에다 정신의 형태를 각인하고, 양자가 상호간에 더욱 유착되도록 한다.

훔볼트는 산만하고 잡다하게 흩어져 있는 상태를 벗어나기 위해 '전체성'이라는 개념을 도입한다. 훔볼트에 있어서는 '전체성'과 '개체성'이야말로 세계의 개념을 규정하는 필연적 요소이다. 인간의 자기계발(도야)에서는 '소재'가 '형식'으로 변하고, 다양성이 단일성으로 변하면 변할수록 보다 더 풍부하고도 역동적인 작용이 일어난다. 훔볼트는 이러한 양태를 "풍부한 다양성이 전체성을 통해 아름다운 단일성으로 통합된다"라고 언급한 바 있다. 그렇기 때문에 단일성은 필연적으로 인간 정신을 안정시켜 주며, 이것의 풍부함이야말로 정신으로 하여금 고유의 역할에 전념할 수 있도록 도와준다. 그러므로 그에 있어서 사고의 기본적 특징은 다양한 것 속에서 일반적 관계를 제시하고, 단일한 상태들로 총괄하는 데 있다.[63]

훔볼트에 있어서 '일반적인 것'은 미리 규정될 수 있는 법칙으로 존재하는 것이 아니며, '개별적인 것'이 그 속에 포괄될 수 있는 하나의 법칙으로 존재하는 것도 아니다. '일반적인 것'은 바야흐로 개체들로 나타날 수 있는 다양성 속에 존재하는 것으로 간주된다.[64] 또한 일반적 관계는 대부분 사유형식들 자체에 속하며, 이것들은 근

---

63) Michelsen(1987 : 247) 참조.
64) Schneider(1995 : 68) 참조.

원적 원리에서 유도될 수 있기 때문에 잘 짜여진 체계를 형성한다. 이들에 있어서 '개별적인 것'은 상호관계뿐만 아니라, 전체를 총괄하는 사상의 형식에서도 지적인 필연성을 통해 규정된다. 인간은 '개별적인 것'을 파악하는 동시에 또한 '개별적인 것'에다 전체와 연결시키는 형식을 허용해야 한다. 교육을 통한 습득이라는 차원에서 언어의 다양성은 정신의 힘을 통해, 말하자면 훔볼트적인 입장에서 언제나 언어라는 수단들을 통해 다원성을 총괄하는 단일성으로 형성되지 않으면 안 된다.65)

따라서 훔볼트에 있어서 언어와 정신의 힘은 불가분적인 관계를 맺고 있다. 양자의 관계는 새롭게 부각된 어떤 것이 기존하는 것과 연결되어 있는 상태, 즉 역사적으로 미리 주어진 상태에서 생겨나는 것이 아니다. 언어는 일정한 시점에서, 가령 사회적 발전으로부터가 아니라 인간의 정신력에서 나온 필연적인 귀결인 것이다. 언어는 언어 없이도 존재할 수 있을 것 같은 인간의 정신의 힘에 나중에 추가로 덧붙여진 것이 아니다. 언어는 정신의 힘 자체의 필연적인 표출로 간주된다.66) 그러므로 고유하면서도 보다 완전한 인간을 재생산하는 인간 정신의 힘은 인간 속에 내재하는 선험적 요소이며, 순수한 에네르기로서 존재한다.67)

바야흐로 훔볼트의 교육사상을 '힘'의 교육으로 이해하게끔 해 주는 부분이 언어철학에 바탕을 둔 훔볼트의 인류학이다. 훔볼트는 언어의 단일성처럼 모든 인간에게는 고유한 사고력이 있다고 생각했다. 아울러서 이 사고력이 다양한 개별적인 현상들을 이념으로 수용

---

65) Michelsen(1987 : 24) 참조.
66) Menze(1988 : 311) 참조.
67) Menze(1988 : 307) 참조.

할 수 있는 능력, 즉 개별 현상들의 기본구조를 인식할 수 있는 능력을 언어에 부여한다고 보았다.68) 또한 훔볼트에 있어서 '형식'의 개념은 조직화되어 있는 심리적인 요소이며, '소재'(질료)와는 대립관계를 유지한다. '소재'와 '형식'은 물론 대립적인 요소이며 상대방에 의해 상호 규정된다. 말하자면 '소재'는 '형식'을 통해, '형식'은 '소재'를 통해 비로소 확실한 근거를 확보하게 된다. 따라서 양자는 오로지 자의적으로만 분리될 수 있다. 인간의 정신의 힘은 자신의 '힘'을 시험해 볼 대상을 필요로 한다. 그리고 단순한 형식 및 순수한 사상은 이것이 계속 각인될 수 있는 '소재'를 필요로 한다.69)

훔볼트에 따르면, 인간이 그의 사고력을 특별한 방식으로 계발하는 '소재'는 언어와 사고가 불가분적 관계라는 점에서 바야흐로 문법적으로 형성된 언어이다. 왜냐하면 그의 관점에서는 형식을 갖추지 않았거나, 또는 매우 불완전한 문법적 형식을 지닌 언어들은 지적 활동에 부정적인 영향을 끼치는 것으로 인식되기 때문이다. 이런 이유로 훔볼트는 그의 연구방향을 주로 오래된 언어 쪽에 맞추게 되며, 특히 그리스어에 대해 특별한 평가를 내린 바 있다. 말하자면 그리스어는 우리가 알고 있는 가장 세련된 언어라는 것이다. 또한 그리스어가 지니는 예술과 같은 복합문의 구조에서는 문법적 형식들 상호간의 위치가 고유하게 하나의 전체를 형성하고 있다는 것이며, 이것이 이념들의 작용을 강화시켜 주고, 대칭과 쾌적한 리듬을 향유하게 한다는 것이다. 따라서 그러한 언어를 배울 때에는 사고의 예리함이 얻어질 수밖에 없다는 것인데, 훔볼트는 문법적 관계가 논

---

68) Michelsen(1987 : 248) 참조.
69) Hassler(1984 : 121) 및 4.2. 참조.

리적 관계에 일치하고, 정신은 형식적 사고 쪽으로 점점 더 뚜렷하게 기울어지는 경향이 있다는 것을 그 이유로서 제시한 바 있다.70)

훔볼트의 고전연구에서는 교육철학, 국가철학 및 언어철학에서 나오는 교육론적, 교육비평적 사상들의 자취가 발견될 수 있다. 이미 그리스인의 세계는 '개별성'과의 관계에서 인간 교육을 위한 결정적 기능을 실현시켰다. 또한 고대 그리스인들은 역사적으로 세계 전반의 기능을 떠맡아서 실현시킬 수 있었는데, 그것은 고대 그리스 사상 속에 이미 '전체성'이 제시되고 있었기 때문이다. 훔볼트와 동시대 사람들의 사고 속에는 이미 그리스 정신이 뚜렷하게 자리를 잡고 있었다. 바야흐로 훔볼트는 그리스 정신의 위대함이 그리스를 세계 전반에 대한 상징적인 존재로 만들었다는 견해를 갖고 있었다. 그의 관점에서 그리스 세계는 세계에 대한 대용적 개념이 아니라, 오히려 세계 자체이며, 로마를 포함하여 다른 모든 역사적·문화적 세계들보다 우월성을 지닌다. 그런 점에서 훔볼트의 표현대로 그리스 정신이 세계 전반에 대한 상징일 수 있다. 왜냐하면 그리스인들은 그들의 사고와 행동범위에 속하는 모든 것을 상징적으로 다루고 있었기 때문이다. 결국 그리스인들은 그들의 영역에 접근하는 모든 것을 상징적으로 개조함으로써, 그들 스스로가 인류의 상징으로 되었던 것이다. 그러므로 그리스인들은 인간의 개별적인 '힘'을 '전체성'이라는 이념 속에 자리 잡게 했다고 볼 수 있다.71)

쉬프랑어도 그의 논문 "Berufsbildung und Allgemeinbildung" 〈직업 교육과 일반 교육〉(1963)에서 훔볼트의 사상을 수용하여

---

70) Humboldt(1822b : 294) 및 Michelsen(1987 : 248) 참조.
71) Menze(1965 : 154) 참조.

'보편성'과 '전체성'의 유사관계를 연구한 바 있다. 훔볼트는 여러 개의 특이성들이 다시금 하나의 전체로 결합되는 경우를 '전체성'이라고 표현했다. 그에 있어서 '전체성'은 그 자체로는 성취될 수 없는 하나의 원리이다. 우리는 다만 이 '전체성'에 점점 더 가깝게 접근하도록 노력할 수 있을 뿐이다. 이 경우에는 인간이 보유하는 모든 힘들이 전체로 나아가는 전개과정, 즉 모든 힘들에 대한 가장 균형 잡힌 최상의 계발(Ausbildung)이 목표로 설정된다.[72]

훔볼트는 그의 논문 "Ideen zu einem Versuch, die Grenzen der Wirksamkeit des Staates zu bestimmen"〈국가가 미치는 영향력의 한계를 규정하려는 시도에 대한 이념들〉(1792)에서 두 개의 상이한 국가개념을 사용한다. 그 하나는 고대 유럽의 정치적 구조를 근거로 하며, 다른 하나는 현대 국가의 특징을 보여준다. 전자는 민족의 구성원들이 함께 공동체를 일구어 살아가는 고대의 공동체 국가를 지칭하며, 후자는 본래의 의미에서 주권 국가에 해당하는데 궁극적으로는 막강한 힘을 지닌 국가개념이다. 이것은 절대주의와 중상주의에서 유래하며 농업, 수공업, 각종 산업, 무역, 예술 및 학문까지도 국가의 조종을 받는다. 또한 이 경우 인간은 물품, 즉 성과물을 얻어 내기 위해 자신의 힘을 소홀히 하게 되며, 인간은 활동을 야기시키고 향락만을 누리는 도구로 오용된다.

물론 훔볼트는 국가가 없다면 고대의 정치적 공동체와 같이 잘 짜여진 신분구조로부터 벗어나는 것이 개인에게는 가능하지 않을 것으로 보았다. 그는 또한 해방된 민중도 국가 없이는 사회생활을 할 수 없다는 것을 인식하고 있었다. 그러나 다른 한편으로 그는 개

---

72) Humboldt(1792 : 106) 및 Michelsen(1987 : 249 이하) 참조.

인적 삶의 형성에 대한 여지, 즉 자유로운 영역이 국가 내부에 광범위하게 존재한다는 것을 밝혀내려고 했다. 그렇기 때문에 훔볼트는 그에게 노정되는 동시대인들의 상황을 분석하고, 국가주의의 확대 경향에 대해 방심하지 말 것을 경고한 바 있다.

그러므로 훔볼트에 의해 철저하게 고려되는 사회정책적 맥락에는 그가 교육과 직업 훈련에 관해 언급하고 있는 모든 것이 포함된다. 훔볼트에 있어서 직업 교육은 개인의 해방을 위한 보편적 인간 교육에 의해 비로소 수행될 수 있다. 그렇기 때문에 그에 있어서는 인간의 사고력이 교육되어야 하며, 더 이상 단순히 인간에게 지식이나 일시적인 사용도구들을 마련해 주는 것은 의미가 없다. 말하자면 더 이상 인간 교육의 개별적인 부분들만을 후원하려는 것은 아니었다.[73] 따라서 훔볼트가 극단적으로 개인주의적 사고를 했다고 비난하는 것은 편파적이라고 볼 수 있다. 보다 적절한 판단은 그의 언어 철학과 관련되는 견해, 즉 '말하기'(말을 하는 행위)란, 철저하게 개인적, 창조적 행위이지만 전체성을 벗어나지 않는다는 그의 견해에서 찾아야 한다.

훔볼트에 있어서 언어는 의심할 여지없이 정신의 표현이며, '자기 활동'(Selbsttätigkeit)인 동시에 오로지 구체화가 진행되는 과정에서, 즉 활동 자체 내에서만이 언어이기 때문에, 언어의 정의는 전반적으로 말을 하는 행위와 동일하다. 그러나 또한 언어는 언제나 유기적인 발달이며, 전체로부터 나오는 전체의 전개인 것이다.[74] 그러므로 말을 배우는 것은 발화된 낱말들을 단순히 모방하는 것으로서

---
73) Michelsen(1987 : 251) 참조.
74) Humboldt(1830-1835 : 45 이하) 참조.

종결되는 것이 아니다. 훔볼트에 있어서 '말하기'와 '사고'는 공생적으로 밀접하게 연결되어 있다는 것과, 비록 모든 사람에게 공통된 일이라고 해도 교육(공교육)은 언제나 자기도야(Selbstbildung)라는 것이 기억되어야 한다. 훔볼트에 의하면, 언어야말로 비로소 인간을 인간답게 계발하는 주체라고 수 있다.[75]

언어도 교육도 개인에 의해 실현될 수 없으며, 오로지 사회적으로만 실현될 수 있다. 의심할 여지없이 인간은 교제를 필요로 하는 사교적인 존재이다. 언어는 언제나 분리상태에 놓여 있는 개인의 영역을 이미 넘어서고 있는 것이다.[76] 왜냐하면 언어는 오로지 사회적으로만 발전하며, 인간은 오로지 자신의 말의 이해가능성을 다른 사람에게서 검증함으로써 자명해지기 때문이다. 어떠한 인간의 능력도 분리되어 있는 비사교적 층위에서는 발전하지 않는다. 인류는 사회적으로만 최상의 위치에 도달할 수 있는 것이다.

훔볼트는 모든 언어들을 총괄하는 한 개의 언어라는 개념과, 인류의 '이상'(Ideal)을 비교했다. 그에 의하면, 인류의 '이상'은 오로지 상호간에 조화를 이루는 여러 개의 다양한 형식들을 보여준다.[77] 따라서 인류의 '이상'은 개체들의 전체가 아니다. 오히려 이 경우에는 인류의 '이상'이 전체 속에서 나타난다. 따라서 무엇이 인간을 개인적인 구속으로부터 자유롭게 해주는지는 인간 전체로부터 예견될 수 있는 것이다.[78]

훔볼트의 언어철학은 그 자신에 의한 경험적 연구의 근본토대로

---

75) Michelsen(1987 : 252) 참조.
76) Menze(1988 : 314) 및 Humboldt(1827 : 26) 참조.
77) Humboldt(1795 : 379) 참조.
78) Schneider(1995 : 73) 참조.

해석될 수 있으나, 실제의 언어학이 수행할 수 있는 영역을 훨씬 넘어선다고 볼 수 있다. 그의 언어철학의 핵심사항은 또 다른 측면에서 보면 도야이론에 바탕을 두고 있다. 이는 훔볼트가 자신의 교육 개념을 언어에 기초하여 '나'와 '세계' 사이의 상호작용으로 해석한 데서 극명하게 드러난다.[79]

훔볼트에 의하면, "언어는 교육의 척도이자 수단"으로 동시에 제시된다. 말하자면 언어는 사고의 도구나, 혹은 수단, 즉 의사소통의 매개체로만 이용될 수는 없으며, 교육(도야)의 척도로만 이용될 수도 없다. 이 경우 후자는 언어적 서술들이 규범화된 언어사용의 규칙에 적절한지의 여부에 의거하여 타당성과 속성이 부여되는 것을 뜻한다. 훔볼트에 있어서 언어는 객관적인 진리의 기준만도 아니며, 의사소통의 수단만도 아니다. 양 방향 중의 어느 한 쪽만을 말하는 것이 아니다. 전자는 오로지 후자에 의한 중개를 통해서만이 언어에 귀속된다는 점에서 양자가 동시에 제시되어야 하는 것이다.[80]

훔볼트는 모국어의 중요성을 환기시킴으로써 개개 언어들을 통해서만 언어의 본질에 접근할 수 있다는 것을 확증했을 뿐만 아니라, 실제로 다양한 언어들을 통해 구체적인 연구를 시도한 바 있다. 그는 전 생애에 걸쳐 수많은 언어들을 다루었는데, 프랑스어, 영어, 이태리어, 에스파니아어, 그리스어, 라틴어, 바스크어 등에 특히 조예가 깊었다. 그는 이와 같은 상이한 언어들의 연구를 통해 개개 언어들의 개별성을 탐구함으로써 민족 교육의 척도이자 수단이 되는 언어의 본질에 어느 정도 접근할 수 있었다. 물론 모국어는 우리에게

---

79) Benner(1990 : 120) 참조.
80) Benner(1990 : 122) 참조.

언제나 이미 교육의 척도이자 수단이지만, 이런 측면은 기껏해야 사색적으로 음미할 뿐이지 경험상으로 인지되기는 어렵다. 그렇지만 외국어를 습득하면 모국어뿐만 아니라, 외국어의 개별성에 대한 시각을 얻을 수 있다는 점에서 유리하다.[81]

예를 들어 만년설 속에서 생활하는 에스키모인들은 세계를 대하는 작용방식에서 겨울에만 눈을 보는 사람들과는 다르다. 보다 정확히 말하면, 개개 민족들이 사용하는 언어가 보여주는 상이성 속에는 인간 상호간에 겪는 경험과, 세계에 대한 관여에서 얻게 되는 경험이 반영되어 있는 것이다. 세계는 각각의 언어에서 결코 동일한 방식으로 나타나지 않는다. 오히려 세계는 세계경험과 간주관적 의사소통이라는 언어적 관습 속에서 나타난다.[82]

언어의 간주관적 의미는 언제나 언어로 사유된 것으로부터 해명되어야 한다. 왜냐하면 의사소통의 차원에서 언어는 세계중개적 차원에 의존하고, 후자는 전자에 의존하기 때문이다. 언어의 수용적 중개기능과 자발적 중개기능 속에서 언어는 언제나 이미 의사소통과 세계획득을 통합하고 있는 것이다. 그러나 이 경우 언어는 중개되는 것이 아니라 중개를 실행하는 요소이지만, 언어의 중개기능은 결코 최종적 개념의 형식으로 수행되는 것이 아니다. 이것은 언어가 "인간 교육의 척도인 동시에 수단"이지, 어느 한 쪽만이 아니라는 것에 대한 더욱 명백한 근거이다.

만약 언어의 기능이 전자에 국한된다면, 언어는 우리에게 직접적인 낱말들의 의미를 통해 단지 무엇이 옳고 그른지, 무엇이 악하고

---

81) Benner(1990 : 124) 참조.
82) Benner(1990 : 125) 참조.

선한지, 무엇이 이성적이고 비이성적인지를 지시해 줄 것이다. 그에 반해서 후자의 경우 언어는 전화, 케이블, 확성기 등과 같은 단순한 의사소통의 도구로 전락할 것이다. 따라서 말을 하는 모든 행위에서 작용하는 언어의 세계중개적 기능은 언어의 간주관적 중개기능에 구속받고 있으며, 역으로 후자가 전자에 구속받는 한, 언어는 인간 교육의 척도와 수단일 수 있는 것이다.[83] 언어에 대한 이와 같은 정의는 또한 인간 교육이 무(Nichts)로부터 자동적으로 얻어진 창조물로서도, 그리고 본래의 인간성이라는 미리 주어진 원형에 따라 규범화되는 그 어떤 것으로도 사유될 수 없음을 보여준다.[84]

그러므로 인간이 세계와 함께 행하는 가장 자유롭고도 가장 활동적인 상호작용으로서의 교육은 인간들 사이의 자유로운 상호작용에 기인하는 한편, 다른 한편으로는 인간이 세계에 관여하는 활동에 기인한다고 말할 수 있다. 후자의 경우는 임의대로 세계를 단순한 실체로 격하시키는 것이 아니라, 우리 자신의 상대적 요소로서 경험하는 것이다. 이런 관점에서 언어가 세계중개적 기능을 가지고 있는 동시에, 간주관적 기능도 가진다는 훔볼트의 보편적 정의는 인간 교육의 이론에 기초하고 있을 뿐만 아니라, 그의 역사적 언어개념 역시 교육이론에 바탕을 두고 있음을 보여준다.[85]

훔볼트의 관점에서 '인간'과 '세계' 및 '나'와 '너' 사이의 중개자로서의 언어는 역사적으로 생성된(유전된) 구조를 지니는데, 이것은 두 개의 중개기능 중 어떤 것도 다른 기능으로 소급될 수 없고, 언어 이전의 관점이나, 혹은 언어 외적인 사물관계에서는 확증될 수

---

83) Benner(1990 : 129) 참조.
84) Benner(1990 : 133) 참조.
85) Benner(1990 : 134) 참조.

없는 언어내적 구조이다. 따라서 인간 스스로가 언어 이전의 상태로 돌아간다거나, 언어를 초월하여 언어를 논할 수는 없다. 언어를 미리 주어진 절대적인 존재로가 아니라, 역사적인 어떤 것으로 파악할 수 있다는 것은 훔볼트가 생성적·역사적 시각에서 언어를 인간의 실존과 공존(Koexistenz)이라는 선험적 요소로 이해하고 있음을 증명한다.[86]

---

[86] Benner(1990 : 135) 참조.

9. 언어와 예술

9.1. 도입

'미'(Schönheit)란, 원래 독자적인 가치를 지니는 것으로서 정신적 존재의 양상을 띠고 있는 동시에, 다방면에 걸쳐 인간의 삶이 공유하는 심리적, 유기적 측면 및 물리적 측면과 상호 관계를 맺고 있다. 바야흐로 '미'가 추구하는 미적 특성, 미적 가치를 총체적으로 다루는 분야가 미학(Ästhetik)이며, 미적 특성이 가장 잘 표현되는 영역이 예술이라고 할 수 있다. '미'의 영역에는 넓은 의미에서 자연미와 예술미가 모두 포함될 수 있다. 이 경우 자연미는 자연적 현실의 사물들 속에서 발견할 수 있는 '미'임에 반해, 예술미는 우연적인 것이 아니며, 미적 가치의 창조 내지는 체험을 목적으로 하기 때문에 미적 가치의 규정에서 중심적 위치를 차지하게 된다[1].

예술에 대한 정의는 학자들에 따라 다양하게 제시된다. 이것은 대략 다음과 같은 세 가지 견해로 요약될 수 있다. 첫 번째로는, 예

---

1) 이종후/권희경(1984 : 116) 참조.

술작품의 본질이 작품 속에 포함되어 있는 표상, 즉 어떤 대상을 나타내는 데 있다고 보는 견해이다. 두 번째로는, 예술작품의 본질이 예술가나 혹은 그 작품의 감상자로 하여금 감동을 환기시키는 요인들에 있다고 보는 견해이다. 세 번째로는 예술작품의 창조자나 혹은 감상자의 감동 및 표상의 대상과는 무관하게 예술작품 자체 내에서 발견되는 형식이 본질적 구성요소라고 보는 견해이다.2)

  서양 미학의 역사에서 노정되는 두 가지 중요한 흐름은 크게 관념론적 미학과 유물론적 미학으로 구분될 수 있다. 다시금 전자는 정신세계에서 출발하여 '미'의 본질을 절대적 이념의 객관성에서 추구했던 객관적·관념론적 미학과, '미'의 객관성을 부인하면서 전적으로 '미'의 본질을 인간의 의식 세계로부터 규명하려고 했던 주관적, 관념론적 미학으로 구분될 수 있다. 관념론적 성향의 미학을 추구하였던 사람들로서는 칸트(I. Kant), 헤겔(G.W.F. Hegel), 쇼펜하우어(A. Schopenhauer), 크로체(B. Croce) 등을 들 수 있다. 후자는 객관적 세계의 자연적 특징으로부터 출발하여 '미'의 본질을 주로 사물의 자연적 형식이나 속성 혹은 관계들 속에서 찾음으로써 자연적 사물 자체의 속성과 성능에 귀결시키고자 했다. 이러한 유물론적인 미학에 속하는 사람은 아리스토텔레스를 비롯하여 디드로(D. Diderot), 버어크(E. Burke), 체르니세프스키(N. G. Chernyshevsky) 등이 있다3).

  앞에서 언급했듯이 언어철학의 선도자로 일컬어지는 훔볼트는 한편으로는 미학의 본질을 인간의 주관적인(선험적인) 창작능력으로

---

2) 이한헌(1989 : 95) 참조.
3) 장인영 (1997 : 50, 57) 참조.

9. 언어와 예술 263

규정하였고, 다른 한편으로는 이것을 예술의 현상형식들과 연관시켜 객관적인 미적 작용의 가능성으로 파악하려고 했다. 훔볼트의 미학적 견해는 주관적 시각과 객관적 시각을 하나의 통합된 현상으로 조화시키려고 했다는 인상을 준다. 이것은 그 자신에 의해 표명된 언어의 객관화 기능과도 맥락을 같이 한다.

이 단원에서는 비록 부분적이고 단편적인 서술이긴 하지만 훔볼트의 언어관과 예술관을 비교함으로써 양자 간의 유사점과 상이점을 조명하는 데에 초점을 맞춘다.

9.2. 언어의 객관화 기능

인간의 언어는 오성(Verstand)과 감성의 중개자 역할을 담당한다. 그러나 우리의 감각 속에 주어져 있는 소재(Stoff)는 변화무쌍하며 단지 개개인의 소유에 불과하다. 따라서 이러한 감각적 자료가 개념으로 전개되기 위해서는 필연적으로 객관적인 인식의 과정에서 유도되는 언어가 요구된다. 훔볼트는 이에 대해서 다음과 같이 서술하고 있다 :

"주관적 활동은 사고 속에서 객체를 형성한다. 왜냐하면 어떠한 종류의 표상들도 이미 현존하는 대상을 단순히 수용적으로 음미하는 것으로 간주될 수는 없기 때문이다. 감각의 활동은 정신의 내면적인 행위와 통합적으로 결합되지 않으면 안 된다. 이러한 결합으로부터 표상이 떨어져 나와 주관적 힘에 맞서 객체로 되고, 이 표상은 객체로서 새롭게 지각되어 주관적 힘으로 되돌아온다. 그러나 이를 위해서는 언어가 필수 불가결하다. 왜냐하면 언어에서는 정신적 노력이 입술을 통해 관철됨으로써 정신적 노력의 산물이 자신의 귀로 되돌아오기 때문이다. 그러므로 표상은 실제의 객관성으로 옮겨지게 되는데, 이로 인해 주관성과의 관계가 끊어지는 것은 아니다. 오직 언어만이 이 일을 행할 수 있다. 또한 언어가 함께 작용하는 경우 주체 쪽으로 되돌아오는 객관성으로 암묵적으로 끊임없이 진행되는 이러한 전이 없이는 개념의 형성이 불가능하며, 따라서 진정한 의미의 모든 사고도 불가능하다."4)

그러므로 객관성을 얻기 위해서 언어의 중개는 필연적이다. 훔볼트에 있어서 바야흐로 인식의 객관화에 대한 근거는 언어에 있으며, 이 언어를 매개체로 한 객관화는 '주관적인 힘', '내적인 정신활동'이 객체를 형성함으로써 수행된다.5)

"주체(나)와 객체(세계) 사이의 원천적인 중개에서 언어가 실현시키는 결정적 기능"이라는 훔볼트의 명제는 1800년에 쉴러(F. Schiller)에게 보낸 그의 편지에서 최초로 언급된다. 그에 의하면, 언어는

---

4) Subjektive Tätigkeit bildet im Denken ein Objekt. Denn keine Gattung der Vorstellungen kann als ein bloß empfangendes Beschauen eines schon vorhandenen Gegenstandes betrachtet werden. Die Tätigkeit der Sinne muß sich mit der inneren Handlung des Geistes synthetisch verbinden, und aus dieser Verbindung reißt sich die Vorstellung los, wird, der subjektiven Kraft gegenüber, zum Objekt und kehrt, als solches auf neue wahrgenommen, in jene zurück. Hierzu aber ist die Sprache unentbehrlich. Denn indem in ihr das geistige Streben sich Bahn durch die Lippen bricht, kehrt das Erzeugnis desselben zum eignen Ohre zurück. Die Vorstellung wird also in wirkliche Objektivität hinüberversetzt, ohne darum der Subjektivität entzogen zu werden. Dies vermag nur die Sprache ; und ohne diese, wo Sprache mitwirkt, auch stillschweigend immer vorgehende Versetzung in zum Subjekt zurückkehrende Objektivität ist die Bildung des Begriffs, mithin alles wahre Denken unmöglich(Humboldt, 1830-1835 : 55).
5) Mendelsohn(1928 : 이하) 참조.

'나'와 '세계'를 상호 관련시키는 것에 국한되지 않는다. 왜냐하면 인간에 있어서 세계의 소유(Welthaben)란, 인간이 세계의 어떤 부분을 떼어내고 그 자신을 대비시킴으로써 스스로가 관련되어 있는 세계로부터 분리됨을 의미하기 때문이다. 훔볼트에 있어서 이와 같은 대비는 성찰(Reflexion)의 첫 번째 행위에 속한다. 인간은 자연적인 피조물로서 본디 그가 살고 있는 세계와 결합되어 있다. 그러나 이렇게 연합되어 있는 상태는 성찰행위와 함께 파괴된다. 보다 정확히 말하면, 이것은 인간이 객체를 대상으로 하여 스스로를 주체로 규정한다는 것을 의미한다. 결국 훔볼트에 있어서, 언어는 단순한 의사소통의 수단이 아니라 스스로와 세계를 형성하는 수단으로 제시된다.6)

언어는 인간에게 세계를 열어 줄 뿐만 아니라, 인간이 나아가야 할 세계의 방향까지도 설정해 준다. 또한 이를 위해서 언어는 인간과 언어의 구성적 특징인 감성(Sinnlichkeit)과 지성(Intellektualität)을 상호 연결시켜 준다. 왜냐하면 인간에게서 중단 없이 발생하는 사상의 흐름들은 마찬가지로 끊임없이 생겨나는 일련의 감각들을 수반하기 때문이다.7)

훔볼트에 있어서 세계는 오로지 언어적으로 가공되거나 언어로 개변된 세계로 다루어질 수 있다. 그렇지만 세계의 형성은 순수 자의적이 아니다. 주관적, 객관적 부분들은 전체라고 하는 하나의 통일체로 결합된다. 왜냐하면 주관적 활동은 대상들로부터 감각적으로 얻어진 인상(Eindruck)을 통합적으로 처리하여 의미를 지니는 변별

---

6) Cesare(1996 : 279) 참조.
7) Kledzik(1992 : 373) 참조.

적 음성형태들로 바꾸어 주기 때문이다.8) 언어는 현실로부터 받아들인 감성적 인상을, 감각을 통해 사고의 기관으로서 특유하게 마련된 분절된 음성의 영역으로 인도한다. 그리고 이렇게 함으로써 비로소 세계와의 연관성이 드러나는 명백한 순수 이념과 대상의 연결이 가능해진다.9)

　훔볼트에 따르면, 언어는 내적 및 외적으로 인간에게 영향을 미치는 자연과, 인간 사이에서 작용한다.10) 그로써 언어는 인간과 세계 사이의 중개자가 되고 언어는 주관성과 객관성 사이의 중개역할을 수행한다. 언어가 다양한 것처럼 인간이 세계를 획득해 나가는 방식도 다양하다. 물론 세계의 획득방식은 근본적으로는 다르지 않지만, 문법이나 의미의 영역에서 언어가 세분화될 수 있다는 인류학적 가능성이라는 측면에서 보면 여전히 현격한 차이를 보여준다. 훔볼트에 있어서 세계는 오로지 언어와 함께, 언어를 통해 가능하게 되는 인식과정의 성과인 것이다.11)

9.3. 예술개념의 이해

　인류의 사상적 흐름에서 시대를 초월할 수 있을 정도로 탁월한 선각자적인 견해표명이 동시대인의 연구풍토나 이해의 부족으로 당대에는 거의 영향을 미치지 못하다가 상당한 기간이 지난 후에야

---

8) Kledzik(1992 : 374) 참조.
9) Humboldt(1827-1829 : 180) 참조.
10) Humboldt(1830-1835 : 60) 참조.
11) Kledzik(1992 : 374) 참조.

비로소 계승, 발전되는 경우가 종종 있었다. 바로 훔볼트의 언어사상은 19세기 내내 거의 주목을 받지 못했다. 그렇지만 20세기로의 전환기 이후부터 훔볼트의 사상에 대한 광범위한 연구활동이 전개되었다. 그럼에도 불구하고 훔볼트의 주요 연구 분야들(언어, 교육, 예술 등) 중의 예술에 관한 이론이 본격적으로 다루어지는 시기는 20세기 후반기였다.

한편으로는 훔볼트의 수많은 업적 중에서 미학에 관한 저술들이 차지하는 중요성에 비추어서, 다른 편으로는 연대기적으로 미학에 관한 저술들이 교육이론과 언어이론에 관한 저술들의 중간위치에 놓인다는 점에서 그런 현상은 놀랄 만한 일로 받아들여진다. 정신사적으로 보면, 특히 예술에 대한 훔볼트의 사상은 흥미롭다. 왜냐하면 그의 사상이 괴테, 쉴러 등의 바이마르 시인들과의 끊임없는 토론과 서신교환을 통해 결정적인 영향을 받았을 것이고, 그로 인해 예술이론에 관한 문제들이 거듭 새롭게 조명되었기 때문이다.[12]

예를 들면 훔볼트는 괴테의 시들을, 미학적 판단을 위한 매우 효과적인 대상으로 간주한 적이 있는데, 그것은 괴테의 시가 특유의 다른 장점들 외에도 장르를 가시적으로 표현하고 있으며, 작가의 생생한 특징을 담고 있었기 때문이었다.[13]

그렇지만 동시대의 시인들에 대한 훔볼트의 접촉이 비록 그에게 예술에 대해 흥미를 갖게 했을지라도 예술의 특성을 다루기 위한 주요 동기는 아니었을 것으로 보인다. 훔볼트는 나중에 언어에 대해 할당하게 되는 체계적 위치를 이미 예술에 대해 지정한 바 있으며,

---

12) Schneider(1995 : 80) 참조.
13) Borsche(1981 : 179) 참조.

그의 미학적 고찰들은 언어에 대해 미리 행해진 고찰들로 인식될 수 있다. 물론 훔볼트는 그의 미학적 고찰들을 시대적으로 구분한 것은 아니었다.14)

훔볼트는 1797년에 미학에 관해서 서술한 그의 첫 번째 연구 논문을 "Ästhetische Versuche. Erster Teil: Über Goethes Herrmann und Dorothea"<미학적 시도, 제1부 : 괴테의 헤르만과 도로테아에 대하여>라는 제목으로 발표했다. 제목이 주는 뉘앙스로 보면 체계적인 미학을 제시하게 될 후속 부분들이 예견될 수 있다. 확실히 훔볼트는 예술철학에 대한 그의 전반적인 이념들을 체계적으로 정리해 보려고 한 것 같다. 그러나 이 저술은 동시대인들로부터 대부분 무시되어 사장되거나 심지어는 조롱의 대상이 되기도 했다. 아무튼 이 저술은 언어학과 언어철학 분야에서 신낭만파(Neuromantiker)에 의해 수용되어 20세기의 "훔볼트-르네상스"에서 비로소 뚜렷하게 주목을 받게 된다. 이어서 미학이 훔볼트의 언어사상에서 결정적 의미를 갖는다는 평가도 제시되었다.15)

쉬나이더(F. Schneider)에 의하면, 훔볼트의 예술에 대한 연구는 그가 행한 모든 노력에서 일관성 있게 영향을 주었던 동일한 모티브에 기초하고 있다. 훔볼트는 언제나 그때그때 다루어진 대상의 본질적 특징이 무엇인가를 규명하려고 했다. 이를테면 그는 모든 예술들을 하나의 관점 아래 설정하려고 했으며, 단순히 논리적이라고는 말할 수 없는 어떤 효과적인 기본원칙들로 소급시키려고 노력하였다.16)

---

14) Schneider(1995 : 80) 참조.
15) Behler(1988 : 105) 참조.
16) Schneider(1995 : 81) 참조.

<미학적 시도>라는 훔볼트의 글에서는 미학에 대한 훔볼트의 시각이 확연히 드러난다. 그에 의하면, 미학의 본질과 방법은 주관적으로는 창작능력(Dichtkunst), 즉 인간의 다양한 본성에 적용시켜서 미적인 정서(ästhetische Stimmung)의 가능성을 추구하며, 객관적인 시각을 토대로 예술의 현상형식들과 연관시키면서 미적인 작용(ästhetische Wirkung)의 가능성을 탐구한다.[17]

훔볼트에 의한 예술개념의 출발점은 예술가의 기본적인 성취능력을 규정하는 일이다. 그의 관점에서 보면 예술가의 이러한 능력은, 실제의 사물이 단지 예술가에 의해 예술적 작품으로 복제되는 것에 불과하다고 해도, "어떤 대상을 다른 영역으로 옮겨 놓는 작업"이라고 말할 수 있다.[18]

바야흐로 훔볼트는 "모든 예술의 가장 보편적인 과제는 실제로 존재하는 것(실물)을 하나의 형상으로 바꾸어 놓는 일"[19]이라고 정의했다. 이 경우 '형상'(Bild)은 우연하게 주어진 것을 필연적인 관계로 엮어 놓는 역할을 한다. 그리고 이러한 형상은 예술가의 상상력(Einbildungskraft)을 통해 무질서하게 실제로 존재하는 것을 대신하는 위치에 설정된다. 이제 실제로 존재하는 사물 자체는 '표상'(Vorstellung)의 자리를 차지하게 되고 현실에 대한 모든 기억은 사라진다.[20]

앞에서 인용된 문구에서는 분명히 예술은 대립의 개념에 해당하는 '실제로 존재하는 것'과 구별됨으로써 그 존재가치를 드러낸다.

---

17) Humboldt(1797-1798 : 319) 참조.
18) Schneider(1995 : 82) 참조.
19) Humboldt(1797-1798 : 126).
20) Zöllner(1989 : 41) 참조.

물론 훔볼트는 '실제로 존재하는 것'의 개념을 상세히 다루지는 않았다. 그렇지만 그에 의해 시도된 예술개념에 대한 보다 폭넓은 규정에서는 이것이 부수적으로 설명된다.21)

훔볼트에 있어서 '실물'은 사물의 특정한 존재로서 일반적인 모든 오성의 법칙 하에 놓여 있는 자연이다. 그는 특히 오성을 통한 자연의 인식과는 다르게 예술을 정의하려 했다. 그에 있어서 예술작품은 특히 자연적 대상(Naturgegenstand)과는 다른 종류의 객체이며, 예술 창조는 객체와의 관계에서 인식행위(Erkennen)와는 다른 종류의 관계를 갖는다. 그러므로 훔볼트에 따르면, 예술과 현실은 처음에는 상호간에 전혀 상반된 것으로 가정된다고 해도, 결국 이 양자의 관계는 단순히 서로 다른 종류인 능력과 대상 사이의 관계보다 더 확실한 관계로 파악될 수 있는 것이다.22)

훔볼트의 예술개념에서는 필연적으로 다양한 대립개념이 함께 사유되어야 한다. 말하자면 감각적으로 느껴지는 실제의 자연 및 인간의 가공을 통해 얻어질 수 있는 이상(Ideal)의 규칙성, 제한된 행위의 단일성 및 세계의 무한성으로서의 전체성(Totalität), 예술로의 완전한 현실개조 및 감상자에 의한 현실극복이 복합적으로 고려되지 않으면 안 된다.23)

훔볼트의 관점에 따르면, 예술활동에 있어서 대상은 현실로부터 해방되어 상상의 영역으로 옮겨진다. 그와 동시에 예술가는 인간의 마음속에 있는 현실에 대한 모든 기억을 지우고, 오로지 상상력만을 생생하게 유지하는 역할을 수행한다. 바야흐로 훔볼트에 있어서 예

---

21) Borsche(1981 : 182) 참조.
22) Borsche(1981 : 183) 참조.
23) Höfner(1991 : 91) 참조.

술의 본질은 대상이 지니는 속성에 있는 것이 아니라 상상력의 작용에 있는 것이다. 그러므로 예술이란, 완결된 현상으로 이해될 수 없으며, 특별한 방식으로 인간에게 작용하는 과정적 현상으로 인식될 수 있다.24)

또한 예술에 있어서 상상력은 실재하고 있는 자연을 정신적으로 자유롭게 파악할 수 있는 것으로, 달리 말하면 새롭게 창조된 것으로 바꾸어 놓는다. 말하자면 예술적 상상력은 직관적 창조성으로써 현실을 자유롭게 초월하면서도 현실의 소재를 개변시켜 예술적 가치를 창조한다25). 따라서 예술적인 변화의 영역으로 넘어가는 모든 것은 정신적으로 동화된 것을 뜻하는 이상성(Idealität) 내지는 전체성을 표기하는 새로운 단위로 결합된다. 이것은 각각의 예술작품이 지니는 내적인 고유법칙과 관계된다.26) 바야흐로 훔볼트는 이 내적인 고유법칙을 연구의 출발점으로 삼고 있기 때문에, 상상력들이 법칙에 따라 창조적으로 작용할 수 있도록 해주는 숙련도(Fertigkeit)를 예술로 정의한 바 있다.27)

훔볼트에 있어서 예술이론은 두 가지 사항을 해명하는 데서 출발한다. 먼저 예술의 작용이 추구하는 영역, 즉 상상력의 영역이 현실의 영역과 가능한 한 명확하게 구분되어야 한다. 두 번째로는, 예술에 있어서 현실의 영역을 벗어나서 상상력을 요구하는 일이 무엇을 통해 가능한지가 제시되어야 한다. 이것은 훔볼트에 의한 '미학적 시도'의 실마리가 된다.28)

---

24) Schneider(1995 : 82) 참조.
25) 백기수(1985 : 67) 참조.
26) Wohlleben(1986 : 194) 참조.
27) Humboldt(1797-1798 : 127) 참조.

훔볼트의 예술관에 따르면, 실제의 대상은 현실 속에 존재함으로써 제한을 받는 반면, 실제의 대상에 대한 예술적 모사(Abbild)는 이러한 제한으로부터 자유롭다. 실제의 대상에서는 기존의 가능성들이 언제나 일정한 방식으로 실현되어 있는 반면, 예술의 영역에서는 사물의 본질만이 제시되는 것이며, 사물이 개체로서 실현되지는 않는다.

예술은 사물의 본질을 지향함으로써 예술을 감상하는 사람으로 하여금 본질적 핵심에서 출발하여 상상력을 자유롭게 다룰 수 있게 한다. 이 경우 본질적인 것은 초개인적인 동시에 확실한 방식으로 규정되어 있지 않다. 그러나 이러한 불확실성은 상상할 수 있는 여지를 주기 위해서 필연적이다. 그렇기 때문에 본질적인 것과 불확실한 것은 자연스럽게 상상력의 영역에 속하는 반면, 한정된 것과 확실한 것은 현실의 영역에 속한다.29) 이에 대해서 훔볼트는 "우리는 한정되어 있는 유한한 현실 한가운데에 살고 있지만, 현실은 마치 우리에게 한정되어 있지 않고 무한한 것처럼 보인다"30)라고 서술한 바 있다.

또한 훔볼트에 있어서 실제적인 것은 언제나 개별적으로 그리고 그 자체로만 존재하며, 어떤 연관성 속에 있지 않다. 이 경우 연관성은 필연적으로 의미를 부여하는 어떤 본질적 요소에 의해 비로소 조성된다. 이와는 달리 상상력은 끊임없이 사유될 수 있는 가능성들에 기인하는데, 이들은 본질상 상호간에 예속되어 있다. 그러므로 어떤 대상이 현실로부터 상상의 영역으로 넘어간다면 대상의 어떠

---

28) Schneider(1995 : 82) 참조.
29) Schneider(1995 : 83 이하) 참조.
30) Humboldt(1797-1798 : 127).

한 부분도 고립되어 있지 않으며, 모든 것은 일반적인 내적 연관성이라는 조건에 예속되어야 한다.31) 결국 모든 것을 유기적으로 결합시키는 상상력이야말로 예술의 도구이며, 개별적인 것, 분리된 것, 정해져 있는 것은 예술작품 속에서 모든 것을 포괄하는 통합체로 결합된다.32)

쉬나이더에 따르면, 바야흐로 현실로부터 예술 쪽으로의 이행은 인간에 의한 의미부여(Sinngebung)로 해석될 수 있다. 왜냐하면 인간은 창조적 예술활동을 통해 현실 속에 있는 "엄청난 양의 개별적인 방만한 현상들"을 하나의 "조직화된 전체"로 바꾸어 놓으려고 하기 때문이다. 따라서 예술 쪽으로 향하는 것은 인간으로 하여금 세계를 연관성 속에서 체험할 수 있게 해준다는 점에서 훔볼트가 예술을 현실 경험의 패러다임으로 보았다는 주장은 정당하게 평가될 수 있을 것이다.33)

훔볼트에 있어서 예술의 영역은 현실의 영역과 철저하게 대립되어 있는 상상력의 영역이다. 이것은 어떤 다른 것에 대한 의존을 거치지 않고서는 아무 것도 존재하지 않는, 가능한 것의 영역인 것이다. 상상력 속에서는 어떠한 개별적인 대상도 독자적으로 존재하고 있지 않으며, 각각의 대상은 모든 다른 대상들을 환기시키고, 전자의 가능성은 후자를 통해 유지되고 있는 것이다.34)

상상력은 모순되는 것을 끌어내어 내면적인 법칙에 맞게 결합시키며, 유한한 것과 무한한 것, 감각적인 것과 지적인 것을 중재해

---

31) Schneider(1995 : 83) 및 Humboldt(1797-1798 : 128) 참조.
32) Borsche(1990 : 129 이하) 참조.
33) Schneider(1995 : 84) 참조.
34) Borsche(1981 : 183) 참조.

준다. 그렇기 때문에 상상력은 모든 개별적인 부분들을 상호 연결시키는 동시에 감각적으로는 일반적인 본질을 특정한 형태의 경계 내에서 지각될 수 있게 하는 이상적인 전체인 것이다.35) 이것은 또한 상상력을, 감각과 순수 오성의 통각(Apperzeption), 직관의 다양성과 순수 통각의 통일성 및 감성적인 것과 지적인 것 사이의 중개로 규정한 칸트의 견해와도 궤를 같이 한다.36)

앞에서 언급한 것처럼 훔볼트의 예술관에서 '본질적인 것' 및 '연관성'(Zusammenhang)은 상상력의 영역에 속한다. 그에 의하면, 전자는 본질상으로 내적 연관성을 통해 각인되어 있으며, 예술가는 동일한 예술적 과정을 통해 이 두 가지 요소를 지향한다고 볼 수 있다. 바야흐로 이러한 행위는 우연한 요소를 제거하면서 현실을 상상력의 영역으로 옮겨 놓는 이상화의 과정에서 수행된다.37) 이런 관점에서 현실로부터 상상력으로의 전이가 무엇을 통해 가능한지의 문제는 여전히 남게 된다.

훔볼트에 있어서 이상화의 과정은 단순히 우연한 것(개별적인 것)의 제거로 이루어진다고 볼 수 없으며, 명백히 본질적 요소를 통해 그리고 내적 연관성을 통해 성취된다. 그에 의하면, 이러한 과정의 완성은 예술가의 번뜩이는 '섬광'에 달려 있는데, 섬광을 타오르게 하는 동인은 여전히 예술가의 신비로 간주되어야 한다. 따라서 예술가의 결정적인 작용을 일으키는 요소는 베일에 가려져 있다고 볼 수 있다.38)

---

35) Thomasberger(1992 : 601) 참조.
36) Thomasberger(1992 : 600) 참조.
37) Schneider(1995 : 84) 참조.
38) Schneider(1995 : 85) 참조.

미학에 관한 훔볼트의 연구에서는 이와 같은 상상력의 신비스러움에도 불구하고 그와 같은 잠재적인 힘을 좀 더 명확하게 시사해 주는 수많은 언급들이 등장하고 있다. 그러한 개념규정들을 정리해 보면 상상력이란, 대개는 현실세계의 유한한 영역으로부터 이상적인 것을 추구하는 무한한 영역으로 들어가게 해 주는 힘으로 간주된다. 예술가는 그의 작품을 직접 상상력에 의해 얻어진 순수한 성과로 제시한다. 또한 예술가는 그의 작품을 상상력의 산물(Produkt)로 나타나게 할 때 비로소 이 작품의 감상자에게서 동일한 상상력을 야기시킬 수 있다.39)

그러므로 예술작품은 오로지 감상자의 마음속에서 예술가의 마음에서 발원했던 것과 동일한 창조를 일깨워 주는 수단으로 제시되어야 한다. 의심할 여지없이 예술가는 순수하게 상상력을 토대로 창조적 활동을 수행한다. 말하자면 예술가는 대상들에게서 현실세계의 특성, 즉 근거 없는 우연한 것을 취해서 창조의 법칙에 따르는 일반적인 관계 속에 편입시킨다. 이것은 바로 이상화(Idealisierung)를 의미한다. 결국 예술가의 작품에서는 창조의 법칙성이 구현된다고 말할 수 있다. 그러나 '상상력'이라는 창조의 힘이 일단 현실적인 세계를 이상적인 세계로 바꾸도록 환기된다면, 고립된 것, 우연한 것 그리고 형식을 갖추지 않은 것이 없을 정도로 완전한 개변이 이루어진다.40)

쉬나이더에 의하면, 예술에 대한 훔볼트의 기본적 인식은 예술작품 속에는 보편적인 어떤 것을 개별적인 현상으로 파악되게 하는

---

39) Schneider(1995 : 86) 참조.
40) Mendelsohn(1928 : 29) 참조.

본질적 요소가 존재한다고 보는 데에 있다. 앞에서 언급되었듯이 훔 볼트는 현실로부터 예술의 영역으로의 이행을 이상화의 과정으로 서술했다. 아울러서 그는 '이상'(Ideal)을 인류학에서의 경우와 유사하게 개별적인 모든 제한 상태에서 벗어난 '어떤 것'이라고 해석했다. 그러나 인류학에서는 이러한 인류의 '이상'이 모든 인간이라는 전체성으로부터만 인식될 수 있어서 초개인적인 반면, 예술의 특징은 '이상'이 개별적으로 묘사되는 것을 허용한다. 심지어 훔볼트는 예술이 이상적인 것과 개별적인 것을 결합시킬 수 있다는 점을 예술의 특징으로 간주한 바 있다.[41]

예술작품에서 보편성과 특수성이 결합되는 이러한 현상은 예술가가 자신의 개성을 이념 전체로 확대하여 이상화를 완성시키는 과정이라고 볼 수 있다.[42] 또한 예술에서 이상적인 것을 개별적으로 묘사할 수 있는 근거는 상상력의 영역에서 개체가 현실에서와는 다른 위치가치를 갖고 있다는 데에 있다. 말하자면 상상력 속에서 개체(Individuum)는 제한된 것이나 혹은 특정한 가능성에 고정된 것이 아니라, 바야흐로 현존하는 가능성들의 상징(Sinnbild)인 것이다. 따라서 현실의 울타리가 상상 속에서 파기됨으로써 개개의 현상이 또한 초개별적일 수 있는 것이다.[43]

훔볼트의 예술관에서 개별성과 보편성은 관념(Idee)속에서만 분리될 수 있다. 물론 개별적인 것은 직접적인 현상으로 나타난다. 그러나 이것은 보편적인 것과 병존하고 있는 것이 아니다. 오히려 후자가 전자로 이행된다고 볼 수 있다. 말하자면 모든 인간 종족의 내

---

41) Schneider(1995 : 87) 참조.
42) Hübler(1910 : 101) 참조.
43) Schneider(1995 : 88) 참조.

부에 존재하는 일반적인 창조력이 개별적으로 규정되는 것이다. 이것은 훔볼트가 모든 예술작품을 바라보는 기본적인 시각이다.44)

9.4. 언어와 예술의 비교

훔볼트는 〈미학적 시도〉의 서문에서 시를 평가하는 일반적 관점의 출발점을 인간 자체로 설정한 바 있다. 비록 훔볼트가 당시로서는 예술의 위치를 다른 어떤 것보다 높게 설정하고 있었다고 해도, 그는 예술의 특성도 역시 인간과의 관계 속에서 규정되어야 한다고 보았다. 그에 있어서 예술은 가장 직접적인 인간의 창조물이기 때문에 최상의 위치에 놓이는 것으로 인식된다.45)

렉커만(A. Reckermann)에 따르면, 언어는 예술의 근본적인 철학적 기능을 떠맡을 수 있다. 왜냐하면 언어 자체는 이미 예술이며, 현실에 대한 이해의 방법에서도 상상력의 기능을 바탕으로 하기 때문이다. 이런 이유로 역사철학적인 측면에서 언어철학과 미학의 논리적 관계 또한 동일한 것으로 간주된다.

훔볼트에 의하면, 언어는 언제나 이미 수행된 기능일 뿐만 아니라, 한편으로는 자연과 감성 사이를, 다른 편으로는 창조의 자유와 이성 사이를 중개해 주는 독특한 힘을 끊임없이 자극하기도 한다. 그는 〈미학적 시도〉에서 이러한 힘을 상상력으로 묘사한 바 있다. 그렇기 때문에 언어는 그 구성적 배경에서 보면 상상력일 뿐만 아

---

44) Humboldt(1824-1826 : 394) 참조.
45) Zöllner(1989 : 37) 참조.

니라, 예술처럼 필연적으로 무한한 창조성을 야기시키는 탁월한 수단이기도 하다.46)

훔볼트에 따르면, 언어와 예술은 이처럼 다 같이 인간의 상상력의 영역에서 작용한다. 상상력은 실제로 존재하는 것을 하나의 '형상'으로 바꾸어 놓는데, 실제로 존재하는 것과 지각된 것은 오로지 '형상'으로서만이 인간의 상상력에 접근할 수 있는 것이다. 예술작품이 포괄할 수 있는 모든 것은 더 이상 현실 자체가 아니라 이상화된 세계, 즉 지적으로 인식된 세계인 것이다.

훔볼트에 있어서 상상력은 감성에 쫓아서 외부세계를 예술형식의 이상적 영역으로 옮겨 놓는다. 그렇지만 이 경우 결코 현실세계를 버리는 것이 아니다. 마찬가지로 언어의 이상적 형식은 현실 밖에 존재하는 것이 아니다.47) 왜냐하면 모든 창조적인 힘들의 통일성은 인간에 의해 지각되는 현실과, 예술 및 언어에서 창조되는 이상화된 세계가 본질상 두 개의 상이한 세계들이 아니라, 동일한 세계라는 것을 보장하기 때문이다. 예술과 언어에서 인간의 인식은 단편적인 것이 아니다. 인간의 인식은 언제나 모든 현상들의 전체 맥락과 연관되어 제시된다. 따라서 자연의 무한성은 제시될 수 없으며, 자연의 창조물들의 무한한 관계가 조성되는 법칙이 제시될 수 있을 뿐이다.48) 이런 관점에서 예술활동의 자유는 더 이상 알지 못하는 법칙들에 의해 구속받는 것이 아니라, 예술 특유의 법칙들을 통해 조절된다. 따라서 예술의 법칙을 인지하는 것은 예술창조에서 제시되는 사고의 자유에 대한 조건이다.49)

---

46) Reckermann(1979 : 83) 참조.
47) Heeschen(1972 : 128) 참조.
48) Heeschen(1972 : 129) 참조.

훔볼트는 초기에는 아마도 언어보다도 예술에 대한 연구에 보다 관심을 기울인 것 같다. 훔볼트는 쉴러의 작품 *Wallenstein* ≪발렌쉬타인≫을 읽은 후에 처음으로 언어형성이 예술가를 통해 어떻게 실행되는가에 주목하기 시작했다. 1800년 9월 초 바이마르에 체류하는 쉴러에게 보낸 그의 편지에서는 작가로서의 쉴러의 독창적 재능에 대한 일반적 사고와, ≪발렌쉬타인≫에 대한 미학적 고찰이 언어에 대한 고찰의 모델로 제시된다. 쉴러의 ≪발렌쉬타인≫에서 진술된 문구들은 이미 훔볼트에 의한 언어철학 전반을 예비하고 있었던 것이다. 바야흐로 이것은 미학적 고찰이 언어학에 전용되는 것을 의미한다.50)

훔볼트에 있어서 언어는 우선 인간 정신의 산물인 문학적인 언어(dichterische Sprache)로서 의미심장하게 다루어진다. 물론 훔볼트에 의해 1795-1796년에 작성된 <사고와 말하기에 대하여>는 문학작품을 연관시키지 않고 작성된 것으로 간주된다. 그러나 19세기로의 전환기 이후부터 훔볼트는 언어에 대한 특유의 사고를 전개시킨다. 이 경우 창작능력(Dichtkunst)은 언어와 예술에 대한 결정적인 연결점이 되었다. 또한 이 시기의 관점에서 보면, 언어와 예술의 밀접한 관계가 1798년의 <미학적 시도>에서와는 명백히 다르게 설정되어 있음을 알 수 있다. 훔볼트는 우선 <미학적 시도>에서 "언어를 예술이 작용하는 도구"로 규정함으로써, 본디 예술이 중요한 것이며 언어는 단지 예술의 수단으로 간주되는 듯한 느낌을 주었다.51) 그러나 2년 후의 쉴러에 대한 편지에서 드러난 입장 변화는

---

49) Borsche(1981 : 310) 참조.
50) Heeschen(1972 : 133) 참조.
51) Schneider(1995 : 90) 참조.

언어 자체를 하나의 예술, 즉 언어예술(Sprachkunst)로 보고 있다는 명백한 증거일 것이다.

트라반트(J. Trabant)에 의하면, 훔볼트의 <미학적 시도>에서는 언어는 본질적으로 예술과 대비되는 어떤 것으로 간주된다. 말하자면 예술은 오로지 상상력 속에서만 활동하며, 단지 개체로 존재하는 것으로 인식된다. 그에 반해서 언어는 오로지 오성을 위해 존재하며, 모든 것을 일반적 개념들로 바꾸어 놓는다. 따라서 예술은 수용성(Empfänglichkeit)의 측면에, 언어는 자발성(Spontaneität)의 측면에 정주하고 있는 것으로 인식된다. 결국 예술은 세계의 수용적인 거울로, 언어는 인간의 자발적인 기관(Organ)으로 현격하게 대립하고 있는 것이다.[52]

그러나 트라반트처럼 예술로부터 언어 쪽으로 훔볼트가 회심한 것을 너무 지나치게 강조한다면, <미학적 시도>에서 제기된 훔볼트의 원문을 이미 극복된 초기의 견해표명 정도로 무시해 버릴 위험이 있다.[53] 물론 훔볼트가 인류에 대한 서술을 행할 수 있는 이상적인 대상을 언어에서 발견했다는 것은 결코 부인할 수 없다. 그러나 인간의 직접적인 구체화 영역으로서의 예술의 범위도 결코 변두리로 밀려나 소홀히 다루어져서는 안 될 것 같다.[54]

쉬나이더에 따르면, 훔볼트는 언어와 예술이 명백히 어떤 차이점을 보여주지만 동일한 기능을 수행하고 있다고 본 것 같다. 우선 그는 인류학과 교육이론에 관한 논문들에서 인간은 세계와의 교류를 통해서만 자신에게 주어진 힘들을 단련할 수 있고, 그런 목적으로

---
52) Trabant(1986 : 30 이하) 참조.
53) Zöllner(1989 : 43) 참조.
54) Zöllner(1989 : 44) 참조.

정신을 세계와 결합시킬 수 있다고 서술한 바 있다. 물론 훔볼트는 나중에 내놓은 그의 작품에서 끊임없이 이러한 결합을 가능하게 하는 수단으로서 언어를 지목하고 있다. 그러나 그는 이미 초기의 〈미학적 시도〉에서 인간의 내면적 자아가 예술을 통해 자연과 가장 보편적으로 조화를 이루면서 상호작용할 수 있다고 언급함으로써 예술이 그러한 결합의 매개체 역할을 수행한다는 것을 암시했다.55) 이것은 진리에 대한 모든 인식의 가능성이 토대로 삼고 있는 인간과 세계 사이의 근원적인 일치관계가 언어뿐만이 아니라 예술에도 적용되고 있음을 뜻한다.56)

훔볼트에 있어서 언어와 예술의 놀라운 유사성은 이미 예비된 항목으로 시사된다. 그에 의하면, 일단 예술의 기능은 알려져 있지 않은 대상으로서의 외부세계를 예술 자체 속에 수용한 다음, 자유롭게 스스로 조직화된 대상으로 다시금 되돌려 주는 것으로 인식된다. 예술가가 그의 주변에 있는 외부세계와 자신을 예술작품을 통해 가장 밀접하게 상호 연결시킬 수 있는 과정은 언어에도 그대로 적용될 수 있다.57)

1827-1829년에 발표된 〈인간 언어구조의 상이성에 대하여〉에 나오는 훔볼트의 다음과 같은 서술에서도 이러한 관계가 명백하게 인식된다 :

"각각의 개념은 언어를 통해 파악될 수 있어야 하므로 언어가 세계의 규모에 필적해야 한다는 이유에서뿐만 아니라, 언어가 대상들과 함께 행

---

55) Schneider(1995 : 91) 및 Humboldt(1797-1798 : 117) 참조.
56) Humboldt(1820 : 27) 참조.
57) Schneider(1995 : 91) 참조.

하는 개변이 비로소 정신으로 하여금 세계의 개념으로부터 분리될 수 없는 관계라는 것을 인식할 수 있게 해준다는 이유에서도 세계관은 바로 언어인 것이다. 왜냐하면 언어가 현실의 인상을, 감각과 감정을 거쳐 사고의 기관으로서 특유하게 마련된 분절된 음성들의 영역으로 인도함으로써 비로소 세계와의 연관성이 드러나는 명백한 순수 이념들과 대상들의 연결이 가능해지기 때문이다."58)

쉬나이더에 따르면, 언어와 예술이 인간에 대해 실현시키는 기능의 동질성만이 일치현상의 유일한 요인은 아니다. 양자의 작용하는 방식이 또한 비교될 수 있다. 앞에서 이미 언급한 것처럼 훔볼트는 예술이 대상들의 본질적인 것을 지향함으로써 현실이 상상의 영역으로 옮겨지는 것을 예술의 특성으로 인식했다. 이 경우 대상이나 인간의 모든 우연적인 것이 예술에서는 제거되고, 대상은 이상화된다.59)

결국 예술의 모든 작용은 이것을 감상하는 사람의 상상력에 대한 작용이다. 이러한 작용이 '개별성'과 '이상' 및 '단일성'과 '통일성' 같은 개념들로 보다 상세하게 규정된다면, 이것들은 곧바로 예술의 객관적인 기준이 된다. 왜냐하면 예술 작품은 감상자의 상상력에 작

---

58) Weltansicht aber ist die Sprache nicht bloß, weil sie, da jeder Begriff soll durch sie erfaßt werden können, dem Umfange der Welt gleichkommen muß, sondern auch deswegen, weil erst die Verwandlung, die sie mit den Gegenständen vornimmt, den Geist zur Einsicht des von dem Begriff der Welt unzertrennlichen Zusammenhanges fähig macht. Denn erst indem sie den Eindruck der Wirklichkeit auf die Sinne und die Empfindung in das, als Organ des Denkens eigen vorbereitete Gebiet der artikulierten Töne hinüberführt, wird die Verknüpfung der Gegenstände mit den klaren und reinen Ideen möglich, in welchen der Weltzusammenhang ans Licht tritt(Humboldt, 1827-1829 : 179 이하).
59) Schneider(1995 : 92) 참조.

용하는 것을 염두에 두고 예술창조자 자신의 상상력을 거쳐서 만들어지기 때문이다.60) 개별적인 우연한 것이 필연적인 요소로 바뀐다는 점에서 보면, 언어이론에 관한 훔볼트의 저술들에서도 예술의 이러한 측면이 거의 유사하게 반영되었다고 볼 수 있다.

훔볼트에 있어서는 의심할 여지없이 언어의 특성은 예술의 특성과 일치한다. 말하자면 이 두 요소는 우연한 것을 제거하고 본질적인 것을 포착함으로써 현실을 개변시킨다. 그는 나중의 언어연구에서 거듭 언어와 예술이 어떠한 방식으로 유사점을 보여주는가에 대한 명백한 확증을 얻은 것 같다. 그렇지만 쉬나이더의 견해와 마찬가지로 두 현상의 유사한 관계만을 조명한 나머지 훔볼트가 후기 작품에서 언어와 예술의 상이성을 또한 환기시켰다는 점이 간과되어서는 안 될 것 같다. 1822년까지 이미 20여년 이상이나 인간 고유의 언어성(Sprachlichkeit)에 몰두하여 왔던 훔볼트가 "Über den Nationalcharakter der Sprachen"<언어의 민족적 특성에 대하여>라는 논문을 발표했는데, 여기에서도 언어와 예술의 상이점들이 명확하게 인식될 수 있다.61)

훔볼트에 의하면, 언어와 예술은 결코 동일한 방식은 아닐지라도 다같이 비가시적인 것(관념적인 것)을 감성적으로 묘사한다는 점에서 일치한다. 그렇지만 언어는 단지 기호를 현실에 대한 묘사의 수단으로 삼을 수 있는 반면, 예술은 현실과 이념의 자리에 예술작품을 설정하기 때문에 양자 간에 차이점이 드러난다.

또한 언어(낱말)는 예술과는 달리 음성형식을 통해 개념과 동시

---

60) Höfner(1991 : 92) 참조.
61) Schneider(1995 : 92) 참조.

에 현실을 지시하기 때문에 활동성을 얻는다. 이와는 달리 예술은 예술작품의 형태로 현실 속에 등장한다. 말하자면 예술은 새롭게 창조된 세계로서 등장하지만 이것은 어디까지나 실제의 세계에 대한 해석이며 그 자체로부터 의미를 만들어 내는 하나의 세계인 것이다. 의심할 여지없이 언어는 배후에 놓여 있는 세계에 대한 의미심장한 해석을 가리킨다. 이것은 언어의 지시하는 기능을 말한다. 언어는 오로지 이러한 기능에 의해서만이 인간생활에 기본이 되는 의미를 지니게 되며, 세계를 향한 통로로서 인간에게 이바지할 수 있다.[62]

언어의 지시기능(Verweisungsfunktion)은 명백히 예술의 기능과는 구별된다. 그렇다고 해도 언어가 지시기능을 통하여 예술을 극복하는 것은 결코 아니다. 물론 언어와 예술은 다같이 인간에게 주어진 선험적 상상력의 두 가지 가능성들이다. 그렇지만 훔볼트는 이 창조적인 상상력들의 서열을 말한 적은 없다.[63]

훔볼트는 1823년에 원래의 언어구조가 지니는 특이성이 민족의 특이성 이외에 어떠한 다른 근거들도 가질 수 없다는 것을 하나의 공리로 제시한 바 있다. 그에 있어서 민족은 하나의 개체이다. 말하자면 민족은 하나의 존재양식일 뿐만 아니라 개별적인 존재이다. 그러나 민족은 일정한 언어를 통해 그 특징이 표시되는 인류의 정신적 형식인데, 이것은 이상적인 전체성(idealische Totalität)과 관련되어 개별화되어 있다.[64] 이제 언어와 예술의 또 다른 상이점이 언급될 수 있다. 즉 민족적 특성이야말로 양자 사이의 명백한 차이를 보여주는 요소인 것이다.

---

62) Schneider(1995 : 93) 참조.
63) Zöllner(1989 : 44) 참조.
64) Humboldt(1827-1829 : 125) 참조.

훔볼트의 관점에서 예술은 언어와는 달리 민족적 특성을 갖고 있지 않다. 예술은 감상하는 사람에 의해 다시금 개별적으로 수용되는 예술가 개인의 산물인 반면, 언어는 항상 인간들의 상호 작용으로 형성된다. 근본적으로 언어를 생성시키는 것은 개인이 아니라 언어공동체, 즉 민족이다. 따라서 언어는 민족적 특성을 지니게 된다. 그러나 예술은 인간들 사이의 상호작용, 즉 민족 내에서 만들어진 산물이 아니라 개인적인 창조물이기 때문에 민족적 특성을 갖지 않는다.65)

언어와 예술은 다같이 대상들에 대한 해명을 주도함으로써 우리의 감각을 투명하게 해주는 정신의 활동으로 간주된다. 또한 언어와 예술은 표상(Vorstellung)을 전달하고 표현하기 위한 수단이다. 그런 관점에서 보면 이들은 동일한 정신활동이 서로 다른 방식으로 전개되는 전형적인 현상형식들로 평가될 수 있다.66)

훔볼트의 관점에서 보면, 앞서 언급한 창조의 주체가 다른 것만을 제외한다면 낱말과 예술작품을 생성시키는 것은 동일한 과정 속에서 전개된다고 볼 수 있다. 훔볼트에 따르면, 예술작품이나 낱말에서 인식되는 것은 본질적인 것을 파악하는 형태, 즉 정신적 형성물(geistiges Gebilde)이라는 이상적 형태를 말한다. 이것은 물론 현실 속에서는 나타나지 않기 때문에 현실의 반영일 수는 없다. 비록 감성적 현상에 의해 자극을 받지만, 오로지 인간 정신의 에네르기만이 그러한 정신적 현상을 야기시킬 수 있다. 그렇기 때문에 이 경우 예술과 언어에서 이상적 형태란, 본디 감성이 아니라 정신의 힘에

---

65) Schneider(1995 : 94) 참조.
66) Borsche(1981 : 310) 참조.

바탕을 둔다고 보아야 한다.67)

'인간 정신의 힘'이라는 개념을 파악하기 위해서는 이것이 표명되는 방식을 탐구해야 한다. 예술의 예에서는 어떤 특별한 형식을 매개로 자신의 개성을 일반적으로 표현하는 정신의 능력이 인식될 수 있다. 예술작품은 이것을 감상하는 사람의 정신세계에 창작자의 창조적인 자기활동(Selbsttätigkeit)에 상응할 수 있는 창조적인 감수성이 야기되는 것을 전제로 한다. 왜냐하면 예술작품은 보편타당성을 지녀야 하기 때문이다. 언어의 경우에도 마찬가지이다.68) 바야흐로 언어를 통해 인간은 다른 사람들과의 공동체적 사고를 근거로 자기의 사고를 투명하고 확실하게 규정하기 때문에, 언어의 발생은 인류의 내면적 욕구이며, 상호간의 교류를 유지하기 위한 외적 욕구일 뿐만 아니라 언어가 지니는 정신적 힘의 전개를 위한 욕구이다.69)

예술 활동은 작품의 객관성을 배경으로 완성되는 대상들의 창조행위인 반면에, '말하기'(Sprechen)는 그 자체가 창조행위이다. '말하기'의 산물인 낱말도 바야흐로 주체에 의해 주관적으로 표현된 창조행위로서의 언어이다.70) 이 경우에도 물론 객관화는 필연적이다. 낱말이란, 감각적 형식으로서 조음된 음성 속에는 실제로 존재하지 않는다. 왜냐하면 질료적 음성(소재)은 소리가 멎을 때만이 분절된 음성으로 되기 때문이다.71)

---

67) Schneider(1995 : 95) 참조.
68) Borsche(1981 : 201) 참조.
69) Humboldt(1830-1835 : 20) 참조.
70) Borsche(1981 : 310) 참조.
71) Borsche(1981 : 311) 참조.

물론 실제로 언어가 생성되는 것과 동시에 분절된 음성이 '표현된 말'로 구체화 된다. 훔볼트에 있어서 소재(Stoff)는 철저하게 선험적으로 존재하고 있지만, 언어에서는 이것이 그 자체로 인식될 수는 없다. 왜냐하면 언어에서는 형식을 갖추지 않은 질료적 특성은 더 이상 존재하지 않기 때문이다.[72] 또한 낱말로 표현된 사상(Gedanke)은 다른 사람의 사고 속에서 이것이 기억될 때에 비로소 실제적인 존재가치를 얻는다. 따라서 '말하기'와 '사고'는 불가분적인 단일체이다. 사상을 낱말로 형성하는 것은 바로 사상의 전달이 되며, 상대방과의 바람직한 대화란, 언제나 공동의 사유행위라고 볼 수 있다.[73]

훔볼트의 언어관에 의거하면, 낱말형성(조어)의 과정은 낱말이 이해될 때마다 반복되는 것으로 인식된다. 그에 의하면, 말하기와 이해, 즉 언어생산과 언어수용(Sprachrezeption)은 동일한 종류의 과정으로 간주된다. 말하자면 낱말을 생산하는 사람과 이것을 수용하는 사람은 그때그때 '언어힘'(Sprachkraft)의 작용을 통해 감각적 인상을 정신적 이념과 결합시키지 않으면 안 된다.[74]

이제 이러한 관계가 예술의 경우에는 어떻게 설정되는 것인가? 언어의 직접적인 의미와 유사하게 대상들이 또한 인간에게 무엇인가를 의미할 수 있다는 것은 예술 이해의 출발점이 된다고 볼 수 있다. 이 경우 대상이란, 예술가의 표상에 대한 상징적 표현으로 받아들여질 수 있다. 예술가는 어떤 대상을 만들면서 그의 상상을 전개시켜 나간다. 그는 다른 사람이 바야흐로 이 대상을 감상할 때 상

---

72) Schneider(1995 : 236) 및 4.2. 참조.
73) Borsche(1981 : 311) 참조.
74) Schneider(1995 : 96) 참조.

응하는 것이 연상될 것이라는 기대감에서 이 일을 행한다. 예술가는 대상들이 감상자에게서 자신의 성향대로 이해되도록 대상에 의미를 부여한다. 그렇지만 이 경우 대상들은 언어처럼 직접적인 의미를 갖지는 않는다. 다만 사려 깊은 감상자로 하여금 대상을 통해 말없이 자신의 상상과 일치하는 상상을 일으키게 할 수 있다. 그렇긴 해도 예술작품의 상호 이해는 언어를 통해서만이 가능하다고 볼 수 있다.75)

예술 활동은 대상이라는 객관적인 매개체를 통해 표상을 야기시키고, 이것을 감상자에게 중개해 준다. 그러나 표상의 '상징적 재현'(symbolische Darstellung)으로서의 대상에 대해서는 필연적으로 명확한 해석이 요구되는데, 이것은 언어를 수단으로 해서만 가능하기 때문이다. 결국 예술에서는 주체가 대상들에게 영향을 끼치지만 의사소통을 실현시킨다고 말할 수는 없다. 주체는 다른 주체(감상자)와 대상을 거쳐서만 교감할 수 있을 뿐이다. 이것은 언어와 예술의 차이점이라고 할 수 있다.76)

---

75) Borsche(1981 : 311) 참조.
76) Borsche(1981 : 312) 참조.

10. 동적 언어고찰의 연대기적 발전과정

10.1. 도입

　훔볼트에 의하면, 언어는 명백히 인간만이 소유하는 이성의 기관으로서 인간의 모든 사유세계를 이끌어 나갈 뿐만 아니라, 인간의 감성적 행위에서도 주도적인 역할을 수행한다. 말하자면 인간이 세계를 이해하는 모든 행위 자체가 언어를 통해 실현될 수밖에 없다고 보는 것이 그의 고유한 언어관이다. 그리고 이와 같은 행위에는 필연적으로 인간의 동적인 정신활동이 밀접하게 연관되어 있다고 보기 때문에 동적 언어고찰(dynamische Sprachbetrachtung)이 훔볼트 자신의 언어관 형성의 중심점에 놓이게 된다. 좀 더 구체적으로 파악하면, 이러한 언어관은 훔볼트가 언어를 낱말이나 문법처럼 죽어 있는 정적인 개념으로 보기보다는 정신활동에 초점을 맞춘 '작용하는 힘'으로 인식하는 데서 유래한다.
　이 단원에서는 동적 언어관의 연대기적인 흐름이 담구되는데, 이 과정에서 이미 앞에서 언급한 바 있는 훔볼트의 주요 언어개념들

중의 언어유기체, 언어의 세계관 개념 등이 필요에 따라 다시금 간략하게 언급된다. 또한 방법론상으로 언어에 관한 훔볼트의 논문들을 전적으로 필자의 주관적인 판단에 의거하여 초기 시절의 논문으로부터 1820년에 『베를린-학술원』에서 발표한 논문 <언어발전의 상이한 시기들과 관련된 비교 언어연구에 대하여>까지를 전기 작품으로 구분하였다. 또한 이후에 발표되었던 논문들로부터 미완성의 마지막 작품인 <인간 언어구조의 상이성과 인간 종족의 정신적 발달에 미치는 그 영향에 대하여>까지를 후기 작품으로 구분하였는데 이는 동적 언어관의 구체적인 형성시기를 준거로 삼은 것이다.

10.2. 『베를린-학술원』 강연까지의 언어관

훔볼트에 있어서 인간의 사유행위에 관한 문제는 칸트와는 달리 언어이론을 논하지 않고서는 다루어질 수 없다. 그 어떤 철학적 개념영역과 문제영역에도 완벽하게 편입되기 어려워 보이는 훔볼트 특유의 이와 같은 독자성은 그 자신의 언어적 구상과 내적인 연관성을 맺고 있음이 분명하다. 서로 다른 시기에 발표된 다양한 논문들 속에 제시된 훔볼트의 견해표명들은 원문 상으로는 다소 상이한 면들을 보여주고 있다. 그렇긴 해도 그의 언어사상은 칸트(I. Kant), 피히테(J.G. Fichte), 쉘링(F.W.J. Schelling) 등의 관념철학과 같은 동시대의 체계적인 철학으로부터 연역될 수 없는 언어학의 새로운 방향을 인식시켜 준다.[1]

---

1) Ramischwili(1979 : 189) 참조.

훔볼트가 활동했던 19세기 초의 언어사상에서는 무엇보다도 구체적인 언어자료에 근거한 언어비교 및 언어사가 주류를 형성하고 있었다. 또한 이 시기는 언어학이 비로소 체계적인 독립된 분과로서 자리매김하기 시작했던 시점이기도 했다. 아울러서 언어는 인간으로부터 독립되어 있으며, 그 발전경로가 생물학적 법칙에 의해 결정된다는 자연유기체(Naturorganismus) 사상이 압도적으로 우위를 점하고 있었던 시기이기도 했다. 이러한 시대적 상황에서 오히려 "언어를, 정신적 힘과의 직접적인 관계 속에서 완벽하게 실행되는 유기체"[2]로 간주하는 훔볼트의 언어관은 수용되기가 어려웠으며, 1세기 이상이 지난 후인 20세기 중엽에 이르러서야 바이스게르버(L. Weisgerber), 트리어(J. Trier) 등의 신훔볼트학파를 통해 계승, 발전되었다. 물론 일각에서는 훔볼트가 스스로 표방하고 있는 상당수의 용어들에 대해 명확한 개념정의를 제시했다고 보기보다는 강령적으로 언급한 것에 불과하다고 보는 견해도 있었으며, 이 용어들이 지니는 모호성과 난해성으로 인하여 대부분 후세의 언어연구가들에게 제각기 다르게 해석됨으로써 혼란을 가중시켰다는 비판이 제기되기도 했다.

훔볼트의 언어사상에 대한 견해는 거의 40여년에 걸친 오랜 기간에 표명된 것이었다. 그럼에도 불구하고 초기에 언급한 그의 언어사상은 나중에 발표된 언어관과 결코 단절되어 있다고 볼 수 없다. 오히려 훔볼트는 초기에 일단 수용되었던 사상을 나중에 발표한 논문에서 다시 끌어내어 빈번하게 주요 테마로 다루었으며, 부분적으로는 본래의 의미를 바꾸는 일없이 다른 방식으로 서술하기도 했다. 물론 이로 인해 이따금 초창기에 다소 모호하게 표명된 견해가 나

---

[2] Humboldt(1830-1835 : 97).

중에 수정된 것이라고 추론해 볼 수 있지만 초기와 후기의 견해가 결코 명확하게 대립되는 양상을 보여주는 것은 결코 아니었다.3) 말하자면 훔볼트의 언어사상은 장기간에 걸쳐 표명된 것이지만, 일관성을 유지하고 있다고 볼 수 있다. 그렇지만 훔볼트의 주요 언어사상들이 시대적으로 발전하는 과정에서 결코 변화를 겪지 않았다는 것은 아니다. 훔볼트에 의해 중심적 위치에 설정된 요소들 중의 상당 부분은 초기에는 단지 시사적인 성격만을 띤 것이었으며, 나중에 발표된 훔볼트의 논문들을 읽어보지 못한 사람은 아마도 이 점을 간과해 버릴지도 모른다. 그런 관점에서 보면, 훔볼트가 1820년대 중엽에 비로소 윤곽을 명확하게 제시한 바 있는 동적 언어관에 대한 올바른 이해도 훔볼트의 작품들에 대한 발달사적 고찰을 통해서만 가능하게 되는 것은 자명한 일일 것이다.

훔볼트의 언어사상의 발전경향을 탐구하려고 한다면, 1820년 이전으로 거슬러 올라가야 한다. 왜냐하면 1820년도는 언어에 대한 훔볼트의 최초의 논문들이 발표된 지 이미 25년이 경과한 시점이었기 때문이다. 언어이론에 관한 훔볼트의 최초의 언급은 그가 자신의 언어사상의 형성에 중요한 언어들과 어군들을 아직 인식하지 못했던 시기에 나온다. 추측하건대 1795년과 1796년 사이에 훔볼트는 <사고와 말하기에 대하여>라는 짧막한 논문을 발표한 바 있는데, 16개의 명제로 구성된 이 논문의 제목은 후일에 훔볼트 전집의 편집자 라이츠만(A. Leitzmann)에 의해 붙여진 것이었다.4)

후세의 언어철학자 리부룩스(B. Liebrucks)는 훔볼트의 이 단편

---

3) 이를테면 동적 언어관이 전기보다도 후기의 작품에서 강조된다는 것을 예로 들 수 있다.
4) Schneider(1995 : 107) 참조.

속에 이미 그의 언어이념 전반이 매우 간결하게 요약되어 있다고 주장한 바 있다. 비록 공직에서 은퇴한 후에 베를린 근교의 테겔에 위치하고 있는 조그만 성 안에 머무르면서 작성한 기념비적인 그의 작품 <카비어-서문>5)에 비하면, 이 소박한 단편은 다소 과대평가되었다고 볼 수 있다. 그럼에도 이 단편 속에는 이미 훔볼트적 언어철학의 출발점이 암묵적으로 표명되어 있으며, 그의 후기 작품에서 비로소 명확하게 윤곽이 드러나는 언어개념들의 밑그림이 그려져 있다고 보아야 한다.6) 이를테면 <사고와 말하기에 대하여>의 네 번째 명제에 따르면 "사고의 본질은 사고 고유의 진행과정에서 절단된 부분들을 만들어 내고, 이를 통해 사유활동의 일정한 몫들로부터 전체를 형성하는 데에 있다.…… 그와 동시에 사고의 일정한 몫들은 단일한 통일체로 결합되어서 상위에 있는 전체의 다른 부분들에 대해서는 부분들로, 주체에 대해서는 객체로 대립되는데, 바로 이 통일체에 대한 감각적 표기가 광의의 의미에서 언어로 불리운다."7)

훔볼트의 이 초기 논문에서는 이미 사고와 언어의 관계 속에서 언어가 수행하는 구체적 기능이 제시되고 있는 것을 볼 수 있으며, 단순히 언어가 의사소통의 수단으로만 간주되는 언어현실주의적 언어관에서 벗어나서 사유활동을 포함한 언어의 본질적 측면에 바탕을 둔 언어관이 구상되고 있음이 드러난다.8)

18세기 말의 낭만주의 언어관의 선각자 중의 한 사람인 헤르더 (J. G. Herder)에 있어서도 훔볼트의 경우처럼 언어와 사고의 연관

---

5) Humboldt(1830-1835).
6) Stetter(1989 : 25) 참조.
7) Humboldt(1795-1796 : 581) 참조.
8) Ramischwili(1979 : 193) 참조.

성에 관한 문제는 언어의 본질에 대한 문제의 일부이며, 언어의 문제는 곧바로 언어기원(Sprachursprung)의 문제로 귀결된다. 헤르더에 따르면 "인간은 인간 특유의 '자의식' 상태에 놓여 있는데, 인간은 이 자의식(성찰)을 최초로 자유롭게 작동시키면서 언어를 고안했다는 것이다.9) 말하자면 그의 관점에서 보면, 어떠한 다른 생물도 지니지 못하는 인간 고유의 자의식이 언어발생의 토대라는 것이다. 이것은 인간의 언어가 동물의 제한된 생득적인 소리와는 달리 본능적인 능력이 아니기 때문이며, 인간이 스스로의 기본조직 속에 언어 자체를 부여받고 있는 것이 아니라, 언어를 창조할 수 있는 가능성만을 부여받고 있음을 뜻한다.10)

물론 훔볼트도 헤르더처럼 언어가 직접적으로 최초의 성찰행위와 함께 동시에 시작된다고 보았다. 그렇지만 훔볼트의 특유한 언어사상은 여러 가지 면에서 헤르더와는 명백하게 구별된다. 훔볼트의 관점에서 보면, 언어의 기원에서 언어의 자의식이 전제될 수는 없다. 또한 자의식은 음성형성을 위한 아무런 창조적인 힘을 지니고 있지 않기 때문에 의미를 내포하는 기호발생의 문제가 모호해진다. 훔볼트에 있어서 언어발생은 동물과는 달리 언어로 발전할 수 있는 언어의 불꽃(Funke)이 선천적으로 인간에게 부여되어 있다는 것이며, 이것은 처음부터 언어를 배아적 상태, 즉 인간의 언어로 발전할 수 있는 '기본유형'(Typus)으로 내재하고 있음을 뜻한다.11)

의심할 여지없이 훔볼트의 초기 논문들에서 이미 훔볼트 특유의 언어사상이 잉태되어 있었음을 볼 수 있다. 그렇지만 이것은 아직

---

9) Herder(1772 : 31) 참조.
10) Schneider(1995 : 52) 참조.
11) Humboldt(1820 : 14) 및 Schneider(1995 : 290) 참조.

불분명하게 정의된 개념이었다. 심지어 초기에는 명백히 18세기의 전통에 따른 언어개념을 언급한 부분도 발견된다. 이를테면 앞에서 언급한 그의 논문 <사고와 말하기에 대하여>의 여섯 번째 명제에서는 "사고의 일정한 몫들이 결합되는 통합체에 대한 감각적 표기가 광의의 의미에서 언어"로 규정되고 있는 것을 볼 수 있다. 따라서 훔볼트는 초기에는 아직은 언어를, 단순히 언어 이전에 얻어진 개념들에 대한 표기체계로 이해하고 있음을 추론할 수 있으며, 이와 같은 초기의 견해는 나중에 근본적으로 수정되었다고 말할 수 있다.

또한 훔볼트의 초기 견해에는 그의 언어사상에서 결정적 요소로 남게 되는 정신적 유기체의 사상에 대한 암시12)가 이미 드러나고 있음을 볼 수 있다. 훔볼트는 젊은 시절인 1795년에 쉴러에게 보낸 편지에서도 언어는 그 자체가 유기적인 전체일 뿐만 아니라, 이 언어를 말하는 사람들의 개성과도 연관되어 있어서, 이러한 관계가 결코 등한시되어서는 안 된다는 점을 피력한 적이 있다. 이러한 견해 표명 속에는 유기적 언어특성, 언어사용자의 개성 및 외적인 관여에 대한 사려 깊은 태도와 훔볼트 자신의 언어철학적 신념에 대한 결정적인 단서가 내포되어 있다.13)

훔볼트는 25년이 지난 후인 1820년에 『베를린-학술원』에서 발표한 논문을 통해 "언어란, 완성된 전체로서, 그 내부에는 아무 것도 고립되어 있지 않으며, 오로지 전체 속에서 부분들이 상호 의존하는 관계만이 존재하는 유기체"14)라고 정의한 바 있다. 또한 이 논문의 다른 부분에서 "언어는 오로지 동시적으로만 발생할 수 있

---

12) "상위에 있는 전체의 다른 부분들에 대해서는 부분들로서"
13) Schmidt(1986 : 64) 참조.
14) Humboldt(1820 : 14 이하).

다. 보다 정확히 말하면, 언어는 존재하는 매 순간마다 언어를 전체로 만드는 요소를 지니고 있음에 틀림없다. 언어는 감각적, 정신적 타당성을 지닌 유기적인 성향의 직접적인 발산인데, 언어 내에서의 각각의 요소는 다른 요소를 통해, 그리고 모든 것은 오로지 전체를 관통하는 힘을 통해서만이 존재한다는 점에서 언어는 유기적인 모든 것의 본질을 배분하고 있다"라고 서술함으로써 언어유기체의 개념을 보다 상세하게 설명한 바 있다.15)

또한 훔볼트는 앞에서 제시했듯이 <사고와 말하기에 대하여>의 네 번째 명제에서 "사고의 본질은 사고 자체의 진행과정에서 단편들을 만들어 내고, 이를 통해 사유활동의 일정한 몫들로부터 전체를 만들어 내는 데에 있다"고 서술한 바 있다. 이 문구에 따르면, 인간은 언어 이전에도 자신의 사고를 유지할 수 있는 것으로 보아야 한다. 그러나 훔볼트는 <바스크족에 대한 전공논문의 단편들>(1801-1802)에서는 인간이 언어 없이는 사유할 수 없기 때문에 처음부터 말을 했을 것이라고 추론함으로써 몇 년 전과는 다른 견해를 피력하고 있음을 볼 수 있다. 그는 이미 쉴러에게 보낸 편지에서도 언어에 관해 이와 비슷한 견해를 밝힌 적이 있다. 이와 같은 일련의 상황을 고려하면 1795-1796년에 쓴 <사고와 말하기에 대하여>가 아니라, 1800년에 쉴러에게 보낸 편지와 <바스크족에 대한 단편 논문들>이야말로 훔볼트 고유의 언어사상의 실제적인 출발점으로 간주되어야 한다. 아무튼 언어와 사유행위의 관계에 대한 본질규정은 훔볼트가 수많은 언어들을 접하면서 계속 발전시켰다고 볼 수 있다.16)

---

15) 3.3. 참조.

언어에 대한 훔볼트의 연구에서 일어났던 획기적인 전환점은 앞에서 이미 언급한 1820년에 베를린에서 있었던 학술원-강연이었는데, 이것은 미래의 언어학적 연구를 위한 프로그램이었을 뿐만 아니라, 그때까지 20여년 이상 피력해 왔던 언어에 대한 본질적 사상들의 총괄이었다. 훔볼트는 언어의 본질에 대한 자신의 견해를 의미심장한 표현양식으로 발표했다. 일단 그는 이 강연에서 앞으로 제시될 자신의 언어사상에서 중점적 위치에 놓이게 될 명제들을 모두 공표했다고 볼 수 있다. 훔볼트에 의한 이 학술원-강연의 핵심사상은 언어기원의 문제에 대한 이해를 비롯하여 언어의 상이성(Verschiedenheit), 역사적 언어발전, 복제와 기호 사이에 놓여 있는 언어의 중간위치, 언어 속에 표명되는 언어공동체의 세계관(Weltansicht) 명제 등이었다.

이후 15년 동안에 발표된 훔볼트의 언어사상에 대한 연구문헌을 검토해 보면, 무엇보다도 두 가지 방향의 서술이 핵심적 견해표명으로 뚜렷하게 부각되고 있음을 알 수 있다. 첫 번째로, 훔볼트는 "언어의 상이성을 소리와 기호의 상이성이 아니라 세계관 자체의 상이성"[17]이라고 규정한 바 있다. 좀 더 구체적으로 설명하면 "언어가 상이하다"라는 말의 의미는 사물을 표기하는 기호가 서로 다르다는 뜻이 아니라, 사물을 바라보는 개개 민족 고유의 관점, 즉 언어의 세계관이 서로 다르다는 것으로 인식된다. 그의 견해에 따르면, 언어의 상이성을 설명하기 위해서는 민족의 정신적 성향이라고 하는 특이성과 언어의 원초적 구조가 지니는 특이성이 함께 고려되어야

---

16) Schneider(1995 : 108) 참조.
17) Humboldt(1820 : 27).

하는데, 바야흐로 이 두개의 개념은 상호 밀접한 관계 속에 놓여 있다는 것이다.18) 따라서 훔볼트에 있어서 민족의 사유방식은 언어에서는 언어의 세계관으로 이해될 수 있다. 훔볼트에 있어서 언어는 단순히 대상을 복제하는 것이 아니라, 세계를 정신활동에 의해 개변시킨다고 말할 수 있다.19)

또 다른 하나는 <카비어-서문>에서 나온 언어에 대한 정의인데, 훔볼트는 이 부분에서 언어의 본질을 질료적 상태로 있는 정적 개념으로 보지 않고, 정신활동이라는 끊임없는 창조행위를 통해 발전해 나가는 동적 개념으로 묘사했다. 훔볼트는 언어의 본질적 성향에 대해 다음과 같이 서술한 바 있다 :

"언어는 죽어 있는 생산물로 보기보다는 오히려 그 이상인 생산으로 보지 않으면 안 된다. … 언어는 그 실제적인 본질 면에서 보면 매 순간마다 끊임없이 지나가 버리는 어떤 것이다. 문자를 통한 언어의 보존마저도 언제나 불완전하며, 미라와 같은 것에 불과한데, 이 문자를 통한 보존도 다시금 생생한 말투로의 구체화를 필요로 한다. 언어 자체는 작품(에르곤)이 아니라 활동(에네르게이아)이다"20)

그러므로 진정한 의미에서 언어에 대한 정의는 오로지 발생적일

---

18) Werlen(1989 : 54) 참조.
19) Werlen(1989 : 55) 참조.
20) Man muß die Sprache nicht sowohl wie ein totes Erzeugtes, sondern weit mehr wie eine Erzeugung ansehen.…Die Sprache, in ihrem wirklichen Wesen aufgefaßt, ist etwas beständig und in jedem Augenblicke Vorübergehendes. Selbst ihre Erhaltung durch die Schrift ist immer nur eine unvollständige, mumienartige Aufbewahrung, die es doch erst wieder bedarf, daß man dabei den lebendigen Vortrag zu versinnlichen sucht. Sie selbst ist kein Werk(Ergon), sondern eine Tätigkeit(Energeia)(Humboldt, 1830-1835 : 44, 45 이하).

수밖에 없다. 말하자면 훔볼트에 있어서 언어란, 분절된 음성을 사상의 표현으로 만들 수 있는 정신의 활동인데, 이 작업은 영원히 되풀이되고 있는 것이다.21) 그런데 훔볼트의 동적 언어이해가 생성되는 시기는 언제부터일까? 훔볼트는 이미 1800년 9월 초에 쉴러에게 보낸 편지에서 언어 자체와 정신활동의 밀접한 연관성을 시사한 바 있다.22) 그러나 의심할 여지없이 훔볼트의 언어사상의 발전경로에서 언어의 동적 개념이 점점 더 뚜렷하게 등장하는 시기는 1820년부터 1835년까지로 볼 수 있다. 이와 같은 전개과정을 인식하기 위해서는 우선 훔볼트에 의해 제기된 세계관-명제가 발생하는 맥락을 알아보는 것이 필수적이다. 훔볼트가 1820년에 언어의 상이성을 세계관 자체의 상이성으로 언급했을 때, 그는 이미 1801년의 <바스크족에 대한 전공논문의 단편들>에서 표명한 바 있는 개념정의, 즉 여러 개의 언어들이란, 한 개의 사물에 대한 그 만큼 많은 표기들이 아니라, 한 개의 사물에 대한 서로 다른 관점들이라는 것을 반복한 것이었다.

  훔볼트는 1820년에 마침내 언어와 언어상이성 연구의 의미를 인류학적인 연구의 범주에서 매우 중요한 부문으로 인식하고, 그의 강연의 핵심개념으로 제기하기에 이른다. 이 강연에서는 언어가 구축하고 있는 인식론적, 기호론적 토대가 부각되는데, 말하자면 훔볼트는 진리에 대한 인식의 모든 가능성이 세계와 인간 사이에서의 원초적인 일치관계(ursprüngliche Übereinstimmung)에 기인하고 있다고 주장했다.23)

---

21) Humboldt(1830-1835 : 45 이하) 참조.
22) Ramischwili(1979 : 193) 참조.
23) Schneider(1995 : 110) 참조.

홈볼트에 따르면, 세계와 인간 사이의 일치관계는 언어를 통해서만이 가능하다. 왜냐하면 홈볼트의 인류학적인 관점에서도 드러나고 있듯이 언어는 인간과 현실 사이를 연결할 수 있는 필연적 요소이기 때문이다. 홈볼트에 의하면, 언어는 주관성(인간)에서 객관성(세계)으로 넘어가는 통과지점에 위치한다. 왜냐하면 그에 있어서 언어란, 복제인 동시에 기호이며, 대상들로부터 느끼는 인상을 완전하게 산출해 내거나 말하는 사람들의 자유의지를 완전하게 표출하는 결과물은 아니기 때문이다. 이 기호학적인 양극성(Zweipoligkeit)에 기인하여 언어는 인간과 세계를 중개할 수 있다. 그러나 홈볼트의 견해에 따르면, 대상은 인간 내부에 대상 자체의 인상을 불러일으키며, 언어는 오로지 이러한 인상에만 관련될 수 있다. 그와 동시에 대상에 대한 인상은 이미 주관적인 요인을 지니게 된다. 그렇기 때문에 언어는 결코 세계를 '그 자체로' 재현할 수는 없으며, 세계에 대한 표상만을 복제할 수 있는 것이다. 대상에 대한 이러한 주관성(Subjektivität)은 언어와는 무관하게 개개인의 세계관이라고 말할 수 있는 충분한 근거가 된다. 물론 홈볼트에 있어서 개개 인간의 개별성은 '세계관'이라는 고유의 관점으로 간주될 수 있다. 그렇지만 홈볼트의 시각에서 보면, 동일한 민족의 언어에는 동일한 종류의 주관성이 영향을 미칠 수밖에 없기 때문에 각각의 언어에는 고유의 세계관이 존재하게 되는 것이다.[24]

인간은 언제나 모국어라는 고유의 영역에 의해 포획된다. 인간은 다른 언어와 세계관으로 넘어가는 것이 아니라면, 모국어 바깥에서는 자유로운 관점을 얻지 못한다. 우리는 외부세계의 사물에 직접

---

[24] Schneider(1995 : 111) 참조.

접근할 수 있는 것이 아니며, 오로지 언어 속에 생생하게 자리 잡고 있는 중간세계를 거쳐서만이 우회적으로 접근할 수 있다. 훔볼트는 이 중간세계를 바야흐로 언어의 세계관으로 보았던 것이다.[25] 훔볼트는 〈카비어-서문〉에서도 "언어란, 상호 의사소통을 위한 교환수단일 뿐만 아니라, 정신이 그 힘의 내면적 활동을 통해 자신과 대상 사이에 설정하지 않으면 안 되는 실제의 세계"[26]라고 서술함으로써 언어적 중간세계로서의 세계관의 본질을 규정한 바 있다.

또한 훔볼트의 언어사상을 계승, 발전시켰던 언어사상가 바이스게르버에 의하면, 언어의 세계관 획득은 모국어의 작용과 함께 언어공동체의 모든 구성원들이 정신적으로 서로 접할 수 있는 공통의 층위로 나아가는 것을 의미한다. 모국어의 법칙에 따라 언어공동체의 구성원 모두는 아주 이른 어린 시절에 모국어적 사고세계에 편입되는데, 이 일은 구성원들이 사고세계를 자명한 것으로 간주할 정도로 지속적으로 행해진다.[27]

그러므로 언어공동체 내의 개별적인 세계관들은 한 민족이 지니는 공통적인 특징과 동일한 언어체계의 사용으로 인해 서로 닮기 마련이다. 그와 동시에 각각의 언어는 이 언어를 말하는 민족 전체의 세계관으로, 말하자면 현실로 가는 개개 언어 특유의 통로로 나타나게 된다. 결국 훔볼트에 있어서 언어의 세계관은 인간이 순수 객관적인 영역에 접근할 수 있는 고유의 주관적인 방도이다.[28] 인식론적 배경 하에서는 언어가 오로지 세계관을 제시한다는 이유만

---

25) Luther(1954 : 9 이하) 참조.
26) Humboldt(1830-1835 : 176).
27) Weisgerber(1964 : 121) 참조.
28) Humboldt(1820 : 27) 참조.

으로 인간에게 의미심장하다고 말할 수 있다. 훔볼트의 관점에서 만약 언어가 인간에게 주관적인 방식으로 세계를 재현하지 못한다면, 언어는 아무런 인식론적 기능과 세계중개적 기능을 실현시킬 수 없을 것이다.

'세계관' 사상은 각각의 언어가 현실세계에 대한 서로 다른 의미 분절(semantische Gliederung)을 내포하고 있다는 명제에 국한되지 않는다. 훔볼트에 있어서는 통사적 말결합(syntaktische Redefügung) 속에 나타나는 언어의 세계관도 마찬가지로 중요하다.[29] 또한 훔볼트는 스스로 상이한 세계관들이라고 하는 언어의 특성이 말을 행할 때마다 동일하게 나타나는 것은 아니라는 점도 지적한 바 있다. 그는 학술 연구에서의 언어사용과 생활 속에서의 일상적인 언어사용을 구분한다. 전자의 경우인 학문의 영역에서는 순수한 사상적 구성을 통해 확정된 낱말의 의미들만이 존재할 수 있으며, 언어의 본질적 영역에 속하는 후자의 경우에는 언어와 언어 사이에, 심지어는 개개인들 사이에 상이한 의미체계가 존재하는 것으로 인식된다.[30]

20세기 말의 언어 연구가 쉬나이더는 1820년에 훔볼트가 행한 학술원-강연에서 공식화한 세계관 사상을 정적인 언어이해의 관점에서 접근해야 한다고 보았다. 확실히 훔볼트는 이 시기를 기점으로 후기의 논문으로 넘어갈 때에 언어의 정태적 특성을 현저하게 약화키는 것을 볼 수 있다. 무엇보다도 이 강연에서는 언어가 민족의 '작품'(에르곤)으로 해석되고 있는 것은 의심할 여지가 없다. 따라서

---

[29] 이를테면 모국어로 된 시를 외국어로 번역하여 '말결합'의 차원에서 상호 대비시켜 본다면 각각의 언어가 지니는 고유의 관점을 인식할 수 있을 것이다.
[30] Schneider(1995 : 112) 참조.

이 강연의 중심점에는 일단 언어의 세계관과 함께 정적 요인이 반영되어 있다고 볼 수 있다. 말하자면 언어가 세계관으로 해석되는 순간에 언어의 동적인 생산(Erzeugung)이 아니라, 정적인 언어의 산물(Erzeugnis) 자체가 관찰되는 것이다. 물론 나중에 수정된 모습을 보이지만, 이 시기까지의 훔볼트의 관점에서 세계관은 잠정적으로 '산출된 작품'으로서 정적인 산물로 간주될 수 있다.[31]

바이스게르버도 1954년에 발표한 논문 <언어에 의해 세계를 동화시키는 양식으로서의 내적 언어형식>에서 "언어의 세계관은 성과, 즉 언어적 성분의 문법적 확증으로 본 언어의 정신적 영역이고, 내적 언어형식은 실제의 생활, 즉 언어공동체를 통한 세계의 언어적 동화과정으로 본 언어의 정신적 영역"[32]이라고 주장한 바 있다. 이와 같은 견해표명을 고려한다면, 적어도 1820년까지만 해도 훔볼트의 핵심적 개념들인 '언어의 세계관'은 정적인 층위에, '내적 언어형식'은 동적인 층위에 설정되고 있음을 알 수 있다.

10.3. 후기 작품에서 강조되는 동적 언어관

훔볼트는 1820년의 학술원-강연 이후에 발표한 세 개의 주요 논문들[33]에서 결코 핵심적인 사항이 바뀐 것은 아니지만, 세계관-명제에 대해 다소 다른 전망을 노정하고 있다. 우선 훔볼트는 언어적

---

31) Schneider(1995 : 113) 참조.
32) Weisgerber(1954 : 574).
33) Humboldt(1824-1826), Humboldt(1827-1829) 및 Humboldt(1830-1835).

활동과, 이 언어적 활동의 결과물, 즉 언어 속에 표명되어 있는 세계관을 명확하게 구분한다. 그와 동시에 말을 하고 이해하는 과정에서 수행되는 정신적 행위로서의 언어는 이 행위 자체를 통해 산출된 죽어 있는 소재, 즉 낱말 및 언어의 문법규칙들과 구별된다. 또한 언어의 이중적인 본질에 대한 훔볼트 자신의 이와 같은 구분은 <일반적 언어유형의 개요>(1824-1826)부터 비로소 명백하게 드러나기 시작한다.34)

훔볼트의 관점에서 보면, 언어는 일단 낱말과 규칙이라는 질료로서 존재하는 동시에 정적인 세계관을 지니는데, 이 정적인 세계관으로 인해 언어연구가 일단 주요 관심사로 등장한 것은 사실이다. 그렇지만 후기에 훔볼트가 점점 더 분명하게 밝히고 있듯이 언어의 본질은 언어라는 생산품이 아닌 언어의 생산활동 자체이며, 이 생산활동을 통하여 언어적 질료뿐만이 아니라 언어의 세계관이 구체적으로 실현된다고 볼 수 있다.

쉬나이더에 따르면, 훔볼트의 논문 <일반적 언어유형의 개요>는 사료편찬상으로는 명백히 언어의 동적 특성, 즉 정신활동으로서의 언어의 본성이 전면에 등장하면서 후기의 연구로 넘어가는 과도기적 작품으로 평가된다. 쉬나이더는 훔볼트가 언어에 대한 최초의 논문을 발표할 때부터 이미 동적 언어개념을 연구의 기점으로 구상하고 있었으며, 다만 이 개념을 중심적 고찰대상으로 설정하지 않은 것일 뿐이라고 주장한다. 그러한 추론은 일리가 있는 듯하다. 의심할 여지없이 <일반적 언어유형의 개요>에서 훔볼트는 언어 속에 있는 모든 요소들이 동적이라고 단언함으로써 언어를 정신적 활동과

---

34) Schneider(1995 : 114) 참조.

정으로 보는 동적 개념이 주요 테마를 떠오르게 되는 길을 예비했다고 볼 수 있다.35)

훔볼트는 1795년에 쉴러에게 보낸 편지에서도 언어를 유기적인 전체로 정의함으로써 언어의 유기적 특성을 시사한 바 있는데, 이때부터 이미 언어의 동적 특성을 염두에 두었을 것으로 추론된다. 보다 후일에 훔볼트는 언어유기체를 완성된 언어체계로 보지 않고, 유기적 언어성향을 명백히 동적인 언어특성이라고 서술한 바 있다.36) 훔볼트에 있어서 언어는 말을 하는 행위와 언어를 통해 사고하는 행위라는 정신활동으로 간주되는데, 이러한 행위는 상호간에 끊임없이 영향을 미치면서 생성된다. 언어의 동적인 특성에 대한 이와 같은 명확한 표현들은 의심할 여지없이 훔볼트의 후기 작품에서 빈번하게 등장한다. 결국 이것은 1824-1826년에 나온 <일반적 언어유형의 개요>로부터 1827-1829년의 <인간 언어구조의 상이성에 대하여>라는 논문으로, 그리고 다시 1830-1835년에 나온 <인간 언어구조의 상이성과 인간 종족의 정신적 발달에 미치는 그 영향에 대하여>로 별다른 변화 없이 문자 그대로 옮겨지게 된다. 따라서 이 세 작품들에 이르러 비로소 훔볼트 특유의 언어사상이 확고하게 자리 잡게 되는 것으로 볼 수 있다.

그런데 이들 후기 작품에서는 언어의 동적 특성이 어떤 식으로 반영되고 있는 것일까? 이미 훔볼트는 그의 유명한 '에르곤-에네르게이아' 문구에서 언어의 동태성을 명백하게 시사하고 있다. 훔볼트적인 관점에서 보면, 이것은 정신활동이 일단 실행된 후에 분절된

---

35) Schneider(1995 : 115) 참조.
36) Humboldt(1824-1826 : 433 이하) 참조.

음성이 사상과 확고하게 결합되어 있는 상태를 뜻하는 것이 아니다. 말하자면 음성은 분절(Artikulation)를 통해 사상을 표현하게 되는데, 이런 행위는 영원히 되풀이된다는 것이다. 훔볼트에 있어서, 언어는 인간 내부에 존재하는 기관인 동시에 사상을 형성하는 기관이지만, 언어는 결코 고정되어 있는 것이 아니다. 따라서 현존하는 낱말의 음성형상(Lautbild)은 그 자체로 이미 사상을 포함시키고 있다고 볼 수 없다. 왜냐하면 음성과 사상의 결합은 필연적으로 끊임없이 새롭게 조정될 수밖에 없는 동시에, 낱말은 새로운 의미를 부여받기 때문이다.[37] 따라서 언어는 이미 형성되어 있는 정적인 체계가 아니며, 오히려 내부에서 일어나는 내면적인 정신활동을 통하여 세계를 사상의 표현으로 개조시키는 동적인 변형(Verwandeln)으로 간주된다.[38]

낱말의 의미는 말을 할 때마다 변화될 수 있는 잠재성을 지니고 있다. 이것은 또한 말을 할 때마다 언어 속에 존재하는 세계관이 변화될 수 있음을 뜻한다. 이미 세계관 개념의 본질 속에는 이것이 변화될 수 있다는 암시가 내재되어 있다. 왜냐하면 새로운 경험들이 세계관에 영향을 미치며, 세계관이 변할 수밖에 없는 환경을 조성하기 때문이다. 훔볼트에 있어서 근본적인 언어형성은 이미 형성되어 있기는 하지만 언제나 새롭게 사용된다는 의미에서 언어적인 것을 야기시키는 창조적 행위에 속한다.[39] 말하자면 낱말들이란, 오로지 죽은 상태로 유전되면서 언제나 조금은 다르게 소생되기 때문에, 언어는 언제나 변함없는 세계관을 지닐 수는 없다는 것이다. 오히려

---

37) Schneider(1995 : 116) 참조.
38) Werlen(1989 : 50) 참조.
39) Schneider(1995 : 218) 참조.

언어적 세계관은 새롭게 말을 하는 모든 행위의 결과로서 잠재적으로는 끊임없이 변화를 겪게 된다. 물론 훔볼트의 후기 논문들에서도 '정적인 생산물'이라고 하는 언어의 특성이 다루어지긴 한다. 그렇지만 강조되는 것은 매 언어적인 행위마다 언어의 세계관이 겪게 되는 언어의 가변성, 즉 개별적으로 말을 하는 행위가 지니는 가변적 힘이다.

결국 훔볼트는 '생산하는 과정'(erzeugender Prozeß)으로서의 언어의 본성을 연구대상의 중심점에 놓음으로써 세계관 사상의 정태성을 약화시켰으며, 그의 세계관 사상을 곧바로 인류학적 관점에 적절하게 편입시켰다고 볼 수 있다.[40] 이에 따라 현실세계를 정신의 소유물로 개조하는 힘이 세계관 속에 존재한다면, 현실세계를 개변하는 일에 그리고 언어공동체의 구성원들이 세계 속의 사물 및 사건에 반작용하는 방식과 이들이 느끼고, 바라며, 행동하는 일에 언어의 세계관은 결정적으로 영향을 미친다고 볼 수 있다. 따라서 언어의 세계관에 동적인 기능이 부여된다는 것은 정당성을 얻는다.[41] 훔볼트에 따르면, 현실과 인간의 관계는 변화될 수 있기 때문에 언어를 통해 주어진 세계관이 정적일 수는 없다. 언어는 오로지 동적인 현상으로서만 인간이 세계 속에 존재하기 위한 기본적인 기능을 실현시킬 수 있는 것이다.

쉬나이더의 견해에 따르면, 훔볼트는 후기 작품에서는 '세계관'을 드물게 언급하고, 그 대신 언어의 '특성'(Charakter)을 보다 빈번하게 언급함으로써 언어의 동적 특성을 부각시키고 있음을 볼 수 있

---

40) Schneider(1995 : 117) 참조.
41) Luther(1970 : 117) 참조.

다. 말하자면 훔볼트가 언어의 '특성'을, 언어공동체가 음성과 사상의 결합인 언어적 활동을 처리하는 방식으로 해석했다는 것이다.42) 쉬나이더는 이 경우 '특성'이라고 하는 개념이 세계관 사상의 핵심을 포함하고 있는 동시에, 곧바로 동적인 언어이해와 직결된다고 보았음이 분명하다.

훔볼트의 관점에서 보면, 흔히 언어라고 일컫는 낱말과 규칙들의 산만한 무질서 속에는 말을 하는 행위를 통해 야기된 개별적인 것만이 존재한다. 그렇기 때문에 이것은 전체로 볼 때는 결코 완전한 모습이 아니다.43) 그에 있어서 본디의 언어란, 실제적인 생산활동 속에 자리 잡고 있기 때문에, 언어의 생생한 '실재'를 알아보는 모든 연구에서는 언제나 '말행위'들의 통합체가 가장 우선적으로 사유되어야 한다. 물론 언어의 구조를 부분들로 분해하는 분석방법은 실제의 언어연구에서 필연적이다. 그럼에도 이것은 단지 언어의 본질을 파악하기 위한 인위적인 수단일 뿐이다.44)

마찬가지로 언어 속에 내재하는 세계관을 연구하기 위해서도 언어가 잠정적으로 정적인 생산물로 간주되어야 한다는 데에 문제가 있다. 세계관 연구의 방법론적 측면에서 언어는 일단 완성되어 있는 확고한 실체로서만이 구성요소들로 분석될 수 있다. 물론 언어의 동적 특성을 강조한 훔볼트 역시 언어가 그때그때 말을 하는 행위와는 무관하게 연구될 수 있다는 점에 대해 이의를 제기한 적은 없다. 그가 발표한 주요 논문들에서도 언어가 말을 하는 행위의 전체일 뿐만 아니라 그 결과에 해당하는 질료(소재)로 존재한다는 언급이

---

42) Schneider(1995 : 117) 참조.
43) Ramischwili(1959 : 17) 참조.
44) Ramischwili(1959 : 18) 참조.

빠지지 않는다. 구체적인 의미면에서 보면, 이 질료는 모든 현상계의 자연에 해당하지만, 순수한 측면에서 보면 언어 속에는 형식화되어 있지 않은 질료는 존재하지 않는다고 보아야 한다.45)

언어는 말로 실현됨으로써 서서히 낱말과 규칙들의 축적을 가능하게 하는데, 낱말과 규칙들도 또한 언어로 표기될 수 있으며 에르곤(작품)의 성격을 띠게 된다. 그러나 훔볼트에 의하면 이렇게 축적된 낱말과 규칙들도 인간이 매번 말을 할 때마다 새롭게 생성되지 않으면 안 된다는 것이 에르곤-에네르게이아 연구의 본질이다. 훔볼트의 언어사상에서 동적인 정신활동에 속하는 에네르게이아의 개념은 매우 중요하다. 그렇지만 에르곤으로서의 언어가 도외시되는 것은 결코 아니다. 오히려 이 두 개념은 상호적인 조건을 통해서만이 해명될 수 있는데, 훔볼트의 방법론적인 기본 원리에 따르면 이 두 개념은 상호작용을 통해 하나의 통합체를 형성한다고 보아야 한다.46)

이를테면 앞에서 언급했듯이 "언어의 일부 고정적인 면", "낱말들의 저장과 규칙들의 체계"는 역사적인 관점에서 보면 '말하기'(에네르게이아)의 결과(에르곤)이며, 여러 세대에 걸쳐 형성된 것이다. 말하자면 에르곤으로서 이미 형성되어 있는 이용가능한 언어수단들은 어떤 가능성의 체계로서의 언어에 속한다. 바야흐로 이들은 '죽어 있는 집단', 즉 '말하기'에서 새로이 형성되거나 재생산되어야 하는 언어적 질료에 해당한다.47)

언어연구는 한편으로는 언제나 에르곤으로서의 언어에서 출발할

---

45) Ramischwili(1959 : 20).
46) Humboldt(1830-1835 : 63) 및 Humboldt(1827-1829 : 180) 참조.
47) Junker(1986 : 75) 참조.

수밖에 없으며, 다른 한편으로는 본질상 오로지 에네르게이아로서, 말하자면 에르곤을 창조적으로 소생시키는 것으로 이해될 수 있다. 이런 관점에서 언어연구가는 언어의 동적 특성을 파악하기 위해서 언어과정의 특수성이 인식될 수 있는 언어적 증거물을 조사하지 않으면 안 될 것이다. 훔볼트는 이러한 증거물이 우선 문학에서 얻어질 수 있다고 보았다. 문학에서는 언어의 동태성이 마치 마법에 의한 것처럼 포획되어 있는데, 바로 이 점에서 언어를 형성하는 과정이 구체적으로 축적될 수 있다는 것이다. 낱말의 의미는 문맥을 통하여 규정되어 있기 때문에 언어행위는 실제로 말이 행해지지 않고서도 인식될 수 있다. 이런 측면에서 보면 문학에 의해 언어과정(Sprachprozeß)을 언어학적인 해명으로 유도하는 일은 언어연구가에게 맡겨진 과업인 셈이다.[48]

이제 훔볼트에 의해 표명된 언어의 세계관 사상을 문학작품과 연결시켜 고찰하는 문제가 대두된다. 물론 문학(시문학)은 예술분야에서 특별한 위치를 차지한다. 문학은 언어에 의한 예술로 인식되며, 인간으로 하여금 의식적으로 세계와 만날 수 있게 해주는 가능성을 제공한다.[49] 훔볼트는 이미 초기인 1797-1798년에 발표한 <미학적 시도…>에서 인간의 내면적 자아가 예술을 통해 자연과 가장 보편적으로 조화를 이루면서 상호작용할 수 있다고 언급함으로써, 예술이 정신과 세계가 결합하는 매개체 역할을 수행한다는 것을 언급한 적이 있다. 이것은 진리에 대한 모든 인식의 가능성이 토대로 삼는 인간과 세계 사이의 근원적인 일치관계가 언어뿐만 아니라, 예술

---

[48] Schneider(1995 : 118) 참조.
[49] Heeschen(1972 : 144) 참조.

(문학)에도 적용되고 있음을 뜻한다.50) 그렇지만 어떤 확고한 세계관이 문학 속에 형성된다고 보는 것은 훔볼트의 언어사상에 있어서의 문학의 의미를 과장하고 있는 것처럼 보인다. 훔볼트는 문학이 존재하지 않는 민족들의 예를 들면서 문학은 단지 매개체일 뿐이며, 곧바로 우리에게 민족을 구별할 수 있는 특징을 제공하는 것은 아니라고 언급한 바 있다. 훔볼트에 있어서 세계관은 문학 속에 존재하는 것이 아니다. 문학은 오로지 세계관을 드러나게 하는 매개체로 쓰일 뿐이다.

훔볼트는 사상과 음성 사이의 결합이 실현되는 방식에서는 언어마다 각각 상이한 면을 노정한다는 점에 주목하고, 이것을 언어구별의 척도로 삼는다. 그의 견해에 따르면, 음성과 사상을 결합시킴으로써 세계를 사상으로 바꾸어 놓는 언어적 활동은 언어마다 질적으로 상이한 방식으로 진행된다. 훔볼트는 이런 양상을 미학적인 선호도의 차이로 간주했다. 이 경우 굴절어51)가 본보기로 제시되는데, 굴절어야말로 문장 내에서도 사상들에 대한 통합적 결합을 추구한다는 것이다. 훔볼트는 굴절어들 중에서 그리스어와 산스크리트어를 강조했다. 물론 굴절어가 중국어와 같은 고립어나 교착어에 비해 우수한 자질을 갖고 있다고 보기는 어렵다. 이들 언어는 정신발달의

---

50) Humboldt(1820 : 27) 및 9.4. 참조.
51) 훔볼트는 언어를 문법적 구조에 따라 네 가지 유형으로 구분하고 있는데, 굴절어(flektierende Sprache)는 어간 내부의 형태변화를 통해 낱말들과 형식들을 만들어 내며, 셈어 계통의 언어나 인도유럽어 계통의 언어들이 여기에 속한다. 그에 반해서 중국어와 같은 고립어(isolierende Sprache)는 단음절의 불변적인 어근으로 구성되어 있다. 그 밖에 접미사와 같은 조이성분들이 불변하는 어간에 첨가되는 교착어(agglutinierende Sprache) 및 한 문장의 부분이 다른 부분들을 그 자체 내에 포함시키고 있는 포합어(einverleibende Sprache) 등이 있다(Moser, 1955 : 69 이하 참조).

적절성 면에서는 상이하지만 언어체계의 내적인 결과와 완벽한 수행이라는 점에서는 동일하다는 게 드러난다.52)

그러므로 '언어의 상이성' 연구는 개개의 언어를 모든 인간들에게 부과된 정신적 과업에 대한 상이한 해결방식이라고 해석할 수 있는 근거가 된다. 이런 관점에서 보면, '언어의 상이성' 연구는 일종의 미학적 구별에 해당된다고 볼 수 있다. 아무튼 훔볼트에 있어서 이와 같은 정신적 과업의 본질은 음성과 사상 사이의 적절한 결합에 있는데, 이 작업을 성공적으로 수행하는 것은 인간의 정신적 발달이 진척되기 위한 필수 불가결한 조건으로 인식된다.53)

앞에서 언급한 훔볼트의 세 개의 후기 논문들에서는 언어개념의 양립적인 관계가 분명히 드러난다. 이 경우 물론 언어는 본질적으로는 '활동'이며, 민족에 의해 창조된 고유의 '작품'으로 인식되지는 않는다. 그렇지만 민족의 특성과 언어의 고유성 사이의 연관성을 연구하려면 불가피하게 언어를 정적 개념인 '작품'으로 파악할 수밖에 없다는 점이 시사된다. 이에 반해서 1820년의 학술원-강연에서는 훔볼트가 여전히 언어의 질료적인 측면에 관심을 두고 있었다고 볼 수 있다. 그 당시 훔볼트가 비교 언어학의 방법론을 설정할 때에는 '민족의 작품'으로서의 언어의 존재양식이 결정적인 요소였던 것으로 보인다. 물론 이 경우 언어의 층위에 대한 구분은 주제가 아니었다. 그러나 훔볼트는 분명히 1820년대 중반 이후부터는 앞선 시대의 연구가들과는 판이하게 구별되는 언어개념을 제시하기 시작했다. 1825년에 이르러서는 훔볼트는 언어에 관계되는 그 어떤 개개 부분

---

52) Humboldt(1830-1835 : 271) 참조.
53) Schneider(1995 : 119) 참조.

들도 분석적, 해부학적 처리방식이 아니라, 생리학적 처리방식에 의해서만 비교될 수 있다고 단언하게 된다.54)

이후부터 훔볼트는 언어에 대한 생리학적인 분석방법을 점점 더 요구한다. 이미 그는 초기 시절인 1812-1814년에 발표한 "Über Sprachverwandtschaft"<언어의 친족성에 대하여>라는 단편집에서 언어의 생리학이 완전히 무시되는 것에 대해 비판한 적이 있었다. 이어서 1820년에 훔볼트는 언어유기체를, 지적 인간의 생리학의 일부로 인식했다. 또한 훔볼트는 1821년에는 언어의 '생리학적 기능'이라는 말을 사용하기 시작했으며, 1820년대 중반 이후부터는 생리학을 언어연구의 방향을 선도하는 학문으로 규정한 바 있다. 말하자면 훔볼트는 언어와 관계되는 그 어떤 것도 죽어 있는 육체에 대한 해부학적 처리방식과 비교될 수 없으며, 오로지 생리학적인 처리방식과 비교될 수 있다고 주장하기에 이르렀다. 이것은 살아 있는 유기체 내에서 진행되는 동적인 과정에서 기인한다. 의심할 여지없이 훔볼트는 그 당시 의학분야에서 일어났던 방법론의 변화를 언어연구에 도입한 것 같다. 이미 18세기의 연구가들은 시야를 인간의 육체가 보여주는 외적인 모습으로부터 내적인 해부학 쪽으로 돌리고, 그 다음에는 인간의 육체가 기능하는 방식에 주목하기 시작했다. 그와 동시에 유기체의 조직 내에서 작용을 일으키는 요소들이 규명되어야 했다. 이 시기의 스위스 출신 할러(A.v. Haller)와 스코틀랜드 출신 컬렌(W. Cullen)은 결국 중추 신경계가 인간 생리학의 중심이며, 인간 유기체의 상위에 있는 제어장치라는 생각을 갖게 되었다.55)

---

54) Humboldt(1824-1826 : 369) 참조.

훔볼트는 이러한 방법론의 전환을 언어학에 전용하고, 언어의 외적인 구조로부터 시야를 언어의 내적인 기능방식 쪽으로 돌리는데 주저하지 않았다. 그에 있어서 언어는 정신적 힘과 직접적인 관계를 맺으면서 완벽하게 실행되는 유기체이며, 자연스럽게 유기적으로 인간과 상호 관계를 지속적으로 유지하며 성장한다. 말하자면 언어란, 경이적으로 일정한 소리 속에 포획되어 있는 민족 전반의 정신적인 힘이다.56) 그렇기 때문에 단순히 개별적인 부분들을 분석적으로 기술하는 것과는 차원이 다르다. 앞에서 언급한 것처럼 해부학적 관찰 방식이 아닌 생리학적 언어연구에 대한 요구는 명백히 훔볼트가 동적 언어고찰을 시사하고 있음을 보여준다. 그와 동시에 1824-1826년에 발표된 <일반적 언어유형의 개요> 이전에 이와 같은 언어관이 비록 뚜렷하게 주제로 언급된 것은 아니라고 해도 훔볼트가 초기에 언급한 문구들에서는 이미 철저하게 잠복하고 있었음을 알 수 있다.

괴테의 개념정의와 유사하게 훔볼트에 있어서 생리학이란, 정신적 힘에 바탕을 두고 활동적으로 작용하는 현상을 연구한다는 측면에서 전체적인 고찰로 이해된다. 말하자면 괴테와 훔볼트의 경우 생리학의 개념이 사용될 때 강조되는 것은 정신적 과정이지 육체적 과정이 결코 아니다. 훔볼트가 스스로 이 부분에서 괴테와의 연관성을 언급하지는 않았지만 의심할 여지없이 괴테의 영향을 받은 것으로 인식된다.57) 훔볼트는 마지막 작품인 <카비어-서문>에서도 언어가 살아 있는 유기체라는 내면적으로 연관된 상태 속에서 생리학

---

55) Schneider(1995 : 120) 참조.
56) Humboldt(1801-1802 : 602) 참조.
57) Schmitter(2000 : 224) 참조.

적 법칙에 따라 연구될 수 있다는 점을 강조했다. 그리하여 언어의 '활동방식'(Verfahren)에 대한 연구가 전면에 등장했다. 이것은 훔볼트가 언어에 생리학을 어떻게 전용하고 있는가를 명확하게 인식시켜 준다. 언어의 '활동방식'이라는 관점에서 언어를 연구하는 것은 방법론의 측면에서 훔볼트의 후기 작품들에서 표명되어 있는 기본 신념에 속한다.58) 훔볼트는 이 논문에서 언어의 본질에 대해 다음과 같이 언급하고 있다 :

> "언어는 사상을 형성하는 기관이다. 철저하게 정신적으로, 철저하게 내면적으로 거의 흔적도 없이 사라져 버리는 지적 활동은 음성을 통해 말 속에서 외적으로 드러나며, 감각으로는 지각이 가능하게 된다. 그렇기 때문에 지적 활동과 언어는 하나이며, 상호 분리될 수 없다."59)

이 글에서 나오는 "사상을 형성하는 기관"60)에 대한 분석은 언어의 활동방식에 대한 연구와 관계된다. 바야흐로 언어의 활동방식은 언어와 사유능력 및 지각능력과의 관계가 다루어진다는 점에서 훔볼트의 언어이론의 중심점에 서게 된다. 실제로 훔볼트의 관점에서 언어의 본질, 즉 언어의 속성 전반에 대한 규정은 사상형성 내지

---

58) Schneider(1995 : 121 이하) 참조.
59) Die Sprache ist das bildende Organ des Gedanken. Die intellektuelle Tätigkeit durchaus geistig, durchaus innerlich und gewissermaßen spurlos vorübergehend, wird durch den Laut in der Rede äußerlich und wahrnehmbar für die Sinne. Sie und die Sprache sind daher Eins und unzertrennlich von einander(Humboldt, 1830-1835 : 53).
60) 이 경우 *Organ*은 이전에 이미 완성되어 현존하고 있는 어떤 것을 가공만 하는 보조수단으로 간주되는 기계론적 사유능력으로 해석되어서는 안 된다. 오히려 이전에 존재하지 않은 산물을 독자적으로 창조해 내는 장소로 표기할 수 있는, 말하자면 철저하게 생리학적인 처리방법과 유사한 것으로 파악되어야 한다(Scharf, 1977 : 111 참조).

는 개념형성의 과정인 언어의 활동방식이 분석적으로 재구성됨으로써 얻어질 수 있다.61)

훔볼트의 견해에 따르면, 언어의 본질은 사상을 형성하는 특수한 기능에 있으며, 필연적으로 분절된 음성을 사상의 표현으로 만들어 줄 수 있는 정신의 작업인데, 이 일은 영원히 반복된다. 그러므로 언어에 대한 참된 정의는 발생적일 수밖에 없다.62) 훔볼트는 이미 초기에 쉴러에 대한 편지에서 "언어는 명백히 우리의 모든 정신활동을 주관적으로 묘사한다. 그러나 동시에 대상들이란, 우리가 행하는 사유행위의 객체들이라는 점에서 언어는 또한 이 대상들을 만들어 내기도 한다"63)라고 언급함으로써 언어와 정신활동의 관계를 규정한 바 있다. 또한 이미 이 문구 속에서는 후기 논문에서 주도적으로 등장하는 개념인 "사상을 형성하는 기관"으로서의 언어의 활동이 구체적으로 제기되고 있다는 점에서 연대기적으로 보는 훔볼트의 언어사상의 일관성이 어느 정도 입증될 것이다.

앞에서 언급했듯이 훔볼트에 있어서는 무엇보다도 언어가 다르다는 것은 사물을 바라보는 개개 민족 고유의 관점인 언어의 세계관이 다르다는 것으로 이해된다. 말하자면 언어의 세계관 자체는 인간이 순수 객관적인 영역에 접근할 수 있는 주관적인 고유의 방도라는 것이다. 훔볼트는 1820년에 있었던 학술원-강연까지는 언어의 세계관을 정신적 생산물로서 정적 층위에 설정한 것처럼 보인다. 그러나 후기 작품인 <일반적 언어유형의 개요>에서부터는 언어유기체, 언어의 세계관, 내적 언어형식 등이 동적 개념으로 간주된다. 따

---

61) Jäger(1989 : 174) 참조.
62) Humboldt(1830-1835 : 46) 참조.
63) Humboldt(1979 : 195 이하).

라서 언어란, 이미 형성되어 있는 정적인 고정체계(에르곤)라기보다는, 오히려 내부에서 일어나는 지적인 활동에 의해 현실세계를 정신의 소유물로 개조시키는 힘(에네르게이아)으로 정의된다.

그러므로 훔볼트의 관점에서 보면, 현실과 인간의 관계는 필연적으로 변화될 수밖에 없기 때문에 언어를 통해 주어진 세계관에도 가변적인 동적 기능이 부여되는 것이다. 또한 훔볼트에 있어서 언어유기체는 지적인 인간생리학의 일부로 간주된다. 그와 동시에 살아있는 유기체로서의 언어는 내적으로 연관된 상태에서 오직 생리학적인 법칙에 따라 연구될 수 있는 것으로 인식된다. 이것은 훔볼트가 명백히 언어를 정적 개념으로보다는 동적 개념으로 이해하고 있음을 다시금 보여준다. 바야흐로 언어를 사상형성의 기관으로 간주하는 동적인 본질규정은 훔볼트의 후기 작품에서 강조되는 기본 신념에 속한다.

전반적으로 보아 동적인 언어이해는 훔볼트의 초기 작품에서 이미 시사되고 있었으며, 후기 작품에서는 이것이 더욱 구체적으로 확립되어 있다고 볼 수 있다. 따라서 이 개념은 그의 언어관의 발전과정에서 다소 수정된 측면을 노정하였지만 변함없이 일관성을 유지하고 있다고 볼 수 있다.

11. 언어학 발전과정에서의 훔볼트의 위치

11.1. 도입

언어에 대한 훔볼트의 접근방법은 수많은 개별 언어들에 대한 학문적 분석을 거쳐 형성된 확고한 기반 위에서 생겨난 선각자적인 시각으로 간주될 수 있다. 따라서 훔볼트 특유의 언어이론은 아마도 그 자신에 의한 경험적 연구의 도움이 없었더라면 성립되기 어려웠을 것이라고 추론해 볼 수 있다. 훔볼트는 언어학에 대해 순수 내재적인 고유의 논증을 요구했으며, 다양한 방법으로 언어학의 독자성을 강조함으로써, 언어학을 인간학의 범주에서 가장 중요한 학문분과로 인식하고 있었다. 또한 그는 언어를 인간의 모든 문화형성의 가능성에 대한 구성적 조건으로 보고, 언어와 인간과의 관계를 보다 심도 있게 다루었던 인류학적 언어사상가였다.[1] 그런 의미에서 훔볼트에 의해 이미 시사된 바 있는 비교 인류학의 강령이 그의 언어연구의 방법론적 단서로 자리 잡게 된 것은 이미 예고된 도입과정

---

1) Ramischwili(1960 : 46) 참조.

으로 인식될 수 있다.2)

이 단원에서는 훔볼트 특유의 언어사상에서 나온 비교 언어연구의 방법론을 개진하고, 다른 한편으로는 훔볼트의 핵심용어와 드 소쉬르(F. de Saussure)의 핵심용어를 비교하여 고찰함으로써 현대 언어학에 미친 그의 영향을 검증해 보고자 한다.

11.2. 언어학의 역사주의와 비교 언어연구

19세기는 그때까지 전통적으로 이어져 온 일련의 사상들을 계승하여 특히 도이칠란트에서 문헌학(Philologie)의 전성기를 가져온 시기였다. 문헌학은 앞선 시대의 경우처럼 미학과 예술의 특정한 전제조건들을 실현시켰던 귀중한 텍스트들을 우선적으로 분석에 끌어들여서, 평가한다는 기본적인 입장을 견지하고 있었다. 그리하여 대부분 규범적·규정적인 이전 시대의 관점들이 그대로 반영되었다. 개개 언어의 부분적인 양상과 세부적인 항목들에 대한 학문적인 관심, 심리학적 층위와 철학적 층위에서의 연구뿐만 아니라, 비교에 의한 사적 연구 및 언어기원의 문제에 대한 학문적 관심은 그 당시로서는 비교적 새로운 것이었다. 또한 일찍이 고대의 인도인 파아니니(Pāṇini)가 탁월하게 기술한 바 있는 산스크리트어(고대 인도어)가 발견되기도 했는데, 1786년에는 존스(W. Jones)를 통해 이 언어가 인도유럽어임이 밝혀졌다.3)

---

2) Schneider(1995 : 68) 참조.
3) Nickel(1985 : 38) 참조.

산스크리트어의 발견은 언어연구의 발전과정에서 나타난 중요한 사건들 중의 하나였다. 이 언어는 그때까지의 언어학적 관점에 비추어 볼 때, 라틴어 및 그리스어와는 현격한 차이점을 보여주었지만, 이 발견을 통하여 언어현상에 대한 새로운 시야가 열리게 되었고, 새롭게 문제점들이 대두됨으로써 비교 언어학이라는 언어연구의 방법론이 탄생되는 결정적인 계기가 되었다.[4]

훔볼트가 활동하였던 19세기 초의 언어학은 무엇보다도 역사적 방법에 의한 언어비교와 언어사였다. 쉴레겔(F. Schlegel)은 1808년 역사적 비교 언어학의 강령을 공식화한 바 있었는데, 그에 의해 주장된 비교 문법(vergleichende Grammatik)은 비교 해부학이 보다 상위의 분과인 발생학(Genealogie)에 대한 해명에 기여했던 것과 유사한 방식으로 언어의 계보에 대한 새로운 방식의 분석을 제공했다. 그 당시 이러한 이념에 근거한 연구경향은 특히 과거 시대의 연구에 몰두했던 도이칠란트에서 괄목할 만한 성과를 거두었다.[5] 이를테면 그림(J. Grimm)에 의한 문헌학으로의 방향전환은 이러한 발전과정 전반의 특징을 보여주는 것이었다. 이제 언어는 인간 전체의 맥락과 분리되어 언어비교와 언어사와 같은 개별 연구의 대상으로 되었다.[6]

1814년 덴마크의 학술원 소속인 라스크(R. K. Rask)는 비교 언어학의 기본 원리와 방법론이 간략하게 서술된 한편의 논문을 내놓았다. 이때에 라스크는 고도의 신뢰성에 기인하여 특히 음성학적 기준을 사용했다. 그런 반면 어휘적 유사성은 언어들 사이에 종종 매

---

4) Ivić(1971 : 32) 참조.
5) Trabant(1986 : 169) 참조.
6) Moser(1955 : 32) 참조.

우 자유로운 교환이 행해져 왔기 때문에 신뢰감이 보다 적은 것으로 간주되었다. 그림은 라스크의 고찰을 체계화해서 확대시킨 다음, 게르만어와 다른 비게르만어들 사이에 나타나는 음성적인 대응관계의 규칙성을 증명했다. 그리하여 그는 원시 인도유럽어로부터 원시 게르만어로, 그리고 나서 고고지 도이치어(Althochdeutsch)에 이르는 과정에서 체계적인 음운추이 현상이 일어났음을 입증할 수 있었다. 바야흐로 그림은 잇달아서 발생하는 원인과 결과로 인하여 순환하면서 움직이고 있는 모습을 보여주는 체계적인 방식의 음운추이(Lautverschiebung)를 언급한 사람이었다.7)

그런 반면에 이 시기의 덴마크 사람 베르너(K. Verner)는 음운추이에 대한 그림의 논문들이 이른바 예외적 집단을 설명할 수 없다는 점에서 논란의 여지가 있다고 주장했다. 그는 낱말 내부에서의 액센트의 위치가 음운추이 영역에서의 보다 폭넓은 발전에 대단히 중요하다는 것을 입증했다. 그러나 가장 포괄적인 비교 문법을 서술한 사람은 보프(F. Bopp)였다. 아마도 그는 비교 언어학의 가장 탁월한 대표자로 간주될 수 있을 것이다.8)

19세기 중엽은 다윈이 제창한 진화론의 영향을 받아 진화의 원리가 보편성을 띠고 언어학에 적용되기 시작한 시기였다. 비교 언어학자 쉴라이허(A. Schleicher)는 원시 인도유럽어의 재구성 문제에 관심을 가지고 있었다. 그의 방법론은 언어란, 인간과는 무관한 살아 있는 유기체이며, 언어의 발전과정은 생물학적 발전법칙을 통해 규정된다는 견해에서 출발했다.9)

---

7) Nickel(1985 : 49) 참조.
8) Nickel(1985 : 50) 참조.
9) Ivić(1971 : 37) 참조.

이와 같은 그 당시의 일반적 경향은 물론 훔볼트의 언어철학적 사상과는 거리가 먼 것이었다. 그 당시의 언어학은 공공연하게 자연과학에 바탕을 두고 있었다. 언어가 자연유기체로 간주되고 질료적인 관점에서 고찰되면서 언어의 변화는 곧바로 '성장'이라는 개념으로 이해되었다. 또한 음성학의 이론에서도 그 당시의 기계론적 물리학의 영향이 감지될 수 있다.10)

1870년대에는 도이칠란트의 라이프치히 대학에는 '청년문법학파'(Junggrammatiker)라고 하는 유능한 언어학자들의 집단이 형성되었는데, 그들의 영향은 언어학의 발전에서 결코 과소평가될 수 없는 것이었다.11) 청년문법학파가 등장하면서 음성법칙은 자연과학의 법칙처럼 예외가 없는 것처럼 인식되었다. 형태론도 완전히 음성 중심으로 이해되었다. 그리고 '개별적인 말행위'라는 원자론적 실상만이 언어학의 유일한 대상으로 간주되었다. 따라서 언어가 개별적 사항들 이면에서 하나의 통일체로서 주목받을 만한 상황은 결코 조성되지 않았다. 이와 같은 발전과정에서 언어의 전체성에 관한 훔볼트의 명제와 체계의 개념은 불분명한 것이었으며 수용될 수도 없었다. 언어학적 대상의 법칙성에 물리학의 법칙이 지니는 보편성과 확고성을 적용시켰던 그 당시의 언어학에 있어서는 훔볼트로부터 유래하는 사회적 언어개념은 원칙적으로 반영될 수 없었다. 자연유기체 및 물리적 현상들과 언어를 동일시하는 것은 훔볼트의 사회적 언어관과 결코 합치될 수 없었다. 왜냐하면 '개별적인 말행위'를 유일한 언어적 현실로 간주하고, 의사소통 과정에서의 '들을이'의 역할을 도

---

10) Ramischwili(1959 : 28) 참조.
11) Ivić(1971 : 50) 참조.

외시하는 것은 훔볼트의 견해에 배치되기 때문이었다.12)

훔볼트는 낭만주의 철학의 이념과 함께 성장했다. 그에 있어서는 언어는 단순히 어떤 집합체나 질료적인 존재는 아니었다. 그렇지만 훔볼트와는 달리 청년문법학파의 핵심사상은 바로 그런 견해를 옹호하고 있었다. 20세기의 언어학자 코세리우(U. Coseriu)는 청년문법학파가 학문적 방법론에 있어서 그들의 이념을 고전 물리학의 전형에 맞추고 있음을 주지시켰다. 또한 청년문법학파에 속하는 학자들은 역사주의만이 고도의 과학적 인식과정에 접근할 수 있는 가장 적절한 방법이라고 주장하기도 했다.13)

청년문법학파는 역사에 관한 문제에서 프랑스의 실증주의자인 콩트(A. Comte)로부터 영향을 받았다. 콩트의 견해에 따르면, 실증주의적 학문들은 오로지 있는 그대로의 실상과 개별 법칙들로만 구성된다. 그에 의하면, 실상을 벗어나서 포착되는 모든 보편적 이념이나 추상적 개념은 거부될 수 있다. 자연과학에 있어서 이런 현상은 처음부터 명백하게 나타나는데, 역사에 바탕을 두는 학문들도 동일한 방식에 의해 구성되어야 했다. 결국 역사에 관한 학문도 자연과학으로 간주된 셈이었다. 콩트에 의한 추상적 개념과 보편적 이념의 부정은 그로 하여금 발전과정에서의 보편적 법칙성을 부인하게 만들었다. 말하자면 순수한 역사적 학문 대신에 역사에 관한 원자론적, 실증주의적 견해가 강조된 것이다. 또 다른 편으로 콩트는 역사에 대해 기계론의 전형에 따른 법칙을 설정하려 했는데, 청년문법학파는 이러한 목표설정에 매우 근접해 있었다.14) 이 학파의 사람들

---

12) Ramischwili(1959 : 28) 참조.
13) Ivić(1971 : 52) 참조.
14) Ramischwili(1959 : 30) 참조.

은 기술 언어학을 거부하고 역사 언어학만을 통용시켰다는 점에서 훔볼트의 입장과는 달랐다. 이들 대부분은 개개의 언어적 특징들의 수집과 서술에 그쳤다는 점도 그 당시 학문의 실증주의적 경향과 일치했다.15)

대표적인 청년문법학파인 헤르만 파울(H. Paul)은 1860년에 *Prinzipien der Sprachgeschichte*≪언어사의 원리≫를 출간했다. 이 책에서 파울은 역사적 발전에 관한 이론을 정립하려고 했으며, 인문과학적 원리들의 체계화를 이루어내야 할 필연성을 환기시켜 주었다. 실제로 그는 역사 언어학의 원리에 대한 기초를 물리학과 기계주의에 두지 않았다. 그는 문화운동에 가장 본질적인 심리적 요소를 가장 우선적으로 다루었다. 파울은 인간의 말(Rede)을 근본적으로 심리적 현상으로 간주했다.16)

파울은 문화적 발전을 인간의 심리적 세계의 발전과 연관시켰다. 파울에 있어서 언어란, 청각운동에 의한 특정한 표상들의 조직망으로 존재하는데, 이것은 끊임없이 연상관계 속에 놓여 있다. 그는 인간이 듣고 사유함으로써 언어적 연상의 토대를 풍부하게 마련한다고 생각했다.17) 그러나 파울의 심리주의는 개인주의에 맞추어져 있다는 점에서 훔볼트와는 달랐다.

앞에서 서술한 것을 검토해 보면, 마치 초기의 청년문법학파의 생리학적·실증주의적 입장과 파울의 심리주의적 방법 사이에 현격한 차이가 존재하는 것처럼 보일 수 있다. 그렇지만 이러한 차이점은 별로 문제가 되지 않았다. 파울은 민족정신과 초개인적인 다른

---

15) Moser(1955 : 34 이하) 참조.
16) Ramischwili(1959 : 33) 참조.
17) Ivić(1971 : 54) 참조.

현상들에 대한 거부라는 점에서 오스트호프(H. Osthoff)와 부르크만(K. Brugmann)과 완전히 일치했던 것이다. 파울에 있어서도 실증주의적 양상은 잘 나타나고 있었는데, 언어적 창조는 항상 개개인들의 작품이며, 그 연구대상은 상호작용 속에서 나타나는 모든 개개인의 말행위(Sprechtätigkeit)였던 것이다.18)

한편 베를린 대학의 교수 쉬타인탈(H. Steinthal)은 심리학자 헤르바르트(J. F. Herbert)의 영향 하에서 훔볼트의 이념을 심리학적 해석을 통해 엄격하게 규정할 수 있기를 바랬다. 그와 동시에 그는 자연과학적인 기초 위에서 보다 현실적인 심리학을 통해 철학적 사색을 교체하려고 했던 일반적 경향을 따랐다. 그렇긴 해도 쉬타인탈이 특히 언어유형론적인 단서들의 확대에서 훔볼트의 위대한 공적을 습득하고 있었던 것만은 분명하다.19) 그렇지만 쉬타인탈도 개별적인 말행위를 끌어들임으로써 훔볼트의 사유영역을 잘못 확대시켰다. 즉 언어가 인간 정신이 표명되는 수단이라면 공동체의 언어는 공동체의 심리에 대한 표현이며, 개인의 언어는 개인의 심리에 대한 표현으로 제시되었던 것이다.20)

훔볼트에 있어서 음성의 생리학은 쉬타인탈의 주장처럼 말을 하는 행위의 매카니즘이 아니다. 말하자면 음성은 단순히 발성기관의 기계적인 움직임에서 나오는 물리적인 소리로 규정될 수 없다. 훔볼트에 있어서의 음성은 현대 언어학에서 등장하는 음소(Phonem)처럼 음성학적 추상개념이나 잠재적 등급이 아니라, 실질적인 단위로서 '실질적인 음소'에 해당된다. 훔볼트의 관점에서 본 음성의 기능

---

18) Helbig(1970 : 18) 참조.
19) Gipper/ Schmitter(1979 : 117) 참조.
20) Ivić(1971 : 45) 참조.

은 기호의 의미에 속하는 것이 아니라 구성적 기능을 의미한다. 말하자면 음성은 의미를 지니는 통합체의 형성(어근과 형태소의 구성)을 위해 사용된다.21)

쉬타인탈에 있어서 훔볼트의 사상은 헤르바르트의 개별심리학과 민족심리학의 독특한 혼합이라는 입장에서 수용된다. 또한 훔볼트가 '민족정신'이라고 표현하는 부분은 쉬타인탈에 의해 민족혼(Volksseele)으로 이해되고, 체계와 전체로서의 언어는 개별적인 '말하기'로 되며, '이념'(Idee)은 '표상'(Vorstellung)으로 이해된다. 따라서 쉬타인탈에 있어서 훔볼트의 '내적 언어형식'은 주관적인 범주로 파악된다.22)

라미쉬비리의 견해에 따르면, 이와 같은 심리주의자들의 편협한 입장으로 인해 훔볼트의 기본개념과 이론들에 대한 정확한 해명이 어려워질 수 있다. 그에 의하면, 훔볼트에 있어서의 민족정신은 보편적 인간의 정신이 나타나는 현상형식이다. 이것은 칸트의 '선험적 주체', 피히테의 '자아', 헤겔의 '객관적 이념'과 같은 형이상학적인 범주이다. 그러므로 훔볼트에 있어서 보편적 인간 정신의 현상형식으로서의 민족정신은 객관적 이상주의에 기인하며, 경험적 주체에서 연역된 개별 심리학에 의해 받아들여진 개념이 아니기 때문에 쉬타인탈의 민족정신과는 다른 것으로 인식된다. 그 뿐만 아니라 훔볼트의 '민족'과 '민족정신'은 '집단'(Kollektiv)과 '집단정신'의 의미로 사용된다. 또한 언어집단으로서의 집단은 결코 말을 하는 개개인들의 총합으로 이해될 수는 없다. 그러므로 훔볼트에 있어서 민족과 집단

---

21) Ivić(1971 : 37) 참조.
22) Ramischwili(1959 : 35 이하) 참조.

은 인종적 범주이기보다는 사회적 범주로 평가된다.23)

훔볼트는 그 시대의 일반적 경향과는 달리 독특한 방식으로 비교언어학의 강령을 제시했는데, 이것은 여러 측면에서 반쉴레겔적인 것이었다. 물론 훔볼트의 강령이 언어비교가 내적 구조, 즉 문법에 기초하지 않으면 안 된다는 쉴레겔의 이념을 포함하고 있었다는 것은 부인할 수 없다. 그럼에도 쉴레겔의 이념은 전반적인 언어학 연구에서 종속적인 위치를 부여받는다는 점에서 훔볼트의 비교 방법론이 훨씬 포괄적인 것으로 간주될 수 있다. 전반적으로 보아 언어비교에서 두 사람이 강조하고 있는 부분은 확실히 상이하다고 말할 수 있다. 게다가 훔볼트는 통시적인 전통 언어학과는 현저하게 구분되는 언어학에 대한 자신의 이론적 바탕을 처음부터 확고하게 설정하고 있었다. 그의 역사관은 인간적 행동의 목적성(Finalität)과 개별성에 기인하고 있었으며, 방법론적 관점에서 보면 해석학적인 연구 방법에 상응하는 것으로 간주될 수 있다24).

의심할 여지없이 훔볼트는 통시태(=언어사)를 고수하지 않았다. 오히려 훔볼트의 관심은 주어져 있는 어떤 시점에 존재하는 언어상태(Sprachzustand)의 해명, 즉 공시적 단면에서 제시되는 언어고찰로 향했다. 그는 언어비교에서 발생사적인 친족관계의 문제에는 관여하지 않으면서 분석적인 방법을 취했다. 그는 원시언어(Ursprache)를 재구성하지도 않았다. 더구나 인도유럽어에 속하는 제 언어들이 다른 어족의 언어들보다 특별히 더 주목 받을 만하다고 생각하지도 않았던 것이다25).

---

23) Ramischwili(1959 : 36) 참조.
24) Trabant(1986 : 170) 참조.
25) Ivić(1971 : 41) 참조.

훔볼트의 언어학의 구상이 가장 명백하게 기술되어 있는 텍스트는 그가 1820년 『베를린-학술원』에서 <언어발전의 상이한 시기들에 관한 비교 언어연구에 대하여>라는 제목으로 실시한 첫 번째 강연의 내용인데, 이 속에 이미 전체적인 그의 기본 강령이 포함되어 있었다. 훔볼트는 언어발전의 시기를 두 부분으로 나누어 설명하고 있다. 첫 번째 측면은 조직화(Organisation)의 시대인데, 언어가 별안간에 전체로서 존재하는 언어의 기원으로부터, 구조의 형태가 완성되거나 유기체가 완성되는 시점에 이르기까지가 여기에 해당된다. 그러나 이 시기에는 구조가 형성되는 과정이 경험적으로(역사적으로) 고찰될 수는 없다26).

언어 발전의 첫 번째 국면이 유기체의 형성, 즉 언어의 구조가 완성되어 있는 시점에 해당하는 언어발전의 정점에 이르게 되면, 이 부분에서 언어발전의 두 번째 국면이 시작된다. 이것은 바야흐로 완성의 시대(Ausbildungsperiode)에 해당하는데, 언어들은 완성된 조직화에서 출발하여 문화적 전성기를 맞으면서 보다 섬세한 모습을 보여주게 되는 것이다. 바야흐로 이 단계에서는 언어들이 언어의 '특성'(Charakter)을 완성하게 된다. 이와 같이 언어발전을 두 가지 국면으로 구분하여 분류하는 것 자체가 바로 훔볼트가 제시하고자 하는 서술의 대상이다. 즉 언어학은 학문적으로 접근할 수 없는 조직화의 시기를 그 자체로 연구할 수 있는 것이 아니라, 언어유기체인 결과물을 연구한다. 또한 후자인 완성의 시기는 문예적, 언어적 산물로 확대되어 표명되지 않으면 안 된다. 그러므로 훔볼트에 있어서 비교 언어학의 목표는 언어유기체(구조)와 언어의 완성(특성)을

---

26) Trabant(1986 : 170 이하) 참조.

지향하게 된다27).

　훔볼트에 의해 사용된 유기체 개념은 목적론적 요인(특정한 인과관계의 결과가 아닌)을 포함하고 있다. 그렇기 때문에 또한 유기체가 언어의 지적·목적론적(intellektuell·teleologisch) 현상형식의 전 단계로 간주될 수 있었으며, 유기체 속에는 이미 언어의 폭넓은 내면적 완성을 추구하는 그 다음 단계의 첫 번째 배아(Keim)가 존재하고 있었다고 주장할 수 있었을 것이다. 이 두 단계에서 언어발전이 지향하는 목적은 인간의 언어능력에 대한 극대화이며, 궁극적으로는 언어를 통해 인간의 모든 목적에 도달하는 것이었다. 그러므로 인류 전체의 언어능력과 인식능력뿐만 아니라 개개 민족들의 개별성에 대한 효과적인 판단을 도출할 수 있기 위해서는 언어적 특성의 연구와 병행하여 유기체의 연구도 방법론적으로 수행되지 않으면 안 된다. 이런 관점에서 훔볼트의 유기체 개념은 두 가지 측면, 즉 기존하는 개별 언어들에 대한 연구와 이들을 상호 비교하는 방법으로 기술될 수 있다.28)

　훔볼트는 또한 개별 언어의 특성 연구 자체에서도 언어비교의 방법이 이용되어야 한다고 보았다. 왜냐하면 그는 그때그때의 언어 특성은 다른 언어적 특성들을 비교함으로써 비로소 명백해진다고 보았기 때문이다. 그런 의미에서 훔볼트의 비교에 의한 언어연구는 언어들을 비교하여 그들의 친족관계를 밝혀내어 공통적인 원시 조어를 재구성했던 19세기의 비교 언어학과는 본질적으로 구별된다. 초기에 훔볼트는 비교 언어연구를 경험적 연구로 파악했는데,29) 아마

---

27) Trabant(1986 : 172) 참조.
28) Humboldt(1820 : 8 이하), Schmitter(1999 : 22) 참조.
29) Humboldt(1820 : 9-11), Schmitter(1999 : 17) 참조.

도 그는 사실에 입각하면서도 경험에 의하는 것과 병행해서 역사의 도움까지 받아 언어의 상이성을 연구하는 언어학만이 인류와 개별적인 언어공동체들의 정신적 발달에 대한 신뢰할 만한 답변을 제시할 수 있다고 본 것 같다.

그러므로 훔볼트가 모든 언어연구의 궁극적인 목적으로 간주하는 전반적인 인류학적 문제들의 해명에 대한 기초는 기존하는 언어들의 경험적 연구였다고 단언할 수 있다. 그러나 1827년에 행해진 학술원 연설의 논고 〈쌍수에 대하여〉에서는 역사적 고찰방식(경험적으로 파악 가능한 개별적인 것에 대한 고찰)과, 철학적 고찰방식(선험적 언어조건에 대한 성찰)이 다함께 구체적인 언어적 형식들의 연구에 관계되고, 언어분석에서의 순수한 사고와 엄격한 역사적인 연구방식의 통합 적용이 요구된 것을 볼 수 있다. 따라서 전반적으로 보면 '경험적인' 조작과 '철학적인' 조작은 동일한 연구영역에 관계되는 두 개의 방법으로 인식될 수 있다. 전자가 구체적인 자료들을 제공하고 사색적인 구상을 통제하는 경험에 관계되고 있음에 반해, 후자는 연구에 주도적으로 영향을 미치면서 경험적인 다양성을 정리하는 일종의 성찰행위로 볼 수 있다[30]. 결국 그의 비교 언어연구에서는 두 가지 조작방식의 통합적인 적용이 시사된 셈이다.

훔볼트가 추구하는 조작방식은 우선 구체적 사실들에 대한 가능한 완벽한 탐구를 시도한다. 그와 동시에 단일한 상태를 다각도로 조명하기 위해, 그리고 개개 상이성 등을 바라보는 올바른 시야를 얻기 위해 필연적으로 단순한 개념들로부터 연역된 것들을 결합시키지 않으면 안 된다. 바야흐로 이러한 조작방식은 언어비교에서 철

---

30) Schmitter(1999 : 18) 참조.

학적인 방도나, 역사적인 방도 중 어느 한 방향을 일방적으로 선택하는 데서 오는 위험을 예방하게 된다.31)

훔볼트에 있어서 언어의 '형식'이란, 그 본질 자체에서 보면 이것과 대응하는 '소재'(실체)로 간주할 수 있는 개개 언어적 요소들을 정신적 통합체로 파악하는 양식이다. 왜냐하면 각각의 언어마다 그와 같은 정신적 통합이 존재하고 있으며, 한 민족은 이러한 총괄적인 통합을 통해 조상으로부터 전래된 언어를 자신의 언어로 받아들이기 때문이다.32) 한 언어의 형식에 대한 확증은 다른 언어들과의 비교를 통해서만 가능하다. 이러한 비교는 모든 언어적 단위들에 관하여 외적 형식과 내적 형식의 층위에서 뿐만 아니라 전체성의 측면에서 실행된다. 이것은 구체적, 언어적 조직화의 원리에 대한 확증을 목표로 추구한다는 점에서 고전적인 비교 언어연구와 명백히 구별된다.33)

훔볼트에 따르면, 언어의 동일성과 친족성은 원인이 같아야 결과도 같을 수 있기 때문에, 형식의 동일성과 친족성에 바탕을 두어야 한다. 그렇기 때문에 오로지 형식만이 한 언어가 계보상으로 다른 언어들과 동계 관계에 있음을 결정한다. 특히 훔볼트는 이 문제에 대한 확증을 인도네시아의 카비어(Kawi-Sprache)에서 찾으려고 했다. 훔볼트는 카비어가 산스크리트어로부터 수많은 낱말들을 차용했을지라도 이로 인해 이 언어가 여전히 말레이-언어의 계보에 속하는 것이 부인될 수는 없다고 보았다. 의심할 여지없이 생성적으로 계보가 같은 개개 언어들의 형식은 어족(Sprachfamilie)의 형식(일

---

31) Humboldt(1827 : 5) 참조.
32) Humboldt(1830-1835 : 50) 참조.
33) Ramischwili(1960 : 53) 참조.

반적 형식)과 일치할 수밖에 없다. 이따금 각각의 어족들에서는 원시적 형식을 더욱 순수하고도 더욱 완전하게 보유하고 있는 언어들도 눈에 띈다.34) 실제로 존재하는 언어실체의 변형은 단지 계보상으로 동질적인 조건 속에서 수행되는데, 이 경우 이념 및 사고방식이 지향하는 공통점, 발성기관 및 전래되는 조음습관의 유사점과 함께, 역사적으로 비슷하게 펼쳐진 외부의 상황 등이 원천적 요인으로 작용하게 된다.35)

훔볼트는 그의 언어사상의 근거점 및 언어학의 과제와 목표설정에서 동시대의 대표적인 언어학자들과 현격하게 구별된다. 앞에서 언급했듯이 언어를 인간과 분리시키는 그 시대의 일반적인 특징은 기계주의적인 언어관의 출발점이었는데, 그러한 상황이 그 당시 언어와 인간 존재(언어와 언어공동체)의 통합원리에 입각한 훔볼트의 언어사회학을 거의 완전히 불확실한 상황으로 내몰았다. 또한 인간으로부터 언어를 유리시켰던 그러한 연구경향은 이른바 원자론(Atomismus)을 통해 언어를 형태적, 음성적인 수많은 개별적인 요소들로 분해하지 않으면 안 되었다. 또한 이 경우 언어의 개별적인 세부 항목들은 언어체계 내에 자리 잡고 있는 것이 아니라, 역사적 발전에서 겪게 되는 변화만을 드러낼 뿐이었다.36) 따라서 실증주의가 우세한 동시대에 훔볼트의 이론이 형이상학적인 고찰방식으로 폄하되는 것은 불가피한 상황이었던 것으로 인식될 수 있다. 현대 일반 언어학의 핵심을 관통하고 있는 훔볼트의 언어이념은 19세기 언어연구의 풍토에서는 거의 수용되지 않았다. 왜냐하면 이 시대에

---

34) Humboldt(1830-1835 : 51) 참조.
35) Humboldt(1830-1835 : 52) 참조.
36) Helbig(1974 : 17) 참조.

는 대체로 외적 언어형식의 연구와 관련된 사항들에 관심이 집중되었기 때문이다.

11.3. 드 소쉬르의 언어개념과의 비교

20세기 초에 사회생활과 직접 관계되는 학문들이 전반적으로 등장함에 따라 그 이전 세기에 발표되었던 훔볼트의 이념에 대한 관심이 처음에는 언어철학자와 언어심리학자에게, 그리고 나중에는 언어학자에게 새롭게 부각되었다. 현대 언어학의 다양한 유파를 대표하는 연구가들의 견해에 따르면 훔볼트는 20세기의 언어사상에 결코 적지 않은 영향을 미친 것으로 확증된다. 이러한 영향은 물론 '신훔볼트주의'와 같은 몇몇 경우들에서는 괄목할 만한 수준이었으며, 여타의 경우들에서도 그의 영향이 부분적으로 뚜렷하게 감지될 수 있다. 아울러서 이것은 앞으로도 계속 검증되어야 할 부분으로 남아 있다.[37]

주지하는 바, 드 소쉬르는 현대 언어학의 창시자로 간주된다. 그런데 드 소쉬르가 제기한 중요한 언어학적 개념들의 상당 부분이 이미 훔볼트가 발표한 여러 언어철학적 작품들 속에 의미심장하게 시사되어 있음을 알 수 있다. 의심할 여지없이 이들 사이에는 부분적으로 유사점들이 발견된다. 그러나 동시에 뚜렷한 차이점들도 드러나고 있음을 간과할 수 없다. 따라서 훔볼트와 드 소쉬르의 언어사상이 유사한 맥락을 보여준다고 단정하여 말할 수는 없을 것이다.

---

37) Ramischwili(1960 : 54 이하) 참조.

양자는 언어를 바라보는 기본 시각에서 상이하다. 그런데도 드 소쉬르가 직접, 간접으로 훔볼트의 언어사상을 통해 영향을 받았을 것으로 추론할 수 있는 부분들이 구체적으로 드러난다. 그렇다면 드 소쉬르는 주로 어떠한 경로를 거쳐 훔볼트의 사상에 접근할 수 있었을까? 크리스트만(H. H. Christmann)에 의하면, 아마도 가벨렌츠(G. v. Gabelentz)를 통해 간접적으로 습득할 수 있었을 것으로 추정할 수 있다.[38]

가벨렌츠의 작품 *Die Sprachwissenschaft, Ihre Aufgaben, Methoden und bisherigen Ergebnisse* ≪언어학, 그 과제, 방법 및 지금까지의 성과≫(1891)는 개별적인 항목들에서 부분적으로 사후에 제자들에 의해 편찬된 드 소쉬르의 *Cours de linguistique générale* ≪일반 언어학 강의≫(1916)와 맥락이 같은 것으로 드러난다. 또한 최근에는 코세리우(E. Coseriu)도 두 작품 사이에는 공통점들이 여러 곳에서 드러나고 있다고 서술한 바 있다. 일반적으로 드 소쉬르가 가벨렌츠로부터 수용했을 것으로 보는 관점들과 기본 원리들의 상당 부분은 가벨렌츠가 이미 훔볼트로부터 수용했을 것으로 보는 견해가 설득력을 얻는다. 물론 이 경우 염두에 두어야 할 사항이 있다. 즉 드 소쉬르는 개념정의의 측면에서 가벨렌츠 보다 더 체계적이며, 용어도 더 명확하게 설정하고 있다는 점이다. 이런 측면에서 보면 가벨렌츠 역시 그 이전의 훔볼트보다는 언어개념에 대해 비교적 더 구체적인 정의를 내리고 있음을 알 수 있다. 물론 훔볼트의 사상은 언어철학적이며, 언어 인류학적이라는 점을 강조한다는 점에서 전반적으로 상호간에 직접 비교될 수는 없다. 그러나

---

[38] Christmann(1974 : 62) 참조.

부분적인 면에서 보면, 이들 삼자(훔볼트, 가벨렌츠, 드 소쉬르)의 관계에서는 각각 앞선 시기의 이론이 뒤에 나오는 이론의 단서가 될 수 있으며, 심지어 앞 단계로 간주될 수 있다는 사실은 부인할 수 없다.39)

이제 라미쉬비리의 서술에 의존하여 훔볼트와 드 소쉬르 사이의 유사점을 고찰해 본다. 우선 두 사람은 모두 언어와 형식이 개념상으로 동일하다는 것을 연구의 출발점으로 삼고 있는 동시에, 형식으로서의 언어가 두 개의 측면(표현과 내용)으로 구성되어 있다는 점에서도 같은 견해를 갖고 있다. 또한 그들은 음성적 실체와 심리적 실체를 언어 바깥에 놓여 있는 비형태적인 두 개의 실체(질료)로 구별하고 있다는 점에서도 공통적이다.40)

훔볼트에 따르면, 언어는 음성 및 감각의 실체로 조직화되어 있는 활동적 형식이다. 이 활동적 형식의 요소들은 드 소쉬르에서도 제시될 수 있는데, 그것은 음성면과 내용면의 통합이라는 모형에서 나타난다.41) 훔볼트가 언어에 부여하고 있는 낱말의 구조적 특성들은 전반적으로 보아서 드 소쉬르가 기호에 대해 보편적인 본질규정으로서의 기호론을 도입한 것과 유사하다. 드 소쉬르에 있어서 언어기호는 '기호표현'(Signifikant)과 '기호내용'(Signifikat)의 분해될 수 없는 통합이며, 이것은 종이의 앞면과 뒷면으로 비유된 바 있다.42) 또한 언어가 "사고를 말로 표현하는 기관"이라는 점에서도 양자간에 공통점이 엿보인다. 그리고 문법과 어휘의 구분이 학문적인 목표

---

39) Christmann(1974 : 63) 참조.
40) Humboldt(1830-1835 : 49) 참조.
41) Schmitter(1977 : 165) 참조.
42) Trabant(1986 : 92) 참조.

설정이 아니라, 오로지 언어습득을 위한 실용적인 목표설정이라는 명제에서도 일치한다.43)

앞에서 언급되었듯이 드 소쉬르는 상호간에 제약을 받는 요소들의 집단으로서의 체계의 개념과 원리를 발전시켰다. 이런 측면에서 훔볼트에게서도 어떤 유사점(유기체 개념)이 확인될 수 있다. 또한 본질적인 면에서는 차이가 있지만, 두 사람 모두 비교에 의한 분석 방법을 통해 언어들이 서로 다르다는 사실을 연구의 기점으로 삼고 언어 속에 있는 불변적 요소(Konstante)들을 탐구하는 것이 필수불가결하다고 보았다.44)

훔볼트와 드 소쉬르는 생리학적인 분절과는 다르게 거의 동일한 방법으로 언어를 기능적 분절의 영역으로 간주했다. 또한 훔볼트도 드 소쉬르의 경우처럼 언어(=랑그)와 말(=빠롤)을 구분했다. 주지하는 바, 드 소쉬르는 언어를 랑그(langue), 빠롤(parole) 및 랑가주(langage)라는 세 가지 개념으로 구별하여 설명했다. 그는 랑그(갈무리된 말)의 의미를 체계적으로 개개인의 언어의식 속에 존재하는 언어집단 전체의 언어로, 빠롤(부려쓰인 말)을 개별적으로 표현된 말로, 랑가주(언어활동)의 의미를, 언어를 생산하고 이해할 수 있는 생리학적, 심리학적 인간의 보편 능력으로 해석한 바 있다.45) 훔볼트도 역시 '언어'(소쉬르의 의미에서 랑그)를 저장된 낱말들과 규칙들의 체계로 보고, 이것은 인간의 '말을 하는 행위'(Sprechen, 빠롤)를 통해 생성된다고 언급한 바 있다.46)

---

43) Humboldt(1830-1835 : 49) 참조.
44) Ramischwili(1960 : 55) 참조
45) Nickel(1985 : 58 이하) 참조
46) Humboldt(1927-1929 : 180) 참조.

훔볼트와 드 소쉬르의 언어관에서는 이와 같은 유사한 개념들이 공유되고 있지만, 근본적으로 서로 차이가 나는 부분들도 있다. 훔볼트에 있어서 언어는 체계이며, 활동적 형식(에네르게이아)이다. 물론 드 소쉬르에 있어서도 언어는 체계인데, 이 체계의 구성요소들 모두는 상호간에 서로 제약을 하고 있으며, 체계 내에 있는 어떤 구성요소의 통용성과 가치는 다른 구성요소가 현존함으로서 생겨난다. 그렇지만 드 소쉬르의 관점에서는 '형식' 개념은 랑그 속에 미리 주어져 있는 순수 정적인 구조로 간주된다. 따라서 언어는 순수한 형식이 된다. 그에 반해서 훔볼트의 '형식' 개념은 드 소쉬르에 의해서 강조된 체계성 외에도 언제나 생성하는 원리라는 동적인 특성을 지닌다. 말하자면 언어 자체가 동적인 체계이며, 활동적 형식인 것이다.47)

또한 훔볼트에 의한 두 개의 대비개념인 에르곤과 에네르게이아, 그리고 드 소쉬르에 의한 두 개의 대비 개념인 랑그와 빠롤은 상이한 층위에 존재한다. 말하자면 에네르게이아는 '활동적 형식'으로서의 언어 자체에 대한 표현양식이며, '개별적인 말'로서의 언어(통례적으로 인식되는 견해)가 아니다.

다른 한편으로, 드 소쉬르에 있어서 '순수 형식'으로서의 언어는 부분적으로 실체(소재)와 대비된다. 그러나 훔볼트에 따르면, 그것은 단지 잠정적인 개념화이기 때문에 에네르게이아로서의 언어분석에서는 이용될 수 없다. 그에 의하면, 실제의 경험적 언어에서는 형식과 실체 사이에 엄격한 경계설정이 존재하지 않는다. 즉 형식상으로 조직화되어 있는 실체는 이미 형식으로 나타날 뿐이지 실체가 아니

---

47) Saussure(1916 : 136 이하) 참조.

며, 언어 속에는 오직 단조로운 상호 관계와 뉘앙스의 차이만이 있을 뿐이다.48) 말하자면 어떤 관점에서는 실체로 간주되는 것이 다른 관점에서는 형식일 수 있는 것이다. 그렇기 때문에 언어에서는 절대적 의미에서의 순수한 실체는 존재하지 않는다.49)

드 소쉬르 및 예름슬레우의 언리학50)에서 언어는 절대적 의미에서의 불변성과 같은 순수한 형식으로 나타나지만, 실체는 마찬가지로 절대적 의미에서 보면 가변적인 것으로 나타난다. 이와 같은 사실을 근거로 하면 형식은 임의적인 모든 실체에서 확고한 요소로서 구체적으로 표명된다고 볼 수 있다. 훔볼트도 마찬가지로 언어를 불변적인 것으로 간주했다. 그렇지만 이 경우에는 결코 수학적인 크기가 아닌 사회적 현상으로서의 언어의 불변성이 문제시된다. 결국 훔볼트에 있어서는 실체의 가변성도 마찬가지로 상대적이며, 실제의 경험적 언어에서의 실체는 단지 형식으로만 출현할 수 있으므로, 그 자체로 또한 상대적인 불변성을 지닐 수 있는 것이다.

앞에서 언급한 바와 같이 훔볼트는 음성적 실체와 심리적 실체인 두 개의 실체들에 상응하게 두 개의 형식들인 외적 형식과 내적 형식을 제시한다. 이 경우 내적 형식이란, 각각의 개념적 요소가 다른 요소들을 통해 제약을 받으면서 실제로 작용하는 유기적인 조직형성의 힘으로 정의될 수 있다. 그렇지만 이것은 단순히 실체에 대한 조직화의 뜻으로 풀이되어서는 안 된다. 왜냐하면 외적인 구조의 조직화도 본질적으로는 내적 형식에 의존하기 때문이다.51) 이들은 필

---

48) Ramischwili(1960 : 56) 참조.
49) Ramischwili(1960 : 50) 참조.
50) 4.2. 참조.
51) Ramischwili(1960 : 58) 참조.

연적으로 통합과정을 거쳐 상호 연관성을 유지하고 있는 것이다.

드 소쉬르(또한 예름슬레우)의 관점에서 보면 언어(=형식)는 훔볼트와는 달리 철저하게 말행위(=실체)와 분리되고 언어공동체와의 결합으로부터 유리되어 정적인 구조를 갖는다. 그렇지만 언어를 단순히 이런 식으로 형식화하는 것은 특정한 연구단계에서만 그 정당성을 인정받을 수 있을 것이다. 그리고 이것은 결국 논리화와 기계주의의 위험에 빠지게 될 것이다.52) 왜냐하면 본디 언어의 창조자인 인간이 형식화의 뒷면으로 실종되어 버리기 때문이다.

훔볼트는 이론적인 측면에서나, 또는 실제적인 연구의 측면에서 부단히 언어와 인간의 단일성(Einheit)을 주장했다. 언어의 역동성 및 언어내용의 구조에 대한 그의 확증, 그리고 내적 언어형식의 문제는 바로 이 단일성과 연관된다. 그의 견해에 따르면, 언어는 인간이 세계에 대해 접근하는 본질적인 방도이다. 인간에게는 언어적인 조작 없이는 세계와 교제하는 것 자체가 불가능하다.53) 그러므로 언어연구에서 언어와 인간을 동일 선상에 놓는 것은 훔볼트 언어철학의 기본전제이다. 물론 철학적인 언어사상의 특성상 훔볼트도 언어내용의 구조를 보편타당하게 해명할 수 있는 방법론을 제시한 것은 아니었다. 그렇지만 그가 남긴 업적은 이미 구조적인 관점에서 언어연구의 전체적인 윤곽을 제시하고, 언어내용의 본질을 특유의 방식으로 규정한 것만으로도 언어학과 언어철학의 발전에 지대한 영향을 끼쳤다. 따라서 훔볼트야말로 일반 언어학의 창시자로 불리운다고 해도 부족함이 없을 것이다.

---

52) Ivić(1971 : 188) 참조.
53) Schneider(1995 : 78) 참조.

훔볼트의 연대표

1767. 6. 22. 언어철학자 빌헬름 폰 훔볼트, 베를린 근교의 포츠담에서 출생
1769. 9. 14. 동생인 알렉산더 폰 훔볼트, 베를린에서 출생.
1779. 1. 6. 아버지인 알렉산더 게오르그 폰 훔볼트, 베를린에서 사망.
1787. 10. 1. 훔볼트 형제, 오더강변의 프랑크푸르트 대학에서 법학을 공부.
1788-1789. 빌헬름 폰 훔볼트, 괴팅엔 대학에서 법학 및 고대 문헌학을 공부.
1789. 남부 도이칠란트, 파리 및 스위스 여행.
  에어푸르트에서 카로리네와 결혼.
1790. 1. 베를린 최고 법원의 사법관 시보로 봉직
1791. 외교 참사관의 직책에서 물러남.
  카로리네와 결혼.
  논문 : "Ideen über Staatsverfassung, durch die neue französische Konstitution veranlaßt." "Über die Gesetze der Entwicklung der menschlichen Kräfte."
1792. "Ideen zu einem Versuch, die Grenzen der Wirksamkeit des Staats zu bestimmen."
1793. 인문주의적 연구 및 교육철학적 연구에 몰두.

"Über das Studium des Altertums, und des griechen insbesondere."

1793-1794. "Theorie der Bildung des Menschen"(라이츠만에 의해 제목이 부가된 유고).

1794. 예나로 이주하고, 쉴러와 교제.

1795. 테겔로 여행.

"Über den Geschlechtsunterschied und dessen Einfluß auf die organische Natur." "Über die männliche und weibliche Form."

1796. 북부 도이칠란트로 여행한 후 예나로 돌아옴.

어머니인 엘리자베트 폰 훔볼트 사망.

1794-1797. 괴테 및 쉴러와의 빈번한 교류.

"Plan einer vergleichenden Anthropologie." "Über Denken und Sprechen." "Das achtzehnte Jahrhundert." "Über den Geist der Menschheit."

1797. 비엔나 및 파리 여행.

1799. "Ästhetische Versuche, Erster Teil : Über Goethes Herrmann und Dorothea." "Musée des petits Augustins."

1799-1800. 스페인 여행.

1800. "Über die gegenwärtige französische tragische Bühne." "Der Montserrat bei Barcelona."

1801. 바스크어를 연구할 목적으로 제2차 스페인 여행을 하고 귀국함.

1802-1808. 로마 교황청의 프로이센 공사로 봉직.

"Latium und Hellas oder Betrachtung über das klassische Altertum." "Geschichte des Verfalls u. des Untergangs der griechischen Freistaaten."

1809-1810. 추밀원 고문 및 내무부 산하 교육과 문화 담당의 부서장으로 봉직.

베를린-대학 설립에 결정적으로 기여함.

"Der Königsberger Schulplan." "Der Litausche Schulplan."

1811. 비엔나 공사로 봉직.
1812. "Ankündigung einer Schrift über die baskische Sprache und Nation."
1813-1816. 비엔나, 파리, 샤티용, 프랑크푸르트, 프라그 회의 등에 프로이센의 대표로서 참가.
"Über die Bedingungen, unter denen Wissenschaft und Kunst in einem Volke gedeihen." "Betrachtungen über die Weltgeschichte."
1816. 아이스킬로스의 *Agamemnon*에 대한 훔볼트의 번역이 발표됨.
1817. 런던 주재의 공사로 봉직.
1818. "Betrachtungen über die bewegenden Ursachen in der Weltgeschichte."
1819. 신분제도 담당의 각료로 봉직.
공직에서 은퇴.
1820. 이후 15년 동안은 언어철학적 연구에 전념함으로써 현대 언어사상의 중요한 이론적 기초를 세움.
"Über das vergleichende Sprachstudium in Beziehung auf die verschiedenen Epochen der Sprachentwicklung" (1820). "Über die Aufgabe des Geschichtsschreibers"(1821). "Prüfung der Untersuchungen über die Urbewohner Hispaniens vermittelst der baskischen Sprache(1821)." "Über das Enstehen der grammatischen Formen u. ihren Einfluß auf die Ideenentwicklung" (1821). "Über die allgemeisten Grundsätze der Wortbetonung mit besondrer Rücksicht auf die Griechische Accentlehre" (1821). "Über den Nartionalcharakter der Sprachen" (1822). "Inwiefern läßt sich der ehemalige Kulturzustand der eingeborenen Völker Amerikas aus den Überresten ihrer Sprachen beurteilen?"(1823). "Über den Zusammenhang der Schrift mit der Sprache" (1824). "Über die Buchstabenschrift und ihren Zusammenhang mit dem Sprachbau"

(1824) "Grundzüge des allgemeinen Sprachtypus"(1826). "Über den grammatischen Bau der Chinesischen Sprache"(1826). "Über den Dualis"(1827). "Über die Verschiedenheiten des menschlichen Sprachbaues"(1827). "Von dem grammatischen Baue der Sprachen" (1827). "Über die Sprachen der Südseeinseln" (1828).

1830. 추밀원 고문직에 다시 초빙됨.
1832. *Über die Kawi-Sprache auf der Insel Java* 출간.
1835. 4. 8. 빌헬름 폰 훔볼트, 테겔에서 사망.

"Über die Verschiedenheit des menschlichen Sprachbaues und ihren Einfluß auf die geistige Entwicklung des Menschengeschlechts."(사후에 발행됨)

참고 문헌

강기수(1998) : 교육사상사, 세종출판사.
김재만(1983) : 교육사조사, 교육과학사.
민석홍(1993) : 서양사개론, 서울.
박종대(2001): "신인문주의와 고전주의." 서양의 인문주의 전통, 인문연구
　　　　논집 29집, 서강대학교.
백기수(1985) : 예술의 사색, 서울대학교 출판부.
이건수 (2000): 언어학개론, 신아사.
이규호(1974) : 말의 힘, 제일출판사.
이기용(1981) : 교육사, 창학사.
이성준(1994) : 언어학개론(역), 국학자료원.
────(1999) : 훔볼트의 언어철학, 고려대학교 출판부.
이정민/배영남(1993): 언어학 사전, 박영사.
이종후/권희경(1984) : 미학입문, 송원문화사.
이한헌(1989) : 인간과 언어·예술(역), 도서출판 예하.
장인영(1997) : 미·예술이란 무엇인가, 세종출판사.
최민홍(1993) : 서양철학사(역), 집문당.
허발(1981) : 낱말밭의 이론, 고려대학교 출판부.
────(1993) : 모국어와 정신형성(역), 문예출판사.

Amirova,T. A.(1980) : *Abriß der Geschichte der Linguistik.* übersetzt v. B. Meier, Leipzig.

Barba, M.(1986) :"Die Humboldt-Rezeption-Steinthals."In : *Humboldt-Grimm-Koferenz. Protokollband 2.* hrsg. v. A. Spreu, Berlin.

Behler, C. : "Der Einbildungskraft ein Begehren einflössen: Humboldt und die Verführung der Kunst." In : *Kodikas/Code. Ars Semiotica 11,* 1988.

Benner, D.(1990) : *Wilhelm von Humboldts Bildungstheorie.* Juventa Verlag Weinheim : München.

Berésin, F. M.(1980) : *Geschichte der sprachwissenschaftlichen Theorie.* Leipzig.

Borsche, T.(1981) : *Sprachansichten. Der Begriff der menschlichen Rede in der Sprachphilosophie Wilhelm von Humboldts.* Stuttgart.

─────(1989) : "Die innere Form der Sprache."In: *Wilhelm von Humboldts Sprachdenken.* hrsg. v. H.-W. Scharf. Essen.

─────(1990) : *Wilhelm von Humboldt.* München.

─────(1997) : "Denken-Sprache-Wirklichkeit." In : *Menschheit und Individualit*ät. hrsg. v. E. Wicke u. a. Weinheim.

Bucher, S.(1991) :"Naturphilosophie, Teleologie und Sprachtheorie bei Wilhelm von Humboldt." In : *Multum-non multa?* hrsg.v. P. Schmitter, Münster.

Burkhardt, A.(1987) : "Der Dialogbegriff bei Wilhelm von Humboldt." In: *Sprache und Bildung.* Beiträge zum 150. Todestag Wilhelm von Humboldts. hrsg. v. R. Hoberg, Darmstadt.

Cassirer, E.(1964) : *Philosophie der symbolischen Formen.* 1. Teil, Die Sprache, Darmstadt.

Cesare, D. D.(1989): "Wilhelm von Humboldt: Die analogische Struktur der Sprache." In: *Wilhelm von Humboldts Sprachdenken.* hrsg.

v. H.-W. Scharf. Essen.

──────(1996) : "Wilhelm von Humboldt" In : *Klassiker der Sprachphilosophie*, hrsg. v. T. Borsche, München.

Christmann, H. H.(1974) : *Idealistische Philologie und moderne Sprachwissenschaft.* München.

Coseriu, E.(1988) : "Humboldt und die moderne Sprachwissenschaft." In : *Energeia und Ergon.* J. Albrecht (hrsg.), Bd. I : Schriften v. E. Coseriu (1965-1987), Tübingen.

Dornseiff, F.(1938) : "Das Problem des Bedeutungswandels." In : *Zeitschrift für Deutsche Philologie* 63.

Droescher, H-M.(1980) : *Grundlagenstudien zur Linguistik.* Heidelberg.

Evans, Ch. B. (1967) : *Wilhelm von Humboldts Auffassung vom Ursprung der Sprache.* Diss. Ohio.

Franzen, W.(1996) : "Etienne Bonnot De Condillac."In : *Klassiker der Sprachphilosophie.* hrsg. v. T. Borsche, München.

Gewehr, W.(1974) : *Lexematische Strukturen. Zur Didaktik der Feldtheorie und Wortbildungslehre.* München.

Gipper, H.(1965) : "Wilhelm von Humboldt als Begründer moderner Sprachforschung." In : *Wirkendes Wort* 15.

──────(1976) : Individuelle und universelle Züge der Sprachen in der Sicht Wilhelm von Humboldts. In : Universalismus und Wissenschaft im Werk und Wirken der Brüder Humboldt. hrsg. v. K. Hammacher, Frankfurt a. M.

──────(1984) : "Der Inhalt des Wortes und die Gliederung des Wortschatzes." In : *Duden Grammatik der deutschen Gegenwartssprache.* Bd. 4, 3. Aufl. Mannheim.

──────(1985) : *Kinder unterwegs zur Sprache.* Düsseldorf.

──────(1992) : "Sprachphilosophie in der Romantik." In : *Sprachphilosophie. Ein internationales Handbuch zeitgenössischer*

Forschung. hrsg. v. M. Dascal, D. Gerhardus, K. Lorenz und G. Meggle, 1. Halbband, Berlin.

Gipper, H./ Schmitter, P. (1979) : *Sprachwissenschaft und Sprachphilosophie im Zeitalter der Romantik.* Tübingen.

Hassler, G.(1984) : *Sprachtheorien der Aufklärung. Zur Rolle der Sprache im Erkenntnisprozeß.* Berlin.

─────(1986) : "Die These von der Sprachrelativität des Denkens in der Aufklärung und bei Wilhelm von Humboldt." In: *Sprache-Bewußtsein-Tätigkeit.* hrsg. v. K. Welke, Berlin.

Heeschen, V.(1972) : *Die Sprachphilosophie Wilhelm von Humboldts.* Diss. Bochum.

─────(1977) : "Weltansicht-Reflexionen. Über einen Begriff Wilhelm von Humboldts." In: *Historiographia Linguistica* 4, Amsterdam.

Helbig, G.(1970) : *Geschichte der neueren Sprachwissenschaft.* Leipzig.

Hennigfeld, J.(1976) : "Sprache als Weltansicht Humboldt-Nietsche-Whorf." In : *Zeitschrift für philosophische Forschung* 30.

Hennigfeld, J.(1990) : "Fichte und Humboldt-Zur Frage der Nationalsprache." In : *Beiträge zur Geschichte und Systematik der Tanszentalphilosophie.* Bd. 2, hrsg. v. K. Hammacher, R. Schotty, W. H. Schrader, Amsterdam.

Herder, J. G. (1772) : *Abhandlung über den Ursprung der Sprache.* hrsg. v. H. Dietrich, Irmscher, Reclam, Stuttgart(1966).

Hoberg, R.(1970) : *Die Lehre vom sprachlichen Feld. Ein Beitrag ihrer Geschichte, Methodik und Anwendung.* Düsseldorf.

─────(1987) : "Die sprachlichen Weltansichten gleichen sich an. Ein Begriff Wilhelm von Humboldts und die gegenwärtige Sprachentwicklung." In : *Sprache und Bildung.* Beiträge zum 150. Todes Wilhelm von Humboldts. a. a. O.

Höfer-Lutz, S.(1994) : "Jost Trier-sein wissenschaftlicher Werdegang und die Entwicklung der Wortfeldtheorie." In : *Jost Trier. Leben-Werk-Wirkung.* hrsg. v. W. Zillig. Münster.

Höfner, G.(1991) : "Kunst, Literatur und Sprache in Wilhelm von Humboldts Versuch über Goethes Herrmann und Dorothea." In : *Multum-non multa?* hrsg. v. P. Schmitter, Münster.

Humboldt, W. v.(1792) : "Ideen zu einem Versuch, die Gränzen der Wirksamkeit des Staats zu bestimmen." Bd, 1. In: *Gesammelte Schriften*(Akademie-Ausgabe), hrsg v. A. Leitzmann u. a. 17 Bde(1903-36), Berlin : Behr(Nachdruck : de Gruyter 1968).

─────(1793) : "Theorie der Bildung des Menschen." Bd. 1. In : *GS.* a. a. O.

─────(1795) : "Plan einer vergleichenden Anthropologie." Bd. 1. In : *GS.* a. a. O.

─────(1795-1796) : "Über Denken und Sprechen." Bd. 7. In : *GS.* a. a. O.

─────(1796-1797) : "Das achtzehnte Jahrhundert." Bd. 2. In: *GS.* a. a. O.

─────(1797) :"Über den Geist der Menschheit." Bd. 2. In : *GS.* a. a. O.

─────(1797-1798) : "Ästhetische Versuche. Erster Teil : Über Goethes Herrmann und Dorthea." Bd. 2. In : *GS.* a. a. O.

─────(1800) : "An Schiller : Über Sprache und Dichtung." Bd. 5. In : *GS.* a. a. O.

─────(1801-1802) : "Fragmente der Monographie über die Basken." Bd. 7. In : *GS.* a. a. O.

─────(1806) : "Latium und Hellas oder Betrachtungen über das classische Alterthum." Bd. 3. In : *GS.* a. a. O.

─────(1809) : "Der Königsberger und der Litauische Schulplan." Bd. 13. In : *GS.* a. a. O.

─────(1810-1811) : "Einleitung in das gesammte Sprachstudium." Bd. 7. In : *GS.* a. a. O.

─────(1812) : "Ankündigung einer Schrift über die baskische Sprache

und Nation, nebst Abgabe des Gesichtspunctes und Inhalts derselben." Bd. 3. In : *GS*. a. a. O.
──(1812-1814) : "Über Sprachverwandtschaft." Bd. 7: GS. a. a. O.
──(1820): "Über das vergleichende Sprachstudium in Beziehung auf die verschiedenen Epochen der Sprachentwicklung." Bd. 4. In : *GS*. a. a. O.
──(1821): "Versuch einer Analyse der mexikanischen Sprache". Bd. 4. In : *GS*. a. a. O.
──(1822a) : "Über den Nationalcharakter der Sprache." Bd. 4. In : *GS*. a. a. O.
──(1822b) : "Über das Entstehen der grammatischen Formen und ihren Einfluß auf die Ideenentwicklung." Bd. 4. In : *GS*. a. a. O.
──(1823) : "Inwiefern läßt sich der ehemalige Kulturzustand der eingebornen Völker Amerikas aus den Überresten ihrer Sprachen beurteilen?" Bd. 5. In : GS. a. a. O.
──(1824) : "Über die Buchstabenschrift und ihren Zusammenhang mit dem Sprachbau." Bd. 5. In : *GS*. a. a. O.
──(1824-1826): "Grundzüge des allgemeinen Sprachtypus." Bd. 5. In : *GS*. a. a. O.
──(1827) : "Über den Dualis." Bd. 6. In : *GS*. a. a. O.
──(1827-1829) : "Über die Verschiedenheiten des menschlichen Sprachbaues." Bd. 6. In : *GS*. a. a. O.
──(1830-1835) : "Über die Verschiedenheit des menschlichen Sprachbaues und ihren Einfluß auf die geistige Entwicklung des Menschengeschlechts." Bd. 7. In : *GS*. a. a. O.
──(1979) : "Autographisches, Charakteristiken, Dichtungen. Anmerkungen und Register." In : *Werke*, hrsg. v. A. Flitner und K. Giel. Bd. 5, Darmstadt.

Hübler, M.(1910) : *Die Bedeutung der Individualität in Wilhelm von Humboldts Lebensauffassung.* Dresden.

Iñaki Zabaleta-Gorrotxategi, J.(1998) : *Wilhelm von Humboldts Forschungen über die baskische Nation und Sprache und ihre Bedeutung für seine Anthropologie.* Köln.

Ivić, M.(1971) : *Wege der Sprachwissenschaft.* übers. v. Rammelmeyer, München.

Ivo, H.(1987) : "Warum über Sprache metaphorisch reden?" In : *Sprache und Bildung,* a. a. O.

Jäger, L.(1989) : "Aspekte der Sprachtheorie Wilhelm von Humboldts." In : *Wilhelm von Humboldts Sprachdenken,* hrsg. v. Hans-W. Scharf, Essen.

Junker, K.(1986) : "Zur Kritik an der Humboldt-Adaption der Neuhumboldtianer." In : *Sprache-Bewußtsein-Tätigkeit.* hrsg. v. K. Welke, Berlin.

Kertscheff, B.(1979) : "Die Semantik und der Feldbegriff." In : *Deutsche Sprache 7.* hrsg. v. H. Steger u. a., Mannheim.

Kledzik, S. M.(1992) : "Wilhelm von Humboldt(1767-1835)." In: S*prachphilosophie.* hrsg. v. M. Dascal, u. a. 1. Halbband, Berlin.

Liebrucks, B.(1965) : *Sprache und Bewußtsein.* Bd. 2, Sprache, Wilhelm von Humboldt, Frankfurt a. M.

Luther, W.(1954) : *Weltansicht und Geistesleben.* Göttingen.

―――――(1967) :"Der Beitrag der Sprachphilosophie zur geistigen Grundlagenbildung." In : *Das Problem der Sprache.* München.

―――――(1970) : Sprachphilosophie als Grundwissenschaft. Heidelberg.

Mattson, Ph.(1972) : *Die Dichtung als Medium der Sprachtheorie. Der poetologische Gehalt von Wilhelm von Humboldts Sprachphilosophie.* Diss. Wien.

Mendelsohn, A.(1928) : *Die Sprachphilosophie und Ästhetik Wilhelm von*

Humboldts als Grundlage für die Theorie der Dichtung. Diss. Hamburg.

Menze, C. (1963) : "Sprechen, Verstehen, Antworten als anthropologische Grundphänomene in der Sprachphilosophie Wilhelm von Humboldts." In : *Pädagogische Rundschau* 17, Düsseldorf.

―――――(1965) : *Wilhelm von Humboldts Lehre und Bild vom Menschen.* Düsseldorf.

―――――(1976) : "Die Individualität als Ausgangs- und Endpunkt des Humboldtschen Denkens." In : *Universalismus und Wissenschaft im Werk und Wirken der Brüder Humboldt.* hrsg. v. K. Hammacher, Frankfurt a. M.

―――――(1988) :"Sprache als Ausgangspunkt der Bildungstheorie Wilhelm von Humboldts." In : *Pädagogische Rundschau* 42, Frankfurt.

Michelsen, U. A.(1987) : "Die zentrale Rolle der Sprache in der Bildungskonzeption Wilhelm von Humboldts." In : *Sprache und Bildung.* a. a. O.

Moser, H.(1955) : *Deutsche Sprachgeschichte.* Aufl. 2, Stuttgart.

Müller-Sievers(1993) : *Epigenesis. Naturphilosophie im Sprachdenken Wilhelm von Humboldts.* Paderborn.

Navarro-Pĕrez, J.(1993) : *Sprache und Individuum.* Wuppertal.

Nickel, G.(1985) : *Einführung in die Linguistik.* 2. Aufl, Berlin.

Nosbüsch, J.(1972) : *Der Mensch als Wesen der Sprache.* Verlag Anton : Meisenheim a. Glan.

Nowak, E.(1983) : *Sprache und Individualität. Die Bedeutung individueller Rede für die Sprachwissenschaft.* Tübingen.

Raith, W.(1973) : "Humboldts Idee der Sprache als philosophischer Grundgedanke seiner humanistischen Reformkonzeption." In : *Studia Humanitatis.* hrsg. v. E. Hora u. E. Keßler, München.

Ramischwili, G.(1988-1989): *Einheit in der Vielfalt*. Grundfragen der Sprachtheorie im Geiste Wilhelm von Humboldts. Bonn.

―――(1959) : "Zum Verständnis des Begriffs der Sprachform bei W. v. Humboldt." In : *Einheit in der Vielfalt*. a. a. O.

―――(1960) : "Grundzüge der Sprachtheorie W. v. Humboldts." In : *Einheit in der Vielfalt*. a. a. O.

―――(1979) : "Die erste theoretische Arbeit Wilhelm von Humboldts und die philosophische Tradition." In : *Einheit in der Vielfalt*. a. a. O.

―――(1984) : "Wilhelm von Humboldt-Begründer der theoretischen Sprachwissenschaft." In : *Einheit in der Vielfalt*. a. a. O.

―――(1985) : "Von der vergleichenden Anthropologie zur vergleichenden Sprachwissenschaft." In : *Einheit in der Vielfalt*. a. a. O.

Reckermann, A.(1979) : *Sprache und Metaphysik*. Zur Kritik der sprachlichen Vernunft bei Herder und Humboldt. München.

Rensch, K. H.(1967) : "Organismus-System-Struktur in der Sprachwissenschaft." In : *Phonetica* 16(1967).

Ricken, U. (1986): "Wilhelm von Humboldt, Jacob Grimm und das Problem des Sprachursprungs." In : Humboldt-Grimm-Konferenz. Protokollband 1. hrsg. v. A. Spreu, Berlin.

Riedel, M.(1986): "Sprechen und Hören". In : *Humboldt-Grimm-Konferenz. Protokollband 1.* a. a. O.

Saussure F. de(1916) : *Cours de linguistique générale*. Paris. (Deutsche Ausgabe : Grundfragen der allgemeinen Sprachwissenschaft. übers. v. H. Lommel, Nachdruck : Berlin 1967).

Scharf, H.-W.(1977) : *Chomskys Humboldts-Interpretation. Ein Beitrag zur Diskontinuität der Sprachtheorie in der Geschichte der neueren Linguistik*. Düsseldorf.

Scheidweiler, F. (1942) : "Die Wortfeldtheorie." In : *Zeitschrift für*

Deutsches Altertum und Deutsche Literatur 79.

Schlerath, B. (1982): "Wilhelm von Humboldts Ansicht von der Sprache und die Frage der Sprachentstehung." In : *Jahrbuch der Berliner Wissenschaftlichen Gesellschaft.* 88-110.

Schmidt, S. J.(1968) : *Sprache und Denken als sprachphilosophisches Problem von Locke bis Wittgenstein.* Martinus/ Den Haag.

Schmidt, H.(1986) : *Die lebendige Sprache zur Entstehung des Organismuskonzepts.* Linguistische Studie der Akademie der Wissenschaften DDR.

Schmitter, P.(1977) : "Zeichentheoretische Erörterungen bei Wilhelm von Humboldt." In : *Sprachwissenschaft.* hrsg. v. R. Schützeichel, Heidelberg.

─────(1999): "Das 'allgemeine' und 'vergleichende' Sprachstudium bei W. von Humboldt." In: Sprachdiskussion und Beschreibung von Sprachen im 17. und 18. Jahrhundert, hrsg. v. G. Haßler und P. Schmitter. Münster.

─────(2000) : "Zur Rolle der Semantik in Humboldts linguistischem Forschungsprogramm." In : *Language and Linguistics.* 25.

Schneider, F.(1995) : *Der Typus der Sprache.* Münster.

Schultz, W.(1929) : "Das Erleben der Individualität bei Wilhelm von Humboldt." In : *Deutsche Vierteljahrsschrift.* 7. Jahrg.

Steinthal, H. (1851) : *Der Ursprung der Sprache mit den letzten Fragen alles Wissens.* Berlin(Nachdruck : Frankfurt a. M : Minerva, 1978).

Stetter, Ch.(1989) :"Über Denken und Sprechen". In : *Wilhelm von Humboldts Sprachdenken.* a. a. O.

Thomasberger, A.(1992): "Sprachlichkeit der Kunst. Überlegungen ausgehend von Wilhelm von Humboldts ästhetischen Versuchen." In : *Deutsche Vierteljahrsschrift* 66.

Trabant, J.(1985): "Humboldt zum Ursprung der Sprache." In : *Zeitschrift für Phonetik, Sprachwissenschaft, Kommunikationsforschung* 38.

―――――(1986) : *Apeliotes oder Sinn der Sprache. Wilhelm von Humboldts Sprach-Bild.* München.

―――――(1990) : *Tradition Humboldts.* Frankfurt a. M.

―――――(1997) : "Wilhelm von Humboldts Akademiereden über die Sprache." In : *Menschheit und Individualität.* a. a. O.

Trier, J.(1931) : *Der deutsche Wortschatz im Sinnbezirk des Verstandes. Die Geschichte eines sprachlichen Feldes.* Bd. 1. Heidelberg.

―――――(1934) : "Das sprachliche Feld. eine Auseinandersetzung." In : *Wortfeldforschung.* hrsg. v. L. Schmidt, Darmstadt.

―――――(1968) : "Altes und Neues vom sprachlichen Feld." Mannheim. In : *Wortfeldforschung.* a. a. O.

Weisgerber, L.(1953) : *Vom Weltbild der deutschen Sprache.* 1. Düsseldorf.

―――――(1954): "Innere Sprachform als Stil sprachlicher Anverwandlung der Welt." In : *Studium Generale* 7.

―――――(1962) : *Grundzüge der inhaltbezogenen Grammatik.* Düsseldorf.

―――――(1963) : *Die vier Stufen in der Erforschung der Sprachen.* Düsseldorf.

―――――(1964) : *Das Menschheitsgesetz der Sprache als Grundlage der Sprachwissenschaft.* Heidelberg.

―――――(1967) : *Die Gemeinschaft als Gegenstand sprachwissenschaftlicher Forschung.* Köln/Opladen.

Welke, A.(1986a) : "Zur philosophischen und sprachtheoretischen Begründung der Einheit von Sprache und Denken bei Wilhelm von Humboldt." In : *Sprache-Bewußtsein-Tätigkeit.* a. a. O.

————(1986b) : "Sprache und Denken bei Wilhelm von Humboldt."
　　　　In : *Humboldt-Grimm-Konferenz. Protokollband 1.* a. a. O.
Werlen, I.(1989) : *Sprache, Mensch und Welt.* Darmstadt.
Werner, O./Hundsnurscher, F.(1979) : *Linguistik I, Lehr-und Übungs-
　　　　buch zur Einführung in die Sprachwissenschaft.* hrsg. Tübingen.
Wohlleben, J.(1986) : "Wilhelm von Humboldts ästhetische Versuche."
　　　　In : *Wilhelm von Humboldt. Vortragszyklus zum 150. Todes-
　　　　tag.* hrsg. v. B. Schlerath, Berlin.
Zöller, D.(1989) : *Wilhelm von Humboldt. Einbildung und Wirklichkeit.*
　　　　Münster/New York.

찾아보기

■ 인명

ㄱ

가벨렌츠(G. v. Gabelentz) 84, 86, 333
게스너(G. M. Gesner) 224
게오르그 포르스터(G. Forster) 160
괴테(J.W.v. Goethe) 104, 224, 266
귄터르트(H. Güntert) 219
그림(J. Grimm) 77, 79, 319
기퍼(H. Gipper) 46, 194

ㄴ

노바크(E. Nowak) 177, 178, 180

ㄷ

다윈(Ch. R. Darwin) 12, 320
도른자이프(F. Dornseiff) 219
드 소쉬르(F. de Saussure) 85, 117, 215, 216, 318
디드로(D. Diderot) 261
데카르트(R. Descartes) 73

ㄹ

라미쉬비리 107, 116, 118, 121, 128
라스크(R. K. Rask) 77, 319
라우머(R. v. Raumer) 82
라이츠만(A. Leitzmann) 291
라이프니츠(G. W. Leibniz) 12, 34, 227
랙커만(A. Reckermann) 276
렌쉬(K. H. Rensch) 79

로크(J. Lock)　12
루쏘(J. J. Rousseau)　12
루터(W. Luther)　204, 208, 211, 212
리부룩스(B. Liebrucks)　291
리켄(U. Ricken)　20, 25
리트(Th. Litt)　234

ㅁ

마이어(R. M. Meyer)　215
마티(A. Marty)　84
멘체(C. Menze)　20, 233, 236
미헬젠(U. A. Michelsen)　234

ㅂ

바이스게르버(L. Weisgerber)　194, 198, 204, 290
버어크(E. Burke)　261
베르너(K. Verner)　320
베커(K. F. Becker)　59, 81
벨케(K. Welke)　54, 56
보르쉐(T. Borsche)　64
보프(F. Bopp)　79, 320
볼프(A. Wolf)　224
부르크만(K. Brugmann)　324
부만(W. Bumann)　20
분트(W. Wundt)　12
블루멘바흐(J. F. Blumenbach)　79
뽀크로프스키(Pokrovskij)　214

ㅅ

샤이드바일러(F. Scheidweiler)　219, 220
샹크바일러(E. Schankweiler)　20
쇼펜하우어(A. Schopenhauer)　261
쉐러(W. Scherer)　82
쉘링(F.W.J. Schelling)　81, 289
쉬나이더(F. Schneider)　32, 36, 60, 65, 161, 301, 306
쉬타인탈(H. Steinthal)　19, 21, 23, 82, 110, 124, 324
쉬프랑어(E. Spranger)　235, 236
쉴라이어마허(F.D.E. Schleiermacher)　104, 224
쉴라이허(A. Schleicher)　82, 320
쉴러(F. Schiller)　89, 224, 263, 266
쉴러라트(B. Schlerath)　25
쉴레겔(F. Schlegel)　78, 319
쉴레겔(A. W. Schlegel)　78
슈하르트(H. Schuchart)　83

ㅇ

아리스토텔레스(Aristoteles)　103, 110, 261
에반스(Ch. B. Evans)　20, 22, 23
에스페르손(O. Jesperson)　12
엘름슬레우(L. Hjelmslev)　117, 337

오스트호프(H. Osthoff) 324
입센(G. Ipsen) 215

ㅈ

제바스(G. Seebaß) 20, 23, 25
존스(W. Jones) 318
쥐스밀히(J. P. Süßmilch) 12, 29

ㅊ

체르니셰프스키(N. G. Chernyshev-sky) 261
체자르(D. Di. Cesare) 101

ㅋ

칸트(I. Kant) 49, 53, 88, 113, 159, 261, 289
컬렌(W. Cullen) 312
코세리우(E. Coseriu) 110, 322, 333
코페르니쿠스(N. Kopernikus) 202
콩디악(E. B. de Condillac) 12, 56
콩트(A. Comte) 322
쿠크(J. Cook) 160
크로체(B. Croce) 261
크리스트만(H. H. Christmann) 333
클라프키(W. Klafki) 235

ㅌ

트라반트(J. Trabant) 19, 25, 26, 279
트렌델렌부르크(A. Trendelenburg) 81
트리어(J. Trier) 213, 216, 219, 290

ㅍ

파아니니(Pānini) 318
파울(H. Paul) 83, 323
페스탈로찌(J. H. Pestalozzi) 224
포르스터(J. R. Forster) 160
프톨레마이오스(Ptolemaios) 202
플라톤(Platon) 103
플라트너(E. Platner) 159
피젤(E. Fiesel) 22
피히테(J. G. Fichte) 248, 289

ㅎ

하르덴베르크(F. v. Hardenberg) 80
하르퉁(W. Hartung) 15
하만(J. G. Hamann) 12
하이네(Ch. G. Heyne) 224
할러(A. v. Haller) 312
헤겔(G.W.F. Hegel) 224, 261
헤르더(J. G. Herder) 12, 22, 29, 55, 292

헤르바르트(J. F. Herbert) 224, 324
훔볼트(W. v. Humboldt) 22, 25, 33, 34, 37, 41, 45, 56, 57, 67, 71, 83, 92, 105, 117, 119, 211, 216, 224, 233, 236, 315
휘트니(W. D. Whitney) 82

■용어

ㄱ

간주관적 기능	244, 257
감각적인 인상	112
감성	49, 71, 133, 264
개념밭	219
개념체계	135
개별 심리학	326
개별성	32, 43, 68, 98, 130, 158, 162, 168, 224
개별적인 말	175, 176, 178
개별적인 힘	43, 229
개별화의 개념	175
개인어	181
개인주의	32
개체	275
개체발생	13, 19, 39, 45
객관성	48, 50, 131, 140
객관적인 실재	50
객관화	140
결합된 말	136
계통발생	13, 14, 19, 26, 27, 31, 36, 45
고고지 도이치어	320
고립어	78, 310
공시적 언어고찰	85, 218
과정적 특성	16, 26, 60, 62
관념철학	56
교신이론	66
교육이상	155
교착어	78
구조주의	86
굴절어	78, 310
기계적인 이원론	56
기계주의적인 언어관	331
기능적 분절	122
기본유형	18, 19, 30, 31, 72, 93, 164, 191, 242
기술 언어학	323
기호내용	334
기호론	334
기호언어	123
기호체계	135
기호표현	334
기호학적인 양극성	299

ㄴ

낭만주의	77
낱말밭의 이론	194, 213
내적 언어형식	28, 118, 119, 120, 204
내적인 정신활동	263

ㄷ

다양성	249
단일성	54, 149, 249
단자론	227

담화	143, 155		미적인 작용	268
대화개념	129, 133		미적인 정서	268
대화철학	152		미학	260, 261
도야이론	169, 170, 225		미학적 고찰	267
동계관계	34		민족심리학	325
동일한 기원성	248		민족어	42, 73
동적 언어개념	303		민족의 활동방식	172
동적 언어고찰	91, 288		민족정신	119, 325
동적 언어관	288			
동적인 정신활동	288, 308			

ㅂ

동적-창조적 특성	42		보편성	68, 130, 163, 168, 253
동태성	62, 118		보편적 언어	69, 125, 135
			본래의 언어	60

ㄹ

			분절	121, 125, 132, 305
랑그	123, 335		분절감각	52
랑가주	335		분절구조	213
			분절능력	123, 124
			분절된 음성	115, 122, 189

ㅁ

			불변적 요소	16, 85, 335
말	156, 186, 187		범주	205, 206
말결합	105, 185, 201		비교 문법	319
말구성	185		비교 언어학	75, 118
말하기	60, 63, 108, 130		비교 인류학	160, 161, 317
말행위	108		빠롤(부려쓰인 말)	123, 335
말형성	185			
모국어의 법칙	200			

ㅅ

몰이해	68, 142, 153			
무예외성	83		사고	51, 147
문학적인 언어	278		사고상	165
문헌학	318		사고와 말하기	26

사고조직　　　　　 119
사고표현　　　　　 125
사물영역　　　　　 219
사상의 객관화　　　51, 54
사상형성의 기관　　57, 139, 316
사유능력　　　　　 42
사전이해　　　　　 197, 212
산스크리트어　　　 331
상상력　　　 22, 101, 137, 206,
　　　 268, 274
상이성　　　　　　 104, 158
상징적 재현　　　　287
상징적 표기　　　　34
생리적 분절　　　　122
생산하는 과정　　　306
생성의 법칙　　　　18
선험적 요소　　　　259
선험적 정신활동　　114
선험적 주체　　　　325
선험적 상상력　　　283
선험적·유아론적 사고　151
선험철학　　　　　 154
성찰　　　　　　　 57, 99
세계경험　　　　　 248
세계관　　32, 56, 104, 193, 203,
　　　 212
세계관념　　　　　 190
세계상　　　　　　 198
세계의 사선이해　　212
세계이해　　　　　 198, 203, 246

세계인식　　　　　 140, 144
세계중개적 기능　　40, 244, 255
세계중개적 언어　　40, 301
세계직관　　　　　 203
세계파악　　　　　 203
세계표상　　　　　 203
세계해석　　　　　 99, 144
세계활동　　　　　 248
소재　　　 26, 90, 103, 104, 111
수용성　　　　　　 279
신낭만파　　　　　 193, 267
신인문주의　　　　 223, 237
신훔볼트주의　　　 332
실재론　　　　　　 103
쌍수　　　　　　　 148, 329

　　　　　　　ㅇ

양해　　　　 65, 68, 70, 142
어근음　　　　　　 35
어족　　　　　　　 331
언리학　　　　　　 117, 337
언어 구사능력　　　72
언어고안　 28, 31, 33, 37, 63, 72,
　　　 188
언어과정　　　　　 17, 309
언어교육　　　　　 243
언어기술　　　　　 78
언어기원　 12, 14, 15, 16, 17, 18,
　　　 19, 21, 23, 24, 24, 25, 29

언어기원론 12, 14, 15, 16, 18, 19, 20, 21, 22, 23, 25
언어내용 118, 338
언어능력 11, 33, 54, 68, 70, 145, 181
언어망 101
언어발명설 12
언어발전 33, 35, 37, 39, 41
언어변천 63, 177
언어불꽃 29, 31
언어비교 77
언어상대주의 99
언어생성 36, 58, 71, 105
언어수용 286
언어신수설 12
언어예술 279
언어와 사고 47, 240
언어유기체 76, 79, 80, 87, 312, 315
언어유형 17, 18, 19, 40, 182
언어의 결정 37
언어의 특성 306
언어의 개별화 184
언어의 객관화 262
언어의 동적 특성 304
언어의 본질 15, 16, 23, 126
언어의 불꽃 31, 41
언어의 상이성 104, 187, 191, 192
언어의 생리학 78, 312
언어의 생산활동 303
언어의 세계관 196
언어의 유기적 특성 304
언어의 유연성 68
언어의 응용 63
언어의 정신활동 207
언어의 중개기능 209
언어자질 44
언어재 197
언어적 동화과정 211
언어적 중간세계 197, 201, 209
언어적 현상론 50
언어진화설 12
언어창조 21, 36, 38, 63, 71, 100, 105
언어체계 36, 87, 310
언어표기 58
언어행위의 창조과정 138
언어현실주의 49, 74
언어형성 28
언어형식 105, 108, 109, 111
언어확대 37
언어힘 67, 180, 186, 189, 286
에네르게이아 73, 90, 116, 127, 133, 308
에르곤 51, 90, 116, 308
역사문법 77
역사적 고찰방식 329
역사주의 322
예술미 260

예술적 모사   271
예술적 상상력   270
오성   49, 100, 113, 129, 205, 239
외적 언어형식   28, 121, 198
원시 게르만어   320
원시언어   22, 33, 327
원자론   86, 331
원초적 언어성향   189
유기체   37, 72, 77, 93, 102, 186
유기체 개념   78, 79, 91, 93
유명론   103
유추개념   35
유추의 망   99
유추작용 36, 45, 76, 92, 93, 95, 98, 99
유추적 구조   96
유추적 표기   34
유추적 형성원리   95
유추체계   100, 101
음성언어   11
음성연속체   66
음성형상   305
음성형성   29, 124
음성흐름   125
음소   324
음운추이   320
의미밭   215
외미부여   272
의의   123

이상성   233, 270
이상적인 개별성   167, 232
이상적인 말할이-들을이 66, 132
이상적인 전체성   120, 283
이상화의 과정   273, 275
이원론   146, 147
이해   64, 130, 142
인간성이념   234
인격화   166
인류의 이상   162, 165, 255
인상   50, 112, 128, 210
인식과정의 사회성   54, 56
인식능력   54
일원론적 언어개념   56

ㅈ

자기계발   249
자기성찰   114
자기의식   71, 156
자기이해   152
자기활동   226, 254
자발성   279
자발적인 정신운동   112, 113
자연미   260
자연유기체   59, 75
자의식   13, 29, 293
전체성   61, 139, 167, 252
전체적인 고찰   313
정신력   106
정신의 복제   206

정신적 유기체   76, 82, 294
정신적 중간세계   201, 230
정신적 포착   98
정신적 활동과정   15
정신적인 힘   47, 55
정신활동 58, 63, 82, 106, 107,
    110, 134
정적인 생산물   306, 307
정적인 언어고찰   71
정태성   306
조립구조   176
조직화   327
조화로운 인간상   235
주관성   48, 50, 51, 131, 140
주관적인 공동유희   135
지성   264
지시기능   283
지적 형식   171
지적 활동   113, 240, 243
직접 모방을 하는 표기   34

ㅊ

창작능력   268, 278
창조성   62, 70, 226
철학적 고찰방식   329
청년문법학파   82, 83, 321
체계   84
체계성   81, 120

ㅋ

카비어   292, 330
칸트의 선험주의   205

ㅌ

통사적 말결합   301
통시적 언어고찰   85, 218
통시태   326
통합   121
통합적 행위   126
통합적인 생성   28

ㅍ

표상   48, 49, 116, 131
표시기능   206
표현된 말   176, 243

ㅎ

형식   103, 104, 138
힘의 개념   91, 226

인간과 언어의 정신활동

2007년 2월 20일 1판 1쇄 인쇄
2007년 2월 25일 1판 1쇄 발행

지은이·이 성 준
펴낸이·한 봉 숙
펴낸곳·푸른사상사

등록 제2-2876호
서울시 중구 을지로3가 296-10 장양B/D 701호
대표전화 02) 2268-8706(7) 팩시밀리 02) 2268-8708
메일 prun21c@yahoo.co.kr / prun21c@hanmail.net
홈페이지 //www.prun21c.com

ⓒ 2007, 이성준

ISBN 978-89-5640-535-3-93850

값 22,000원

☞ 21세기 출판문화를 창조하는 푸른사상에서 좋은 책 만들기에 노력하고 있습니다.
저자와의 합의에 의해 인지 생략함.